Остров Сахалин

Sakhalin island

Антон Павлович Чехов

Anton Pavlovich Chekhov

Sakhalin Island
Copyright © JiaHu Books 2014
First Published in Great Britain in 2014 by Jiahu Books – part of
Richardson-Prachai Solutions Ltd, 34 Egerton Gate, Milton Keynes, MK5
7HH
ISBN: 978-1-78435-112-0
A CIP catalogue record for this book is available from the British Library
Visit us at: jiahubooks.co.uk

.

Г. Николаевск-на-Амуре. - Пароход "Байкал". - Мыс Пронге и вход в Лиман. Сахалин полуостров. - Лаперуз, Браутон, Крузенштерн и Невельской. - Японские исследователи. - Мыс Джаоре. - Татарский берег. - Де-Кастри.

5 июля 1890 г. я прибыл на пароходе в г. Николаевск, один из самых восточных пунктов нашего отечества. Амур здесь очень широк, до моря осталось только 27 верст; место величественное и красивое, но воспоминания о прошлом этого края, рассказы спутников о лютой зиме и о не менее лютых местных нравах, близость каторги и самый вид заброшенного, вымирающего города совершенно отнимают охоту любоваться пейзажем.

Николаевск был основан не так давно, в 1850 г., известным Геннадием Невельским, и это едва ли не единственное светлое место в истории города. В пятидесятые и шестидесятые годы, когда по Амуру, не щадя солдат, арестантов и переселенцев, насаждали культуру, в Николаевске имели свое пребывание чиновники, управлявшие краем, наезжало сюда много всяких русских и иностранных авантюристов, селились поселенцы, прельщаемые необычайным изобилием рыбы и зверя, и, по-видимому, город не был чужд человеческих интересов, так как был даже случай, что один заезжий ученый нашел нужным и возможным прочесть здесь в клубе публичную лекцию. Теперь же почти половина домов покинута своими хозяевами, полуразрушена, и темные окна без рам глядят на вас, как глазные впадины черепа. Обыватели ведут сонную, пьяную жизнь и вообще живут впроголодь, чем бог послал. Пробавляются поставками рыбы на Сахалин, золотым хищничеством, эксплуатацией инородцев, продажей понтов, то есть оленьих рогов, из которых китайцы приготовляют возбудительные пилюли. На пути от Хабаровки до Николаевска мне приходилось встречать немало контрабандистов; здесь они не скрывают своей профессии. Один из них, показывавший мне золотой песок и пару понтов, сказал мне с гордостью: "И мой отец был контрабандист!" Эксплуатация инородцев, кроме обычного спаивания, одурачения и т.п., выражается иногда в оригинальной форме. Так, николаевский купец Иванов, ныне покойный, каждое лето ездил на Сахалин и брал там с гиляков дань, а неисправных плательщиков истязал и вешал.

Гостиницы в городе нет. В общественном собрании мне позволили отдохнуть после обеда в зале с низким потолком - тут зимою, говорят, даются балы; на вопрос же мой, где я могу переночевать, только пожали плечами. Делать нечего, пришлось две ночи провести на пароходе; когда же он ушел назад в Хабаровку, я очутился как рак на мели: камо пойду? Багаж мой на пристани; я хожу по берегу и не знаю, что с собой делать. Как раз против города, в двух-трех верстах от берега, стоит пароход "Байкал", на котором я пойду в Татарский пролив, но говорят, что он отойдет дня через четыре или пять, не раньше, хотя на его мачте уже развевается отходный флаг. Разве взять и поехать на "Байкал"? Но неловко: пожалуй, не пустят, - скажут, рано. Подул ветер, Амур нахмурился и заволновался, как море. Становится тоскливо. Иду в собрание, долго обедаю там и слушаю, как за соседним столом говорят о золоте, о понтах, о фокуснике, приезжавшем в Николаевск, о каком-то японце, дергающем зубы не щипцами, а просто пальцами. Если внимательно и долго прислушиваться, то, боже мой, как далека здешняя жизнь от России! Начиная с балыка из кеты, которым закусывают здесь водку, и кончая разговорами, во всем чувствуется что-то свое собственное, не русское. Пока я плыл по Амуру, у меня было такое чувство, как будто я не в России, а где-то в Патагонии или Техасе; не говоря уже об оригинальной, не русской природе, мне всё время казалось, что склад нашей русской жизни совершенно чужд коренным амурцам, что Пушкин и Гоголь тут непонятны и потому не нужны, наша история скучна И мы, приезжие из России, кажемся иностранцами. В отношении религиозном и политическом я замечал здесь полнейшее равнодушие. Священники, которых я видел на Амуре, едят в пост скоромное, и, между прочим, про одного из них, в белом шёлковом кафтане, мне рассказывали, что он занимается золотым хищничеством, соперничая со своими духовными чадами. Если хотите заставить амурца скучать и зевать, то заговорите с ним о политике, о русском правительстве, о русском искусстве. И нравственность здесь какая-то особенная, не наша. Рыцарское обращение с женщиной возводится почти в культ и в то же время не считается предосудительным уступить за деньги приятелю свою жену; или вот еще лучше: с одной стороны, отсутствие сословных предрассудков - здесь и с ссыльным держат себя, как с ровней, а с другой - не грех подстрелить в лесу китайца-бродягу, как собаку, или даже поохотиться тайком на горбачиков.

Но буду продолжать о себе. Не найдя приюта, я под вечер решился отправиться на "Байкал". Но тут новая беда: развело порядочную зыбь, и лодочники-гиляки не соглашаются везти ни за какие деньги. Опять я хожу по берегу и не знаю, что с собой делать. Между тем уже заходит солнце, и волны на Амуре темнеют. На этом и на том берегу неистово воют гиляцкие собаки. И зачем я сюда поехал? - спрашиваю я себя, и мое путешествие представляется мне крайне легкомысленным. И мысль, что каторга уже близка, что через несколько дней я высажусь на сахалинскую почву, не имея с собой ни одного рекомендательного письма, что меня могут попросить уехать обратно, - эта мысль неприятно волнует меня. Но вот наконец два гиляка соглашаются везти меня за рубль, и на лодке, сбитой из трех досок, я благополучно достигаю "Байкала".

Это пароход морского типа средней величины, купец, показавшийся мне после байкальских и амурских пароходов довольно сносным. Он совершает рейсы между Николаевском, Владивостоком и японскими портами, возит почту, солдат, арестантов, пассажиров и грузы, главным образом казенные; по контракту, заключенному с казной, которая платит ему солидную субсидию, он обязан несколько раз в течение лета заходить на Сахалин: в Александровский пост и в южный Корсаковский. Тариф очень высокий, какого, вероятно, нет нигде в свете. Колонизация, которая прежде всего требует свободы и легкости передвижения, и высокие тарифы это уж совсем Непонятно. Кают-компания и каюты на "Байкале" тесны, но чисты и обставлены вполне по-европейски; есть пианино. Прислуга тут - китайцы с длинными косами, их называют по-английски - бой. Повар тоже китаец, но кухня у него русская, хотя все кушанья бывают горьки от пряного кери и пахнут какими-то духами, вроде корилопсиса.

Начитавшись о бурях и льдах Татарского пролива, я ожидал встретить на "Байкале" китобоев с хриплыми голосами, брызгающих при разговоре табачною жвачкой, в действительности же нашел людей вполне интеллигентных. Командир парохода г. Л., уроженец западного края, плавает в северных морях уже более 30 лет и прошел их вдоль и поперек. На своем веку он видел много чудес, много знает и рассказывает интересно. Покружив полжизни около Камчатки и Курильских островов, он, пожалуй, с большим правом, чем Отелло, мог бы говорить о "бесплоднейших пустынях, страшных безднах, утесах неприступных". Я обязан ему многими сведениями, пригодившимися мне для этих записок. У него три помощника: г. Б., племянник известного астронома Б., и два шведа - Иван Мартыныч и Иван Вениаминыч, добрые и приветливые люди.

8 июля, перед обедом, "Байкал" снялся с якоря. С нами шли сотни три солдат под командой офицера и несколько арестантов. Одного арестанта сопровождала пятилетняя девочка, его дочь, которая, когда он поднимался по трапу, держалась за его кандалы. Была, между прочим, одна каторжная, обращавшая на себя внимание тем, что за нею добровольно следовал на каторгу ее муж. Кроме меня и офицера, было еще несколько классных пассажиров обоего пола и, между прочим, даже одна баронесса. Читатель пусть не удивляется такому изобилию интеллигентных людей здесь, в пустыне. По Амуру и в Приморской области интеллигенция при небольшом вообще населении составляет немалый процент, и ее здесь относительно больше, чем в любой русской губернии. На Амуре есть город, где

одних лишь генералов, военных и штатских, насчитывают 16. Теперь их там, быть может, еще больше.

День был тихий и ясный. На палубе жарко, в каютах душно; в воде +18°. Такую погоду хоть Черному морю впору. На правом берегу горел лес; сплошная зеленая масса выбрасывала из себя багровое пламя; клубы дыма слились в длинную, черную, неподвижную полосу, которая висит над лесом... Пожар громадный, но кругом тишина и спокойствие, никому нет дела до того, что гибнут леса. Очевидно, зеленое богатство принадлежит здесь одному только богу. После обеда, часов в шесть, мы уже были у мыса Пронге. Тут кончается Азия, и можно было бы сказать, что в этом месте Амур впадает в Великий океан, если бы поперек не стоял о. Сахалин. Перед глазами широко расстилается Лиман, впереди чуть видна туманная полоса - это каторжный остров; налево, теряясь в собственных извилинах, исчезает во мгле берег, уходящий в неведомый север. Кажется, что тут конец света и что дальше уже некуда плыть. Душой овладевает чувство, какое, вероятно, испытывал Одиссей, когда плавал по незнакомому морю и смутно предчувствовал встречи с необыкновенными существами. И в самом деле, справа, при самом повороте в Лиман, где на отмели приютилась гиляцкая деревушка, на двух лодках несутся к нам какие-то странные существа, вопят на непонятном языке и чем-то машут. Трудно понять, что у них в руках, но когда они подплывают поближе, я различаю серых птиц.

- Это они хотят продать нам битых гусей, - объясняет кто-то.

Поворачиваем направо. На всем нашем пути поставлены знаки, показывающие фарватер. Командир не сходит с мостика, и механик не выходит из машины; "Байкал" начинает идти всё тише и тише и идет точно ощупью. Осторожность нужна большая, так как здесь нетрудно сесть на мель. Пароход сидит 12, местами же ему приходится идти 14 фут., и был даже момент, когда нам послышалось, как он прополз килем по песку. Вот этот-то мелкий фарватер и особенная картина, какую дают вместе Татарский и Сахалинский берега, послужили главною причиной тому, что Сахалин долго считали в Европе полуостровом. В 1787 г., в июне, известный французский мореплаватель, граф Лаперуз, высадился на западном берегу Сахалина, выше 48°, и говорил тут с туземцами. Судя по описанию, которое он оставил, на берегу застал он не одних только живших здесь айно, но и приехавших к ним торговать гиляков, людей бывалых, хорошо знакомых и с Сахалином и с Татарским берегом. Чертя на песке, они объяснили ему, что земля, на которой они живут, есть остров и что остров этот отделяется от материка и Иессо (Японии) проливами. Затем, плывя дальше на север вдоль западного берега, он рассчитывал, что найдет выход из Северо-Японского моря в Охотское и тем значительно сократит свой путь в Камчатку; но чем выше подвигался он, тем пролив становился всё мельче и мельче. Глубина уменьшалась через каждую милю на одну сажень. Плыл он к северу до тех пор, пока ему позволяли размеры его корабля, и, дойдя до глубины 9 сажен, остановился. Постепенно равномерное повышение дна и то, что в проливе течение было почти незаметно, привели его к убеждению, что он находится не в проливе, а в заливе и что, стало быть, Сахалин соединен с материком перешейком. В де-Кастри у него еще раз происходило совещание с гиляками. Когда он начертил им на бумаге остров, отделенный от материка, то один из них взял у него карандаш и, проведя через пролив черту, пояснил, что через этот перешеек гилякам приходится иногда перетаскивать свои лодки и что на нем даже растет трава, - так понял Лаперуз. Это еще крепче убедило его, что Сахалин - полуостров.

Девятью годами позже его в Татарском проливе был англичанин В. Браутон (Broughton). Судно у него было небольшое, сидевшее в воде не глубже 9 фут., так что ему удалось пройти несколько выше Лаперуза. Остановившись на глубине двух сажен, он послал к северу для промера своего помощника; этот на пути своем встречал среди мелей глубины, но они постепенно уменьшались и приводили его то к сахалинскому берегу, то к низменным песчаным берегам другой стороны, и при этом получалась такая картина, как будто оба берега сливались; казалось, залив оканчивался здесь и никакого прохода не было. Таким образом, и Браутон должен был заключить то же самое, что Лаперуз.

Наш знаменитый Крузенштерн, исследовавший берега острова в 1805 г., впал в ту же ошибку. Плыл он к Сахалину уже с предвзятою мыслью, так как пользовался картою Лаперуза. Он прошел вдоль восточного берега, и, обогнув северные мысы Сахалина, вступил в самый пролив, держась направления с севера на юг, и, казалось, был уже совсем близок к разрешению загадки, но постепенное уменьшение глубины до 3 сажен, удельный вес воды, а главное, предвзятая мысль заставили и его признать существование перешейка, которого он не видел. Но его все-таки точил червь сомнения. "Весьма вероятно, - пишет он, - что Сахалин был некогда, а может быть, еще в недавние времена, островом". Возвращался он назад, по-видимому, с неспокойною душой: когда в Китае впервые попались ему на глаза записки Браутона, то он "обрадовался немало". Ошибка была исправлена в 1849 году Невельским. Авторитет его предшественников, однако, был еще так велик, что когда он донес о своих открытиях в Петербург, то ему не поверили, сочли его поступок дерзким и подлежащим наказанию и "заключили" его разжаловать, и неизвестно, к чему бы это повело, если бы не заступничество самого государя, который нашел его поступок молодецким, благородным и патриотическим. Это был энергический, горячего темперамента человек, образованный, самоотверженный, гуманный, до мозга костей проникнутый идеей и преданный ей фанатически, чистый нравственно. Один из знавших его пишет: "Более честного человека мне не случалось встречать". На восточном побережье и на Сахалине он сделал себе блестящую карьеру в какие-нибудь пять лет, но потерял дочь, которая умерла от голода, состарился, состарилась и потеряла здоровье его жена, "молоденькая, хорошенькая и приветливая женщина", переносившая все лишения геройски.

Чтобы покончить с вопросом о перешейке и полуострове, считаю не лишним сообщить еще некоторые подробности. В 1710 г. пекинскими миссионерами, по поручению китайского императора, была начертана карта Татарии; при составлении ее миссионеры пользовались японскими картами, и это очевидно, так как в то время о проходимости Лаперузова и Татарского проливов могло быть известно только японцам. Она была прислана во Францию и стала известною, потому что вошла в атлас географа д'Анвилля. Эта карта послужила поводом к небольшому недоразумению, которому Сахалин обязан своим названием. У западного берега Сахалина, как раз против устья Амура, на карте есть надпись, сделанная миссионерами: "Saghalien-angahala", что по-монгольски значит "скалы черной реки". Это название относилось, вероятно, к какому-либо утесу или мысу у устья Амура, во Франции же поняли иначе и отнесли к самому острову. Отсюда и название Сахалин, удержанное Крузенштерном и для русских карт. У японцев Сахалин называли Карафто или Карафту, что значит китайский остров.

Работы японцев попадали в Европу или слишком поздно, когда в них уже не нуждались, или же подвергались неудачным поправкам. На карте миссионеров Сахалин имел вид острова, но д'Анвилль отнесся к ней с недоверием и положил между островом и материком перешеек. Японцы первые стали исследовать Сахалин, начиная с 1613 г., но в Европе придавали этому так мало значения, что когда впоследствии русские и японцы решали вопрос о том, кому принадлежит Сахалин, то о праве первого исследования говорили и писали только одни русские.

Давно уже на очереди новое, возможно тщательное исследование берегов Татарии и Сахалина. Теперешние карты неудовлетворительны, что видно хотя бы из того, что суда, военные и коммерческие, часто садятся на мель и на камни, гораздо чаще, чем об этом пишут в газетах. Благодаря, главным образом, плохим картам командиры судов здесь очень осторожны, мнительны и нервны. Командир "Байкала" не доверяет официальной карте и смотрит в свою собственную, которую сам чертит и исправляет во время плавания.

Чтобы не сесть на мель, г. Л. не решился плыть ночью, и мы после захода солнца бросили якорь у мыса Джаоре. На самом мысу, на горе, стоит одиноко избушка, в которой живет морской офицер г. Б., ставящий знаки на фарватере и имеющий надзор за ними, а за избушкой непроходимая дремучая тайга. Командир послал г. Б. свежего мяса; я воспользовался этим случаем и поплыл на шлюпке к берегу. Вместо пристани куча больших скользких камней, по которым пришлось прыгать, а на гору к избе ведет ряд ступеней из бревнышек, врытых в землю почти отвесно, так что, поднимаясь, надо крепко держаться руками. Но какой ужас! Пока я взбирался на гору и подходил к избе, меня окружали тучи комаров, буквально тучи, было темно от них, лицо и руки мои жгло, и не было возможности защищаться. Я думаю, что если здесь остаться ночевать под открытым небом, не окружив себя кострами, то можно погибнуть или, по меньшей мере, сойти с ума.

Изба разделяется сенями на две половины: налево живут матросы, направо офицер с семьей. Хозяина дома не было. Я застал изящно одетую, интеллигентную даму, его жену, и двух дочерей, маленьких девочек, искусанных комарами. В комнатах все стены покрыты еловою зеленью, окна затянуты марлей, пахнет дымом, но комары, несмотря ни на что, все-таки есть и жалят бедных девочек. В комнате обстановка не богатая, лагерная, но в убранстве чувствуется что-то милое, вкусное. На стене висят этюды и, между прочим, женская головка, набросанная карандашом. Оказывается, что г. Б. - художник.

- Хорошо ли вам тут живется? - спрашиваю я даму.
- Хорошо, да вот только комары.

Свежему мясу она не обрадовалась; по ее словам, она и дети давно уже привыкли к солонине и свежего мяса не любят.

- Впрочем, вчера варили форелей, - добавила она.

Провожал меня до шлюпки угрюмый матрос, который, как будто догадавшись, о чем мне хочется спросить его, вздохнул и сказал:

- По доброй воле сюда не заедешь!

На другой день рано утром пошли дальше при совершенно тихой и теплой погоде. Татарский берег горист и изобилует пиками, то есть острыми, коническими вершинами. Он слегка подернут синеватою мглой: это дым от далеких лесных пожаров, который здесь, как говорят, бывает иногда так густ, что становится опасен для моряков не меньше, чем туман. Если бы птица полетела напрямик с моря через горы, то, наверное, не встретила бы ни одного жилья, ни одной живой души на расстоянии пятисот верст и больше... Берег весело зеленеет на солнце и, по-видимому, прекрасно обходится без человека. В шесть часов были в самом узком месте пролива, между мысами Погоби и Лазарева, и очень близко видели оба берега, в восемь проходили мимо Шапки Невельского - так называется гора с бугром на вершине, похожим на шапку. Утро было яркое, блестящее, и наслаждение, которое я испытывал, усиливалось еще от гордого сознания, что я вижу эти берега.

Во втором часу вошли в бухту де-Кастри. Это единственное место, где могут во время бури укрываться суда, плавающие по проливу, и не будь ее, судоходство у сахалинских берегов, которые сплошь негостеприимны, было бы немыслимо. Даже есть такое выражение: "удирать в де-Кастри". Бухта прекрасная и устроена природой точно по заказу. Это круглый пруд, версты три в диаметре, с высокими берегами, защищающими от ветров, с нешироким выходом в море. Если судить по наружному виду, то бухта идеальная, но, увы! - это только кажется так; семь месяцев в году она бывает покрыта льдом, мало защищена от восточного ветра и так мелка, что пароходы бросают якорь в двух верстах от берега. Выход в море сторожат три острова, или, вернее, рифа, придающие бухте своеобразную красоту; один из них назван Устричным: очень крупные и жирные устрицы водятся на его подводной части.

На берегу несколько домиков и церковь. Это Александровский пост. Тут живут начальник поста, его делопроизводитель и телеграфисты. Один местный чиновник, приезжавший к нам на пароход обедать, скучный и скучающий господин, много говорил за обедом, много пил и рассказал нам старый анекдот про гусей, которые, наевшись ягод из-под наливки и опьяневши, были приняты за мертвых, ощипаны и выброшены вон и потом, проспавшись, голые вернулись домой; при этом чиновник побожился, что история с гусями происходила в де-Кастри в его собственном дворе. Священника при церкви нет, и он, когда нужно, приезжает из Мариинска. Хорошая погода бывает здесь очень редко, так же как в Николаевске. Говорят, что весною этого года здесь работала промерная экспедиция и во весь май было только три солнечных дня. Извольте работать без солнца!

На рейде мы застали военные суда "Бобр" и "Тунгус" и две миноноски. Вспоминается и еще одна подробность: едва мы бросили якорь, как потемнело небо, собралась гроза и вода приняла необыкновенный, ярко-зеленый цвет. "Байкалу" предстояло выгрузить четыре тысячи пудов казенного груза, и потому остались в де-Кастри ночевать. Чтобы скоротать время, я и механик удили с палубы рыбу, и нам попадались очень крупные, толстоголовые бычки, каких мне не приходилось ловить ни в Черном, ни в Азовском море. Попадалась и камбала.

Выгружают здесь пароходы всегда томительно долго, с раздражением и порчей крови. Впрочем, это горькая участь всех наших восточных портов. В де-Кастри выгружают на небольшие баржи-шаланды, которые могут приставать к берегу только во время прилива и потому нагруженные часто садятся на мель; случается, что благодаря этому пароход простаивает из-за какой-нибудь сотни мешков муки весь промежуток времени между отливом и приливом. В Николаевске беспорядков еще больше. Там, стоя на палубе "Байкала", я видел, как буксирный пароход, тащивший большую баржу с двумя сотнями солдат, утерял свой буксирный канат; баржу понесло течением по рейду, и она пошла прямо на якорную цепь парусного судна, стоявшего недалеко от нас. Мы с замиранием сердца ждали, что вот еще один момент и баржа будет перерезана цепью, но, к счастью, добрые люди вовремя перехватили канат, и солдаты отделались одним только испугом.

II

Краткая география. - Прибытие в Северный Сахалин. - Пожар. - Пристань. - В Слободке. - Обед у г. Л. - Знакомства. - Ген. Кононович. - Приезд генерал-губернатора. - Обед и иллюминация.

Сахалин лежит в Охотском море, загораживая собою от океана почти тысячу верст восточного берега Сибири и вход в устье Амура. Он имеет форму, удлиненную с севера на юг, и фигурою, по мнению одного из авторов, напоминает стерлядь. Географическое положение его определяется так: от 45° 54' до 54° 53' с.ш. и от 141° 40' до 144° 53' в.д. Северная часть Сахалина, через которую проходит линия вечно промерзлой почвы, по своему положению соответствует Рязанской губ"ернии", а южная - Крыму. Длина острова 900 верст; наибольшая его ширина равняется 125, и наименьшая 25 верстам. Он вдвое больше Греции и в полтора раза больше Дании.
Прежнее деление его на северный, средний и южный неудобно в практическом отношении, и теперь делят только на северный и южный. Верхняя треть острова по своим климатическим и почвенным условиям совершенно непригодна для поселения и потому в счет не идет; средняя треть называется Северным Сахалином, а нижняя Южным; строго определенной границы между двумя последними не существует. Ссыльные в настоящее время живут в Северном, по реке Дуйке и по реке Тыми; Дуйка впадает в Татарский пролив, а Тымь - в Охотское море, и обе реки на карте встречаются своими верховьями. Живут также и по западному побережью, на небольшом пространстве вверх и вниз от устья Дуйки. В административном отношении Северный Сахалин делится на два округа: Александровский и Тымовский.
Переночевавши в де-Кастри, мы на другой день, 10 июля, в полдень пошли поперек Татарского пролива к устью Дуйки, где находится Александровский пост. Погода и в этот раз была тихая, ясная, какая здесь бывает очень редко. По совершенно гладкому морю, пуская

вверх фонтаны, гуляли парочками киты, и это прекрасное, оригинальное зрелище развлекало нас на всем пути. Но настроение духа, признаюсь, было невеселое, и чем ближе к Сахалину, тем хуже. Я был непокоен. Офицер, сопровождавший солдат, узнав, зачем я еду на Сахалин, очень удивился и стал уверять меня, что я не имею никакого права подходить близко к каторге и колонии, так как я не состою на государственной службе. Конечно, я знал, что он не прав, но всё же от слов его становилось мне жутко, и я боялся, что и на Сахалине, пожалуй, я встречу точно такой же взгляд.

Когда в девятом часу бросали якорь, на берегу В пяти местах большими кострами горела сахалинская тайга. Сквозь потемки и дым, стлавшийся по морю, я не видел пристани и построек и мог только разглядеть тусклые постовые огоньки, из которых два были красные. Страшная картина, грубо скроенная из потемок, силуэтов гор, дыма, пламени и огненных искр, казалась фантастическою. На левом плане горят чудовищные костры, выше них - горы, из-за гор поднимается высоко к небу багровое зарево от дальних пожаров; похоже, как будто горит весь Сахалин. Вправо темною тяжелою массой выдается в море мыс Жонкьер, похожий на крымский Аю-Даг; на вершине его ярко светится маяк, а внизу, в воде, между нами и берегом стоят три остроконечных рифа- "Три брата". И всё в дыму, как в аду.

К пароходу подошел катер, таща за собою на буксире баржу. Это привезли каторжных для разгрузки парохода. Слышались татарский говор и брань.

- Не пускать их на пароход! - раздался крик с борта. - Не пускать! Они ночью весь пароход обокрадут!

- Тут в Александровске еще ничего, - сказал мне механик, заметив, какое тяжелое впечатление произвел на меня берег, - а вот вы увидите Дуэ! Там берег совсем отвесный, с темными ущельями и с угольными пластами... мрачный берег! Бывало, мы возили на "Байкале" в Дуэ по 200-300 каторжных, так я видел, как многие из них при взгляде на берег плакали.

- Не они, а мы тут каторжные, - сказал с раздражением командир. - Теперь здесь тихо, но посмотрели бы вы осенью: ветер, пурга, холод, волны валяют через борт, - хоть пропадай!

Я остался ночевать на пароходе. Рано утром, часов в пять, меня шумно разбудили: "Скорее, скорее! Катер в последний раз уходит к берегу! Сейчас снимаемся!" Через минуту я уже сидел в катере, а рядом со мной молодой чиновник с сердитым заспанным лицом. Катер засвистел, и мы пошли к берегу, таща за собой две баржи с каторжными. Изморенные ночною работой и бессонницей, арестанты были вялы и угрюмы; всё время молчали. Лица их были покрыты росой. Мне припоминается теперь несколько кавказцев с резкими чертами и в меховых шапках, надвинутых до бровей.

- Позвольте познакомиться, - сказал мне чиновник, - коллежский регистратор Д.

Это был мой первый сахалинский знакомый, поэт, автор обличительного стихотворения "Сахалино", которое начиналось так: "Скажи-ка, доктор, ведь недаром..." Потом он часто бывал у меня и гулял со мной по Александровску и его окрестностям, рассказывая мне анекдоты или без конца читая стихи собственного сочинения. В длинные зимние ночи он пишет либеральные повести, но при случае любит дать понять, что он коллежский регистратор и занимает должность X класса; когда одна баба, придя к нему по делу, назвала его господином Д., то он обиделся и сердито крикнул ей: "Я тебе не господин Д., а ваше благородие!" По пути к берегу я расспрашивал его насчет сахалинской жизни, как и что, а он зловеще вздыхал и говорил: "А вот вы увидите!" Солнце стояло уже высоко. То, что было вчера мрачно и темно и так пугало воображение, теперь утопало в блеске раннего утра; толстый, неуклюжий Жонкьер с маяком, "Три брата" и высокие крутые берега, которые видны на десятки верст по обе стороны, прозрачный туман на горах и дым от пожара давали при блеске солнца и моря картину недурную.

Гавани здесь нет и берега опасны, о чем внушительно свидетельствует шведский пароход "Atlas", потерпевший крушение незадолго до моего приезда и лежащий теперь на берегу. Пароходы останавливаются обыкновенно в версте от берега и редко ближе. Пристань есть, но только для катеров и барж. Это большой, в несколько сажен сруб, выдающийся в море в виде буквы Т; толстые лиственные сваи, крепко вбитые в дно морское, образуют ящики, которые доверху наполнены камнями; настилка из досок, по ней вдоль всей пристани проложены рельсы для вагонеток. На широком конце Т стоит хорошенький домик - контора пристани - и тут же высокая черная мачта. Сооружение солидное, но недолговечное. Во время хорошего шторма, как говорят, волна иногда хватает до окон домика и брызги долетают даже до мачтовой реи, причем дрожит вся пристань.

Возле пристани по берегу, по-видимому без дела, бродило с полсотни каторжных: одни в халатах, другие в куртках или пиджаках из серого сукна. При моем появлении вся полсотня сняла шапки - такой чести до сих пор, вероятно, не удостаивался еще ни один литератор. На берегу стояла чья-то лошадь, запряженная в безрессорную линейку. Каторжные взвалили мой багаж на линейку, человек с черною бородой, в пиджаке и в рубахе навыпуск, сел на козлы. Мы поехали.

- Куда прикажете, ваше высокоблагородие? - спросил он, оборачиваясь и снимая шапку.

Я спросил, не отдается ли тут где-нибудь внаймы квартира, хотя бы в одну комнату.

- Точно так, ваше высокоблагородие, отдается.

Две версты от пристани до Александровского поста я ехал по превосходному шоссе. В сравнении с сибирскими дорогами это чистенькое, гладкое шоссе, с канавами и фонарями, кажется просто роскошью. Рядом с ним проложена рельсовая дорога. Но природа по пути поражает своею бедностью. Вверху на горах и холмах, окружающих Александровскую долину, по которой протекает Дуйка, обгорелые пни, или торчат, как иглы дикобраза, стволы лиственниц, высушенных ветром и пожарами, а внизу по долине кочки и кислые злаки - остатки недавно бывшего здесь непроходимого болота. Свежий разрез земли в канавах обнажает во всем ее убожестве болотную перегорелую почву с полувершковым слоем плохого чернозема. Ни сосны, ни дуба, ни клена - одна только лиственница, тощая, жалкая, точно огрызенная, которая служит здесь не украшением лесов и парков, как у нас в России, а признаком дурной, болотистой почвы и сурового климата.

Александровский пост, или, короче, Александровск, представляет из себя небольшой благообразный городок сибирского типа, тысячи на три жителей. В нем нет ни одной каменной постройки, а всё сделано из дерева, главным образом из лиственницы: и церковь, и дома, и тротуары. Здесь резиденция начальника острова, центр сахалинской цивилизации. Тюрьма находится близ главной улицы, но по внешнему виду она мало отличается от военной казармы, и потому Александровск совсем не носит того мрачного острожного характера, какой я ожидал встретить.

Возница привез меня в Александровскую слободку, предместье поста, к крестьянину из ссыльных П. Мне показали квартиру. Небольшой дворик, мощенный по-сибирски бревнами, кругом навесы; в доме пять просторных, чистых комнат, кухня, но ни следа мебели. Хозяйка, молодая бабенка, принесла стол, потом минут через пять табурет.

- Эта квартира у нас ходила с дровами 22 рубля, а без дров 15, - сказала она.

А когда час спустя вносила самовар, сказала со вздохом:

- Заехали в эту пропасть!

Она девушкой пришла сюда с матерью за отцом-каторжным, который до сих пор еще не отбыл своего срока; теперь она замужем за крестьянином из ссыльных, мрачным стариком, которого я мельком видел, проходя по двору; он был болен чем-то, лежал на дворе под навесом и кряхтел.

- Теперь у нас в Тамбовской губернии, чай, жнут, - сказал" хозяйка, - а тут глаза бы мои не глядели.

И в самом деле неинтересно глядеть: в окно видны грядки с

капустною рассадой, около них безобразные канавы, вдали маячит тощая, засыхающая лиственница. Охая и держась за бока, вошел хозяин и стал мне жаловаться на неурожаи, холодный климат, нехорошую землю. Он благополучно отбыл каторгу и поселение, имел теперь два дома, лошадей и коров, держал много работников и сам ничего не делал, был женат на молоденькой, а главное, давно уже имел право переселиться на материк - и все-таки жаловался.

В полдень я ходил по слободке. На краю слободки стоит хорошенький домик с палисадником и с медною дощечкой на дверях, а возле домика в одном с ним дворе лавочка. Я зашел купить себе чего-нибудь поесть. "Торговое дело" и "Торгово-комиссионный склад" - так называется эта скромная лавочка в сохранившихся у меня печатном и рукописном прейскурантах - принадлежит ссыльнопоселенцу Л., бывшему гвардейскому офицеру, осужденному лет 12 тому назад Петербургским окружным судом за убийство. Он уже отбыл каторгу и занимается теперь торговлей, исполняет также разные поручения по дорожной и иным частям, получая за это жалованье старшего надзирателя. Жена его свободная, из дворянок, служит фельдшерицей в тюремной больнице. В лавочке продаются и звездочки к погонам, и рахат-лукум, и пилы поперечные, и серпы, и "шляпы дамские, летние, самые модные, лучших фасонов от 4 р. 50 к. до 12 р. за штуку". Пока я разговаривал с приказчиком, в лавочку вошел сам хозяин в шёлковой жакетке и в цветном галстуке. Мы познакомились.

- Не будете ли добры отобедать у меня? - предложил он.

Я согласился, и мы пошли в дом. Обстановка у него комфортабельная. Венская мебель, цветы, американский аристон и гнутое кресло, на котором Л. качается после обеда. Кроме хозяйки, я застал в столовой еще четырех гостей, чиновников. Один из них, старик без усов и с седыми бакенами, похожий лицом на драматурга Ибсена, оказался младшим врачом местного лазарета, другой, тоже старик, отрекомендовался штаб-офицером оренбургского казачьего войска. С первых же слов этот офицер произвел на меня впечатление очень доброго человека и большого патриота. Он кроток и добродушно рассудителен, но когда говорят о политике. то выходит из себя и с неподдельным пафосом начинает говорить о могуществе России и с презрением о немцах и англичанах, которых отродясь не видел. Про него рассказывают, что когда он, идучи морем на Сахалин, захотел в Сингапуре купить своей жене шёлковый платок и ему предложили разменять русские деньги на доллары, то он будто бы обиделся и сказал: "Вот еще, стану я менять наши православные деньги на какие-то эфиопские!" И платок не был куплен.

За обедом подавали суп, цыплят и мороженое. Было и вино.

- Когда приблизительно идет здесь последний снег? - спросил я.

- В мае, - ответил Л.

- Неправда, в июне, - сказал доктор, похожий на Ибсена.

- Я знаю поселенца, - сказал Л., - у которого калифорнская пшеница дала сам-.

И опять возражение со стороны доктора:

- Неправда. Ничего ваш Сахалин не дает. Проклятая земля.

- Позвольте, однако, - сказал один из чиновников, - в 82 году пшеница уродилась сам-40. Я это отлично знаю.

- Не верьте, - сказал мне доктор. - Это вам очки втирают.

За обедом же была рассказана такая легенда: когда русские заняли остров и затем стали обижать гиляков, то гиляцкий шаман проклял Сахалин и предсказал, что из него не выйдет никакого толку.

- Так оно и вышло, - вздохнул доктор.

После обеда Л. играл на аристоне. Доктор пригласил меня переехать к нему, и в тот же день вечером я поселился на главной улице поста, в одном из домов, ближайших к присутственным местам. С этого вечера началось мое посвящение в сахалинские тайны. Доктор рассказал мне, что незадолго до моего приезда, во время медицинского осмотра скота на морской пристани, у него произошло крупное недоразумение с начальником острова и что будто бы даже в конце концов генерал замахнулся на него палкой; на другой же день он был уволен по прошению, которого не подавал. Доктор показал мне целую кипу бумаг, написанных им, как он говорил, в защиту правды и из человеколюбия. Это были копии с прошений, жалоб, рапортов и… доносов22.

- А генералу не понравится, что вы у меня остановились, - сказал доктор и значительно подмигнул глазом.

На другой день я был с визитом у начальника острова В.О. Кононовича. Несмотря на усталость и недосуг, генерал принял меня чрезвычайно любезно и беседовал со мною около часа. Он образован, начитан и, кроме того, обладает большою практическою опытностью, так как до своего назначения на Сахалин в продолжение 18 лет заведовал каторгой на Каре; он красиво говорит и красиво пишет и производит впечатление человека искреннего, проникнутого гуманными стремлениями. Я не могу забыть о том удовольствии, какое доставляли мне беседы с ним, и как приятно в первое время поражало постоянно высказываемое им отвращение к телесным наказаниям. Ж. Кеннан в своей известной книге отзывается о нем восторженно.

Узнав, что я намерен пробыть на Сахалине несколько месяцев, генерал предупредил меня, что жить здесь тяжело и скучно.

- Отсюда все бегут, - сказал он, - и каторжные, и поселенцы, и чиновники. Мне еще не хочется бежать, но я уже чувствую утомление от мозговой работы, которой требуется здесь так много, благодаря, главным образом, разбросанности дела.

Он обещал мне полное содействие, но просил обождать: на Сахалине готовились к встрече генерал-губернатора, и все были заняты.

- А я рад, что вы остановились у нашего врага, - сказал он, прощаясь со мной. - Вы будете знать наши слабые стороны.

До приезда генерал-губернатора я жил в Александровске, в квартире доктора. Жизнь была не совсем обыкновенная. Когда я просыпался утром, самые разнообразные звуки напоминали мне, где я. Мимо открытых окон по улице, не спеша, с мерным звоном проходили кандальные; против нашей квартиры в военной казарме солдаты-музыканты разучивали к встрече генерал-губернатора свои марши, и при этом флейта играла из одной пьесы, тромбон из другой, фагот из третьей, и получался невообразимый хаос. А в комнатах у нас неугомонно свистали канарейки, и мой хозяин-доктор ходил из угла в угол и, перелистывая на ходу законы, мыслил вслух:

- Если на основании статьи такой-то я подам прошение туда-то, и т.д.

Или же он вместе со своим сыном садился писать какую-нибудь кляузу. Выйдешь на улицу, тут жарко. Жалуются даже на засуху, и офицеры ходят в кителях, а это бывает не каждое лето. Движение на улицах здесь гораздо значительнее, чем в наших уездных городах, и это легко объяснить приготовлениями к встрече начальника края, главным же образом - преобладанием в здешнем населении рабочего возраста, который большую часть дня проводит вне дома. К тому же здесь на небольшом пространстве сгруппированы: тюрьма более чем на тысячу и военные казармы на 500 человек. Спешно строят мост через Дуйку, воздвигают арки, чистят, красят, подметают, маршируют. По улицам носятся тройки и пары с колокольчиками - это готовят для генерал-губернатора лошадей. Такая спешка, что работают даже в праздники.

Вот по улице, направляясь к полицейскому управлению, идет толпа гиляков, здешних аборигенов, и на них сердито лают смирные сахалинские дворняжки, которые лают почему-то на одних только гиляков. Вот другая группа: кандальные каторжные в шапках и без шапок, звеня цепями, тащат тяжелую тачку с песком, сзади к тачке цепляются мальчишки, по сторонам плетутся конвойные с потными красными лицами и с ружьями на плечах. Высыпав песок на площадке перед домом генерала, кандальные возвращаются тою же дорогой назад, и звон кандалов слышится непрерывно. Каторжный в халате с бубновым тузом ходит из двора во двор и продает ягоду голубику. Когда идешь по улице, сидящие встают и все встречные снимают шапки.

Каторжные и поселенцы, за немногими исключениями, ходят по улицам свободно, без кандалов и без конвоя, и встречаются на каждом шагу толпами и в одиночку. Они во дворе и в доме, потому что они кучера, сторожа, повара, кухарки и няньки. Такая близость в первое время с непривычки смущает и приводит в недоумение. Идешь мимо какой-нибудь постройки, тут каторжные с топорами, пилами и молотками. А ну, думаешь, размахнется и трахнет! Или придешь к знакомому и, не заставши дома, сядешь писать ему записку. а сзади в это время стоит и ждет его слуга - каторжный с ножом, которым он только что чистил в кухне картофель. Или, бывало, рано утром, часа в четыре, просыпаешься от какого-то шороха, смотришь - к постели на цыпочках, чуть дыша, крадется каторжный. Что такое? Зачем? "Сапожки почистить, ваше высокоблагородие". Скоро я пригляделся и привык. Привыкают все, даже женщины и дети. Здешние дамы бывают совершенно покойны, когда отпускают своих детей гулять с няньками бессрочнокаторжными.

Один корреспондент пишет, что вначале он трусил чуть не каждого куста, а при встречах на дороге и тропинках с арестантом ощупывал под пальто револьвер, потом успокоился, придя к заключению, что "каторга в общем - стадо баранов, трусливых, ленивых, полуголодных и заискивающих". Чтобы думать, что русские арестанты не убивают и не грабят встречного только из трусости и лени, надо быть очень плохого мнения о человеке вообще или не знать человека.

Приамурский генерал-губернатор барон А.Н. Корф прибыл на Сахалин 19 июля, на военном судне "Бобр". На площади, между домом начальника острова и церковью, он был встречен почетным караулом, чиновниками и толпою поселенцев и каторжных. Играла та самая музыка, о которой я только что говорил. Благообразный старик, бывший каторжный, разбогатевший на Сахалине, по фамилии Потемкин, поднес ему хлеб-соль на серебряном блюде местного изделия. На площади же стоял мой хозяин-доктор в черном фраке и в картузе и держал в руках прошение. Я в первый раз видел сахалинскую толпу, и от меня не укрылась ее печальная особенность: она состояла из мужчин и женщин рабочего возраста, были старики и дети, но совершенно отсутствовали юноши. Казалось, будто возраста от 13 до 20 лет на Сахалине вовсе не существует. И я невольно задал себе вопрос: не значит ли это, что молодежь, подрастая, оставляет остров при первой возможности?

На другой же день по приезде генерал-губернатор приступил к осмотру тюрем и поселений. Всюду поселенцы, ожидавшие его с большим нетерпением, подавали ему прошения и словесно заявляли просьбы. Говорили каждый за себя или один за всё селение, и так как ораторское искусство процветает на Сахалине, то дело не обошлось и без речей; в Дербинском поселенец Маслов в своей речи несколько раз назвал начальство "всемилостивейшим правительством". К сожалению, далеко не все, обращавшиеся к барону А.Н. Корфу, просили того, что нужно. Тут, как и в России в подобных случаях, сказалась досадная мужицкая темнота: просили не школ, не правосудия, не заработков, а разных пустяков: кто казенного довольствия, кто усыновления ребенка, - одним словом, подавали прошения, которые могли быть удовлетворены и местным начальством. А.Н. Корф отнесся к их просьбам с полным вниманием и доброжелательством; глубоко тронутый их бедственным положением, он давал обещания и возбуждал надежды на лучшую жизнь. Когда в Аркове помощник смотрителя тюрьмы отрапортовал: "В селении Аркове всё обстоит благополучно", барон указал ему на озимые и яровые всходы и сказал: "Всё благополучно, кроме только того, что в Аркове нет хлеба". В Александровской тюрьме по случаю его приезда арестантов кормили свежим мясом и даже олениной; он обошел все камеры, принимал прошения и приказал расковать многих кандальных.

22 июля после молебна и парада (был табельный день) прибежал надзиратель и доложил, что генерал-губернатор желает меня видеть. Я отправился. А.Н. Корф принял меня очень ласково и беседовал со мной около получаса. Наш разговор происходил в присутствии ген. Кононовича. Между прочим, мне был предложен вопрос, не имею ли я какого-либо официального поручения. Я ответил: нет.

- По крайней мере нет ли у вас поручения от какого-либо ученого общества или газеты? - спросил барон.

У меня в кармане был корреспондентский бланок, но так как я не имел в виду печатать что-либо о Сахалине в газетах, то, не желая вводить в заблуждение людей, относившихся ко мне, очевидно, с полным доверием, я ответил: нет.

- Я разрешаю вам бывать, где и у кого угодно, - сказал барон. - Нам скрывать нечего. Вы осмотрите здесь всё, вам дадут свободный пропуск во все тюрьмы и поселения, вы будете пользоваться документами, необходимыми для вашей работы, - одним словом, вам двери будут открыты всюду. Не могу я разрешить вам только одного: какого бы то ни было общения с политическими, так как разрешать вам это я не имею никакого права.

Отпуская меня, барон сказал:

- Завтра мы еще поговорим. Приходите с бумагой.

В тот же день я присутствовал на торжественном обеде в квартире начальника острова. Тут я познакомился почти со всею сахалинскою администрацией. За обедом играла музыка, произносились речи. А.Н. Корф, в ответ на тост за его здоровье, сказал короткую речь, из которой мне теперь припоминаются слова: "Я убедился, что на Сахалине "несчастным" живется легче, чем где-либо в России и даже Европе. В этом отношении вам предстоит сделать еще многое, так как путь добра бесконечен". Он пять лет назад был на Сахалине и теперь находил прогресс значительным, превосходившим всякие ожидания. Его похвальное слово не мирилось в сознании с такими явлениями, как голод, повальная проституция ссыльных женщин, жестокие телесные наказания, но слушатели должны были верить ему: настоящее в сравнении с тем, что происходило пять лет назад, представлялось чуть ли не началом золотого века.

Вечером была иллюминация. По улицам, освещенным плошками и бенгальским огнем, до позднего вечера гуляли толпами солдаты, поселенцы и каторжные. Тюрьма была открыта. Река Дуйка, всегда убогая, грязная, с лысыми берегами, а теперь украшенная по обе стороны разноцветными фонарями и бенгальскими огнями, которые отражались в ней, была на этот раз красива, даже величественна, но и смешна, как кухаркина дочь, на которую для примерки надели барышнино платье. В саду генерала играла музыка и пели певчие. Даже из пушки стреляли, и пушку разорвало. И все-таки, несмотря на такое веселье, на улицах было скучно Ни песен, ни гармоники, ни одного пьяного; люди бродили, как тени, и молчали, как тени. Каторга и при бенгальском освещении остается каторгой, а музыка, когда ее издали слышит человек, который никогда уже не вернется на родину, наводит только смертную тоску.

Когда я явился к генерал-губернатору с бумагой, он изложил мне свой взгляд на сахалинскую каторгу И колонию и предложил записать всё, сказанное им, что я, конечно, исполнил очень охотно. Всё записанное он предложил мне озаглавить так: "Описание жизни несчастных". Из нашей последней беседы и из того, что я записал под его диктовку, я вынес убеждение, что это великодушный и благородный человек, но что "жизнь несчастных" была знакома ему не так близко, как он думал. Вот несколько строк из описания: "Никто не лишен надежды сделаться полноправным; пожизненности наказания нет. Бессрочная каторга ограничивается 20-ю годами. Каторжные работы не тягостны. Труд подневольный не дает работнику личной пользы - в этом его тягость, а не в напряжении физическом. Цепей нет, часовых нет, бритых голов нет".

Дни стояли хорошие, с ясным небом и с прозрачным воздухом, похожие на наши осенние дни. Вечера были превосходные; припоминается мне пылающий запад, темно-синее море и совершенно белая луна, выходящая из-за гор. В такие вечера я любил кататься по долине между постом и деревней Ново-Михайловкой; дорога здесь гладкая, ровная, рядом с ней рельсовый путь для вагонеток, телеграф. Чем дальше от Александровска, тем долина становится уже, потемки густеют, гигантские лопухи начинают казаться тропическими растениями; со всех сторон надвигаются темные горы. Вон вдали огни, где жгут уголь, вон огонь от пожара.

Восходит луна. Вдруг фантастическая картина: мне навстречу по рельсам, подпираясь шестом, катит на небольшой платформе каторжный в белом. Становится жутко.

- Не пора ли назад? - спрашиваю кучера.

Кучер-каторжный поворачивает лошадей, потом оглядывается на горы и огни и говорит:

- Скучно здесь, ваше высокоблагородие. У нас в России лучше.

III

Перепись. - Содержание статистических карточек. - О чем я спрашивал, и как отвечали мне. - Изба и ее жильцы. - Мнения ссыльных о переписи.

Чтобы побывать по возможности во всех населенных местах и познакомиться поближе с жизнью большинства ссыльных, я прибегнул к приему, который в моем положении казался мне единственным. Я сделал перепись. В селениях, где я был, я обошел все избы и записал хозяев, членов их семей, жильцов и работников. Чтобы облегчить мой труд и сократить время, мне любезно предлагали помощников, но так как, делая перепись, я имел главною целью не результаты ее, а те впечатления, которые дает самый процесс переписи, то я пользовался чужою помощью только в очень редких случаях. Эту работу, произведенную в три месяца одним человеком, в сущности, нельзя назвать переписью; результаты ее не могут отличаться точностью и полнотой, но, за неимением более серьезных данных ни в литературе, ни в сахалинских канцеляриях, быть может, пригодятся и мои цифры.

Для переписи я пользовался карточками, которые были напечатаны для меня в типографии при полицейском управлении. Самый процесс переписи заключался в следующем. Прежде всего, на каждой карточке в первой строке я отмечал название поста или селения. Во второй строке: номер дома по казенной подворной описи. Затем, в третьей строке, звание записываемого: каторжный, поселенец, крестьянин из ссыльных, свободного состояния. Свободных я записывал только в тех случаях, если они принимали непосредственное участие в хозяйстве ссыльного, например, состояли с ним в браке, законном или незаконном, и вообще принадлежали к семье его или проживали в его избе в качестве работника или жильца и т.п. Званию в сахалинском обиходе придается большое значение. Каторжного, несомненно, стесняет его звание; на вопрос, какого он звания, он отвечает: "рабочий". Если же до каторги он был солдатом, то непременно добавляет еще к этому: "из солдат, ваше высокоблагородие". Отбыв или, как сам он выражается, отслужив свой срок, он становится поселенцем. Это новое звание не считается низким уже потому, что слово "поселенец" мало чем отличается от поселянина, не говоря уже о правах, какие сопряжены с этим званием. На вопрос, кто он, поселенец обыкновенно отвечает так: "вольный". Через десять, а при благоприятных условиях, оговоренных в уставе о ссыльных, через шесть лет поселенец получает звание крестьянина из ссыльных. На вопрос, какого он звания, крестьянин отвечает не без достоинства, как будто уж не может идти в счет с прочими и отличается от них чем-то особенным: "Я крестьянин". Но без прибавки "из ссыльных". Я не спрашивал ссыльных о прежнем их звании, так как по этому пункту в канцеляриях имеется достаточно сведений. Сами они, кроме солдат, ни мещане, ни купцы, ни духовные, не распространяются насчет своего утерянного звания, как будто оно уже забыто, а называют свое прежнее состояние коротко - волей. Если кто заводит разговор о своем прошлом, то обыкновенно начинает так: "Когда я жил на воле..." и т.д.

Четвертая строка: имя, отчество и фамилия. Насчет имен могу только вспомнить, что я, кажется, не записал правильно ни одного женского татарского имени. В татарской семье, где много девочек, а отец и мать едва понимают по-русски, трудно добиться толку и приходится записывать наугад. И в казенных бумагах татарские имена пишутся тоже неправильно.

Случается, что православный русский мужичок на вопрос, как его зовут, отвечает не шутя: "Карл". Это бродяга, который по дороге сменился именем с каким-то немцем. Таких, помнится, записано мною двое: Карл Лангер и Карл Карлов. Есть каторжный, которого зовут Наполеоном. Есть женщина-бродяга Прасковья, она же Марья. Что касается фамилий, то по какой-то странной случайности на Сахалине много Богдановых и Беспаловых. Много курьезных фамилий: Шкандыба, Желудок, Безбожный, Зевака. Татарские фамилии, как мне говорили, сохраняют и на Сахалине, несмотря на лишение всех прав состояния, приставки и частицы, означающие высокие звания и титулы. Насколько это верно, не знаю, но ханов, султанов и оглы записал я немало. У бродяг самое употребительное имя Иван, а фамилия Непомнящий. Вот несколько бродяжеских прозвищ: Мустафа Непомнящий, Василий Безотечества, Франц Непомнящий, Иван Непомнящий 20 лет, Яков Беспрозвания, бродяга Иван 35 лет, Человек Неизвестного Звания.

В этой же строке я отмечал отношения записываемого к хозяину: жена, сын, сожительница, работник, жилец, сын жильца и т.д. Записывая детей, я отличал законно- и незаконнорожденных, родных и приемных. Кстати сказать, приемыши часто встречаются на Сахалине, и мне приходилось записывать не только приемных детей, но и приемных отцов. Многие из живущих в избах относятся к хозяевам как совладельцы или половинщики. В обоих северных округах на одном участке сидят по два и даже по три владельца, и так - больше, чем в половине хозяйств; поселенец садится на участок, строит дом и обзаводится хозяйством, а через два-три года ему сажают совладельца или же один участок дают сразу двум поселенцам. Это происходит от нежеланья и неуменья администрации приискивать новые места для поселений. Бывает и так, что отбывший каторгу просит, чтобы ему позволили поселиться в таком посту или селении, где усадебных мест уже нет, и его поневоле приходится сажать уже на готовое хозяйство. Количество совладельцев особенно увеличивается после объявления высочайших манифестов, когда администрация бывает вынуждена приискивать места сразу для нескольких сотен душ.

Пятая строка: возраст. Женщины, которым уже за сорок, плохо помнят свои лета и отвечают на вопрос, подумав. Армяне из Эриванской губ"ернии" совсем не знают своего возраста. Один из них ответил мне так: "Может, тридцать, а может, уже и пятьдесят". В таких случаях приходилось определять возраст приблизительно, на глаз и потом проверять по статейному списку. Молодежь 15 лет и постарше обыкновенно убавляет свои лета. Иная уже невеста или давно уже занимается проституцией, а всё еще 13-14 лет. Дело в том, что дети и подростки в беднейших семьях получают от казны кормовые, которые выдаются только до 15 лет, и тут молодых людей и их родителей простой расчет побуждает говорить неправду.

Шестая строка относилась к вероисповеданию.

Седьмая: где родился? На этот вопрос мне отвечали без малейшего затруднения, и только бродяги отвечали каким-нибудь острожным каламбуром или "не помню". Девица Наталья Непомнящая, когда я спросил ее, какой она губернии, сказала мне: "Всех понемножку". Земляки заметно держатся друг друга, вместе ведут компанию, и коли бегут, то тоже вместе; туляк предпочитает идти в совладельцы к туляку, бакинец к бакинцу. По-видимому, существуют землячества. Когда случалось спрашивать про отсутствующего, то земляки давали о нем самые подробные сведения.

Восьмая строка: с какого года на Сахалине? Редкий сахалинец отвечал на этот вопрос сразу, без напряжения. Год прибытия на Сахалин - год страшного несчастья, а между тем его не знают или не помнят. Спрашиваешь каторжную бабу, в каком году ее привезли на Сахалин, а она отвечает вяло, не думая: "Кто ж его знает? Должно, в 83-м". Вмешивается муж или сожитель: "Ну, что зря языком болтать? Ты пришла в 85-м". - "Может, и в 85-м", - соглашается она со вздохом. Начинаем считать, и мужик выходит прав. Мужчины не так туги, как бабы, но и они дают ответ не сразу, а подумав и поговорив.

- Тебя в каком году пригнали на Сахалин? - спрашиваю я поселенца.

- Я одного сплава с Гладким, - говорит он неуверенно, поглядывая на товарищей.

Гладкий первого сплава, а первый сплав, то есть первый "Доброволец", пришел на Сахалин в 1879 г. Так и записываю. Или бывает такой ответ: "В каторге я пробыл шесть лет, да вот в поселенцах уж третий год... Вот и считайте". - "Значит, ты на Сахалине уже девятый год?" - "Никак нет. До Сахалина я еще в централе отсидел два года". И т.д. Или такой ответ: "Я пришел в тот год, когда Дербина убили". Или: "Тогда Мицуль помер". Для меня было особенно важно получать верные ответы от тех, которые пришли сюда в шестидесятых и семидесятых годах; мне хотелось не пропустить ни одного из них, что, по всей вероятности, не удалось мне. Сколько уцелело из тех, которые пришли сюда 20-25 лет назад? - вопрос, можно сказать, роковой для сахалинской колонизации.

В девятой строке я записывал главное занятие и ремесло.

В десятой - грамотность. Обыкновенно вопрос предлагают в такой форме: "Знаешь ли грамоте?" - я же спрашивал так: "Умеешь ли читать?" - и это во многих случаях спасало меня от неверных ответов, потому что крестьяне, не пишущие и умеющие разбирать только по-печатному, называют себя неграмотными. Есть и такие, которые из скромности прикидываются невеждами. "Где уж нам? Какая наша грамота?" - и лишь при повторении вопроса говорят: "Разбирал когда-то по-печатному, да теперь, знать, забыл. Народ мы темный, одно слово мужики". Неграмотными называют себя также плохо видящие глазами и слепые.

Одиннадцатая относилась к семейному состоянию: женат, вдов, холост? Если женат, то где: на родине, на Сахалине? Слова "женат, вдов, холост" на Сахалине еще не определяют семейного положения; здесь очень часто женатые бывают обречены на одинокую безбрачную жизнь, так как супруги их живут на родине и не дают им развода, а холостые и вдовые живут семейно и имеют по полдюжине детей; поэтому ведущих холостую жизнь не формально, а на самом деле, хотя бы они значились женатыми, я считал не лишним отмечать словом "одинок". Нигде в другом месте России незаконный брак не имеет такого широкого и гласного распространения и нигде он не облечен в такую оригинальную форму, как на Сахалине. Незаконное, или, как называют здесь, свободное, сожительство не встречает себе противников ни в начальстве, ни в духовенстве, а, наоборот, поощряется и санкционируется. Есть поселения, где не встретишь ни одного законного сожительства. Свободные пары составляют хозяйства на тех же основаниях, как и законные; они рождают для колонии детей, а потому нет причин при регистрации создавать для них особые правила.

Наконец, двенадцатая строка: получает ли пособие от казны? Из ответов на этот вопрос я хотел выяснить, какая часть населения не в состоянии обойтись без матерьяльной поддержки от казны, или, другими словами, кто кормит колонию: она сама себя или казна? Пособие от казны, кормовое или вещевое, или денежное, обязательно получают все каторжные, поселенцы в первые годы по отбытии каторги, богадельщики и дети беднейших семей. Кроме этих официально признанных пенсионеров, я отметил живущими на счет казны также и тех ссыльных, которые получают от нее жалованье за разные услуги, например: учителя, писаря, надзиратели и т.п. Но ответ получился неполный. Кроме обычных пайков, кормовых и жалований, в широких размерах практикуется еще выдача таких пособий, которые невозможно отметить на карточках, например: пособие при вступлении в брак, покупка у поселенцев зерна по умышленно дорогой цене, а главное, выдача семян, скота и пр. в долг. Иной поселенец должен в казну несколько сот рублей и никогда их не отдаст, но я поневоле должен был записать его не получающим пособия.

Каждую женскую карточку я перечеркивал вдоль красным карандашом и нахожу, что это удобнее, чем иметь особую рубрику для отметки пола. Я записывал только наличных членов семьи; если мне говорили, что старший сын уехал во Владивосток на заработки, а второй служит в селении Рыковском в работниках, то я первого не записывал вовсе, а второго заносил на карточку в месте его жительства.

Я ходил из избы в избу один; иногда сопровождал меня какой-нибудь каторжный или поселенец, бравший на себя от скуки роль проводника. Иногда за мной или на некотором расстоянии следовал, как тень, надзиратель с револьвером. Это посылали его на случай, если я потребую каких-нибудь разъяснений. Когда я обращался к нему с каким-нибудь вопросом, то лоб у него мгновенно покрывался потом и он отвечал: "Не могу знать, ваше высокоблагородие!" Обыкновенно спутник мой, босой и без шапки, с моею чернильницей в руках, забегал вперед, шумно отворял дверь и в сенях успевал что-то шепнуть хозяину - вероятно, свои предположения насчет моей переписи. Я входил в избу. На Сахалине попадаются избы всякого рода, смотря по тому, кто строил - сибиряк, хохол или чухонец, но чаще всего - это небольшой сруб, аршин в шесть, двух- или трехоконный, без всяких наружных украшений, крытый соломой, корьем и редко тесом. Двора обыкновенно нет. Возле ни одного деревца. Сараишко или банька на сибирский манер встречаются редко. Если есть собаки, то вялые, не злые, которые, как я говорил уже, лают на одних только гиляков, вероятно, потому, что те носят обувь из собачьей шкуры. И почему-то эти смирные, безобидные собаки на привязи. Если есть свинья, то с колодкой на шее. Петух тоже привязан за ногу.

- Зачем это у тебя собак и петух привязаны? - спрашиваю хозяина.

- У нас на Сахалине все на цепи, - острит он в ответ. - Земля уж такая.

В избе одна комната, с русскою печкой. Полы деревянные. Стол, два-три табурета, скамья, кровать с постелью или же постлано прямо на полу. Или так, что нет никакой мебели и только среди комнаты лежит на полу перина, и видно, что на ней только что спали; на окне чашка с объедками. По обстановке это не изба, не комната, а скорее камера для одиночного заключения. Где есть женщины и дети, там, как бы ни было, похоже на хозяйство и на крестьянство, но всё же и там чувствуется отсутствие чего-то важного; нет деда и бабки, нет старых образов и дедовской мебели, стало быть, хозяйству недостает прошлого, традиций. Нет красного угла, или он очень беден и тускл, без лампады и без украшений, - нет обычаев; обстановка носит случайный характер, и похоже, как будто семья живет не у себя дома, а на квартире, или будто она только что приехала и еще не успела освоиться; нет кошки, по зимним вечерам не бывает слышно сверчка... а главное, нет родины.

Картины, которые я встречал, обыкновенно не говорили мне о домовитости, уютности и о прочности хозяйства. Чаще всего я встречал в избе самого хозяина, одинокого, скучающего бобыля, который, казалось, окоченел от вынужденного безделья и скуки; на нем вольное платье, но по привычке шинель накинута на плечи по-арестантски, и если он недавно вышел из тюрьмы, то на столе у него валяется фуражка без козырька. Печка не топлена, посуды только и есть, что котелок да бутылка, заткнутая бумажкой. Сам он о своей жизни и о своем хозяйстве отзывается насмешливо, с холодным презрением. Говорит, что уже всякие способы перепробовал, но никакого толку не выходит; остается одно: махнуть на всё рукой. Пока говоришь с ним, в избу собираются соседи и начинается разговор на разные темы: о начальстве, климате, женщинах... От скуки все готовы говорить и слушать без конца. Бывает и так, что, кроме хозяина, застаешь в избе еще целую толпу жильцов и работников; на пороге сидит жилец-каторжный с ремешком на волосах и шьет чирки; пахнет кожей и сапожным варом; в сенях на лохмотьях лежат его дети, и тут же в темном и тесном углу его жена, пришедшая за ним добровольно, делает на маленьком столике вареники с голубикой; это недавно прибывшая из России семья. Дальше, в самой избе, человек пять мужчин, которые называют себя кто - жильцом, кто - работником, а кто - сожителем; один стоит около печки и, надув щеки, выпучив глаза, паяет что-то; другой, очевидно, шут, с деланно-глупою физиономией, бормочет что-то, остальные хохочут в кулаки. А на постели сидит вавилонская блудница, сама хозяйка Лукерья Непомнящая, лохматая, тощая, с веснушками; она старается посмешнее отвечать на мои вопросы и болтает при этом ногами. Глаза у нее нехорошие, мутные, и по испитому, апатичному лицу я могу судить, сколько на своем еще коротком веку переиспытала она тюрем, этапов, болезней. Эта Лукерья задает в избе общий тон жизни, и благодаря ей на всей обстановке сказывается близость ошалелого, беспутного бродяги. Тут уж о серьезном хозяйстве не может быть и речи. Приходилось также заставать в избе целую компанию, которая до моего прихода играла в карты; на лицах смущение, скука и ожидание: когда я уйду, чтобы опять можно было приняться за карты? Или входишь в избу, и намека нет на мебель, печь голая, а на полу у стен рядышком сидят черкесы, одни в шапках, другие с непокрытыми стрижеными и, по-видимому, очень жесткими головами, и смотрят на меня не мигая. Если я заставал дома одну только сожительницу, то обыкновенно она лежала в постели, отвечала на мои вопросы, зевая и потягиваясь, и, когда я уходил, опять ложилась.

Ссыльное население смотрело на меня, как на лицо официальное, а на перепись - как на одну из тех формальных процедур, которые здесь так часты и обыкновенно ни к чему не ведут. Впрочем, то обстоятельство, что я не здешний, не сахалинский чиновник, возбуждало в Ссыльных некоторое любопытство. Меня спрашивали:

- Зачем это вы всех нас записываете?

И тут начинались разные предположения. Одни говорили, что, вероятно, высшее начальство хочет распределить пособие между ссыльными, другие - что, должно быть, уж решили наконец переселять всех на материк, - а здесь упорно и крепко держится убеждение, что рано или поздно каторга с поселениями будет переведена на материк, - третьи, прикидываясь скептиками, говорили, что они не ждут уже ничего хорошего, так как от них сам бог отказался, и это для того, чтобы вызвать с моей стороны возражение. А из сеней или с печки, как бы в насмешку над всеми этими надеждами и догадками, доносился голос, в котором слышались усталость, скука и досада на беспокойство:

- И всё они пишут, и всё они пишут, и всё они пишут, царица небесная!

Голодать и вообще терпеть какие-либо лишения во время моих разъездов по Сахалину мне не приходилось. Я читал, будто агроном Мицуль, исследуя остров, терпел сильную нужду и даже вынужден был съесть свою собаку. Но с тех пор обстоятельства значительно изменились. Теперешний агроном ездит по отличным дорогам; даже в самых бедных селениях есть надзирательские, или так называемые станки, где всегда можно найти теплое помещение, самовар и постель. Исследователи, когда отправляются в глубь острова, в тайгу, то берут с собой американские консервы, красное вино, тарелки, вилки, подушки и всё, что только можно взвалить на плечи каторжным, заменяющим на Сахалине вьючных животных. Случается и теперь, что люди питаются гнилушками с солью и даже поедают друг друга, но это относится не к туристам и не к чиновникам.

В следующих главах я буду описывать посты и селения и попутно знакомить читателя с каторжными работами и тюрьмами, поскольку я сам успел познакомиться с ними в короткое время. На Сахалине каторжные работы разнообразны в высшей степени; они не специализировались на золоте или угле, а обнимают весь обиход сахалинской жизни и разбросаны по всем населенным местам острова. Корчевка леса, постройки, осушка болот, рыбные ловли, сенокос, нагрузка пароходов - всё это виды каторжных работ, которые по необходимости до такой степени слились с жизнью колонии, что выделять их и говорить о них как о чем-то самостоятельно существующем на острове можно разве только при известном рутинном взгляде на дело, который на каторге ищет прежде всего рудников и заводских работ.

Я начну с Александровской долины, с селений, расположенных на реке Дуйке. На Северном Сахалине эта долина была первая избрана для поселений не потому, что она лучше всех исследована или отвечает целям колонизации, а просто случайно, благодаря тому обстоятельству, что она была ближайшей к Дуэ, где впервые возникла каторга.

IV

Река Дуйка. - Александровская долина. - Слободка Александровка. - Бродяга Красивый. - Александровский пост. - Его прошлое. - Юрты. - Сахалинский Париж.

Река Дуйка, или, как ее иначе называют, Александровка, в 1881 г., когда ее исследовал зоолог Поляков, в своем нижнем течении имела до десяти саженей в ширину, на берега ее были намыты громадные кучи деревьев, обрушившихся в воду, низина во многих местах была покрыта старым лесом из пихты, лиственницы, ольхи и лесной ивы, и кругом стояло непроходимое топкое болото. В настоящее же время эта река имеет вид длинной узкой лужи. Шириной, совершенно голыми берегами и своим слабым течением она напоминает московскую Канаву.

Надо прочесть у Полякова описание Александровской долины и взглянуть на нее теперь, хотя мельком, чтобы понять, какая масса тяжкого, воистину каторжного труда уже потрачена на культуру этого места. "С высоты соседних гор, - пишет Поляков, -

Александровская долина кажется спертою, глухою и лесистою... огромный хвойный лес покрывает значительные пространства на дне ее". Он описывает болота, непроходимые трясины, отвратительную почву и леса, где, "кроме громадных, стоящих на корню деревьев, почва нередко усеяна огромными полусгнившими стволами, свалившимися от старости или от бурь; между стволами у корней деревьев торчат часто кочки, заросшие мхом, рядом с ними ямы и рытвины". Теперь же на месте тайги, трясин и рытвин стоит целый город, проложены дороги, зеленеют луга, ржаные поля и огороды, и слышатся уже жалобы на недостаток лесов. К этой массе труда и борьбы, когда в трясине работали по пояс в воде, прибавить морозы, холодные дожди, тоску по родине, обиды, розги и - в воображении встанут страшные фигуры. И недаром один сахалинский чиновник, добряк, всякий раз, когда мы вдвоем ехали куда-нибудь, читал мне некрасовскую "Железную дорогу".

Около самого устья в Дуйку с правой стороны впадает небольшая речка, которая называется Малою Александровкой. По обе ее стороны расположено селение Александровское, или Слободка. О ней я уже упоминал. Она составляет предместье поста и уже слилась с ним, но так как она отличается от него некоторыми особенностями и живет самостоятельно, то о ней следует говорить особо. Это одно из самых старых селений. Колонизация началась здесь вскоре после учреждения в Дуэ каторжных работ. Выбрать именно это место, а не какое-нибудь другое, побудили, как пишет Мицуль, роскошные луга, хороший строевой лес, судоходная река, плодородная земля... "По-видимому, - пишет этот фанатик, видевший в Сахалине обетованную землю, - нельзя было и сомневаться в успешном исходе колонизации, но из 8 человек, высланных с этою целью на Сахалин в 1862 г., только 4 поселились около реки Дуйки". Но что могли сделать эти 4? Они обрабатывали землю киркой и заступом, сеяли, случалось, весной вместо яровых озимые и кончили тем, что стали проситься на материк. В 1869 г. на месте Слободки была основана сельскохозяйственная ферма. Тут предполагалось решить очень важный вопрос: возможно ли рассчитывать на успешность применения к сельскому хозяйству принудительного труда ссыльных? Каторжные в течение трех лет корчевали, строили дома, осушали болота, проводили дороги и занимались хлебопашеством, но по отбытии срока не пожелали остаться здесь и обратились к генерал-губернатору с просьбой о переводе их на материк, так как хлебопашество не давало ничего, а заработков не было. Просьба их была уважена. Но то, что называлось фермой, продолжало существовать. Дуйские каторжные с течением времени становились поселенцами, из России прибывали каторжные с семьями, которых нужно было сажать на землю; приказано было считать Сахалин землею плодородною и годною для сельскохозяйственной колонии, и где жизнь не могла привиться естественным порядком, там она мало-помалу возникла искусственным образом, принудительно, ценой крупных денежных затрат и человеческих сил. В 1879 г. д-р Августинович застал уже в Слободке 28 домов.

В настоящее время в Слободке 15 хозяйств. Дома здесь крытые тесом, просторные, иногда в несколько комнат, хорошие надворные постройки, при усадьбах огороды. На каждые два дома приходится одна баня.

Всего показано в описи под пашней 39 , под сенокосом 24 дес. Лошадей 23 и рогатого скота, крупного и мелкого, 47.

По составу своих хозяев Слободка считается аристократическим селением; один надворный советник, женатый на дочери поселенца, один свободный, прибывший на остров за матерью каторжною, семь крестьян из ссыльных, четыре поселенца и только два каторжных.

Из 22 семей, живущих здесь, только 4 незаконные. И по возрастному составу населения Слободка приближается к нормальной деревне; рабочий возраст не преобладает так резко, как в других селениях; тут есть и дети, и юноши, и старики старше 65 и даже 75 лет.

Чем же, спрашивается, объяснить такое сравнительно благополучное состояние Слободки даже в виду заявлений самих же местных хозяев, что "хлебопашеством здесь не проживешь"? В ответ можно бы указать на несколько причин, которые при обычных условиях располагают к правильной, оседлой, зажиточной жизни. Например, большой процент старожилов, прибывших на Сахалин до 1880 года и уже успевших привыкнуть к здешней земле и освоиться. Очень важно также, что за 19-ю мужами прибыли на Сахалин их жены, и почти все садившиеся на участки имели уже семьи. Женщин сравнительно достаточно, так что одиноко живущих только 9, причем ни один не живет бобылем. Вообще Слободке посчастливилось, и, как на одно из благоприятных обстоятельств, можно еще указать на высокий процент грамотных: 26 мужчин и 11 женщин.

Не говоря о надворном советнике, занимающем на Сахалине должность землемера, почему хозяева свободного состояния и крестьяне из ссыльных не уходят на материк, если имеют на то право? Говорят, удерживают их в Слободке успехи в сельском хозяйстве, но ведь это относится не ко всем. Ведь слободские сенокосы и пахотная земля находятся в пользовании не у всех хозяев, а лишь у некоторых. Луга и скот есть только у 8 хозяев, пашут землю 12, и, как бы ни было, размеры сельского хозяйства здесь не настолько серьезны, чтобы ими можно было объяснить исключительно хорошее экономическое положение. Посторонних заработков нет никаких, ремеслами не занимаются, и один лишь Л., бывший офицер, имеет лавочку. Официальных данных, которые бы объяснили, почему жители Слободки богаты, тоже нет, и потому за решением загадки поневоле приходится обратиться к единственному в этом случае источнику - к дурной славе. В прежнее время в Слободке в самых широких размерах производилась тайная торговля спиртом. На Сахалине строго запрещены ввоз и продажа спирта, и это создало особый вид контрабанды. Спирт привозили и в жестянках, имевших форму сахарной головы, и в самоварах, и чуть ли не в поясах, а чаще всего просто в бочках и в обыкновенной посуде, так как мелкое начальство было подкуплено, а крупное смотрело сквозь пальцы. В Слободке бутылка плохой водки продавалась за 6 и даже 10 рублей; все тюрьмы Северного Сахалина получали водку именно отсюда. Не брезговали ею и горькие пьяницы из чиновников; я знаю одного такого, который во время запоя за бутылку спирта отдавал арестантам буквально последнее.

В настоящее время насчет спирта в Слободке стало гораздо потише. Теперь поговаривают о другом промысле - о торговле старыми арестантскими вещами "барахлом". Скупают за бесценок халаты, рубахи, полушубки, и всю эту рвань сплавляют для сбыта в Николаевск. Затем еще тайные ссудные кассы. Барон А.Н. Корф как-то в разговоре назвал Александровский пост сахалинским Парижем. Всё, что есть в этом шумном и голодном Париже увлекающегося, пьяного, азартного, слабого, когда хочется выпить, или сбыть краденое, или продать душу нечистому, идет именно в Слободку.

На пространстве между морским берегом и постом, кроме рельсовой дороги и только что описанной Слободки, есть еще одна достопримечательность. Это перевоз через Дуйку. На воде, вместо лодки или парома, большой, совершенно квадратный ящик. Капитаном этого единственного в своем роде корабля состоит каторжный Красивый, не помнящий родства. Ему уже 71 год. Горбат, лопатки выпятились, одно ребро сломано, на руке нет большого пальца и на всем теле рубцы от плетей и шпицрутенов, полученных им когда-то. Седых волос почти нет; волосы как бы полиняли, глаза голубые, ясные, с веселым добродушным взглядом. Одет в лохмотья и бос. Очень подвижен, говорлив и любит посмеяться. В 1855 г. он бежал из военной службы "по глупости" и стал бродяжить, называя себя не помнящим родства. Его задержали и отправили в Забайкалье, как он говорит, в казаки.

- Я тогда думал, - рассказывал он мне, - что в Сибири люди под землей живут, взял и убежал по дороге из Тюмени. Дошел до Камышлова, там меня задержали и присудили, ваше высокоблагородие, на 20 лет в каторгу и к 90 плетям. Послали в Кару, влепили там эти самые плети, а оттуда сюда на Сахалин в Корсаков; я из Корсакова бежал с товарищем, но дошел только до Дуи: тут заболел, не смог дальше идти. А товарищ до Благовещенска дошел.

Теперь уж я отслуживаю второй срок, а всего живу тут на Сахалине 22 года. И преступления моего было всего, что из военной службы ушел.

- Зачем же ты теперь скрываешь свое настоящее имя? Какая надобность?

- Летось я сказывал чиновнику свое имя.

- И что же?

- Да ничего. Чиновник говорит: "Пока справки делать будем, так ты помрешь. Живи и так. На что тебе?" Это правда, без ошибки... Всё равно жить недолго. А все-таки, господии хороший, родные узнали бы, где я.

- Как тебя зовут?

- Мое здешнее имя Игнатьев Василий, ваше высокоблагородие.

- А настоящее?

Красивый подумал и сказал:

- Никита Трофимов. Я Скопинского уезда, Рязанской губернии.

Стал я переправляться в коробочке через реку. Красивый упирается длинным шестом о дно и при этом напрягается всё его тощее, костистое тело. Работа нелегкая.

- А тебе, небось, тяжело?

- Ничего, ваше высокоблагородие; меня никто в шею не гонит, я легонько.

Он рассказывает, что на Сахалине за все 22 года он ни разу не был сечен и ни разу не сидел в карцере.

- Потому что посылают лес пилить - иду, дают вот эту палку в руки - беру, велят печи в канцерярии топить - топлю. Повиноваться надо. Жизнь, нечего бога гневить, хорошая. Слава тебе господи!

Летом он живет в юрте около перевоза. В юрте у него лохмотья, каравай хлеба, ружье и спертый, кислый запах. На вопрос, для чего ему ружье, говорит от воров и куликов стрелять - и смеется. Ружье испорчено и стоит тут только для виду. Зимою превращается он в дровотаска и живет в конторе на пристани. Однажды я видел, как он, высоко подсучив панталоны и показывая свои жилистые, лиловые ноги, тащил с китайцем сеть, в которой серебрились горбуши, каждая величиною с нашего судака. Я окликнул его, и он радостно ответил мне.

Александровский пост основан в 1881 г. Один чиновник, который живет на Сахалине уже 10 лет, говорил мне, что когда он в первый раз приехал в Александровский пост, то едва не утонул в болоте. Иеромонах Ираклий, проживавший до 1886 г. в Александровском посту, рассказывал, что вначале тут было только три дома и в небольшой казарме, где теперь живут музыканты, помещалась тюрьма. На улицах были пни. Там, где теперь кирпичный завод, в 1882 г. охотились на соболей. Для церкви о. Ираклию была предложена надзирательская будка, но он отказался от нее, ссылаясь на тесноту. В хорошую погоду служил он на площади, а в дурную - в казарме или где придется, одну обедницу.

- Служишь, а тут бряцанье кандалов, - рассказывал он, - шум, жар от котла. Тут "слава святей единосущней", а рядом - "растакую твою..."

Настоящий рост Александровска начался с издания нового положения Сахалина, когда было учреждено много новых должностей, в том числе одна генеральская. Для новых людей и их канцелярий понадобилось новое место, так как в Дуэ, где до того времени находилось управление каторгой, было тесно и мрачно. В шести верстах от Дуэ на открытом месте уже стояла Слободка, была уже на Дуйке тюрьма, и вот по соседству мало-помалу стала вырастать резиденция: помещения для чиновников и канцелярий, церковь, склады, лавки и проч. И возникло то, без чего Сахалин обойтись бы не мог, а именно город, сахалинский Париж, где находит себе соответствующие общество и обстановку и кусок хлеба городская публика, которая может дышать только городским воздухом и заниматься только городскими делами.

Разные постройки, раскорчевка и осушение почвы производились каторжными. До 1888 года, пока не была выстроена теперешняя тюрьма, жили они тут в юртах-землянках. Это были срубы, врытые в землю на 2-2 аршина, с двухскатными земляными крышами. Окна были маленькие, узкие, в уровень с почвою, было темно, особенно зимою, когда юрты заносило снегом. От поднятия почвенной воды иногда до пола, от постоянного застоя влаги в земляных крышах и в рыхлых гниющих стенах сырость в этих погребах была ужасная. Спали люди в полушубках. Почва вокруг, а также и колодец с водой были постоянно загрязняемы человеческими испражнениями и всякими отбросами, так как отхожих мест и мусорных ям не было вовсе. В юртах каторжные жили со своими женами и детьми.

В настоящее время Александровск занимает на плане площадь около двух квадратных верст; но так как он уже слился со Слободкой и одною своею улицей подходит к селению Корсаковскому, чтобы в самом недалеком будущем слиться с ним, то размеры его в самом деле более внушительны. Он имеет несколько прямых, широких улиц, которые, однако, называются не улицами, а по старой памяти, слободками. На Сахалине есть манера давать названия улицам в честь чиновников еще при их жизни; называют улицы не только по фамилиям, но даже по именам и отчествам. Но по какой-то счастливой случайности Александровск не увековечил еще ни одного чиновника, и улицы его сохранили до сих пор названия слободок, из которых они образовались: Кирпичная, Пейсиковская, Касьяновская, Писарская, Солдатская. Происхождение всех этих названий понять нетрудно, кроме Пейсиковской. Говорят, будто она названа так каторжными, в честь пейсов еврея, который торговал здесь, когда еще на месте Слободки была тайга; по другой же версии, жила тут и торговала поселка Пейсикова.

На улицах деревянные тротуары, всюду чистота и порядок, и даже на отдаленных улицах, где теснится беднота, нет луж и мусорных куч. Главную суть поста составляет его официальная часть: церковь, дом начальника острова, его канцелярия, почтово-телеграфная контора, полицейское управление с типографией, дом начальника округа, лавка колонизационного фонда, военные казармы, тюремная больница, военный лазарет, строящаяся мечеть с минаретом, казенные дома, в которых квартируют чиновники, и ссыльно-каторжная тюрьма с ее многочисленными складами и мастерскими. Дома большею частью новые, на европейский лад, крытые железом и часто выкрашенные снаружи. На Сахалине нет известки и хорошего камня, и потому каменных построек нет.

Если не считать квартир чиновников и офицеров и Солдатской слободки, где живут солдаты, женатые на свободных, - элемент подвижной, меняющийся здесь ежегодно, - то всех хозяйств в Александровске 298. Жителей 1499: из них мужчин 923, женщин 576. Если сюда прибавить свободное население, военную команду и тех каторжных, которые ночуют в тюрьме и не участвуют в хозяйствах, то получится цифра около 3000. В сравнении с Слободкой здесь очень мало крестьян, но зато каторжные составляют треть всего числа хозяев. Устав о ссыльных разрешает жить вне тюрьмы, а стало быть, и обзаводиться хозяйством только каторжным разряда исправляющихся, но этот закон постоянно обходится ввиду его непрактичности; в избах живут не одни только исправляющиеся, но также испытуемые, долгосрочные и даже бессрочные. Не говоря уже о писарях, чертежниках и хороших мастерах, которым по роду их занятий жить в тюрьме не приходится, на Сахалине немало семейных каторжников, мужей и отцов, которых непрактично было бы держать в тюрьмах отдельно от их семей: это вносило бы немалую путаницу в жизнь колонии. Пришлось бы держать семьи тоже в тюрьмах или же продовольствовать их квартирой и пищей на счет казны, или же удерживать на родине всё время, пока отец семейства отбывает каторгу.

Каторжные разряда испытуемых живут в избах и часто поэтому несут более слабое наказание, чем исправляющиеся. Тут резко нарушается идея равномерности наказания, но этот беспорядок находит себе оправдание в тех условиях, из которых сложилась жизнь колонии, и к тому же он легко устраним: стоит только перевести из тюрьмы в избы остальных арестантов. Но, говоря о семейных каторжных, нельзя мириться с другим беспорядком - с нерасчетливостью администрации, с какою она разрешает десяткам семейств селиться там, где нет ни усадебной, ни пахотной земли, ни сенокосов, в то время как в селениях других округов, поставленных в этом отношении в более благоприятные условия, хозяйничают только бобыли, и хозяйства не задаются вовсе благодаря недостатку женщин. В Южном Сахалине, где урожай бывает ежегодно, есть селения, в которых нет ни одной женщины, между тем в сахалинском Париже одних лишь женщин свободного состояния, прибывших за мужьями добровольно из России, живет 158.

В Александровске уже нет усадебной земли. В прежнее время, когда было просторно, давали под усадьбы 100-200 и даже 500 квадратных сажен, теперь же сажают на 12 и даже на 9 и 8. Я сосчитал 161 хозяйство, которые ютятся со своими стройками и огородами на усадьбах, имеющих каждая не более 20 кв. сажен. Виноваты в этом главным образом естественные условия Александровской долины: двигаться назад к морю нельзя, не годится здесь почва, с боков пост ограничен горами, а вперед он может расти теперь только в одном направлении, вверх по течению Дуйки, по так называемой Корсаковской дороге: здесь усадьбы тянутся в один ряд и тесно жмутся друг к другу.

По данным подворной описи, пахотною землей пользуются только 36 хозяев, а сенокосом только 9. Величина участков пахотной земли колеблется между 300 саж. и 1 десятиной. Картофель сажают почти все. Лошади есть только у 16, а коровы у 38, причем скот держат крестьяне и поселенцы, занимающиеся не хлебопашеством, а торговлей. Из этих немногих цифр следует заключить, что хозяйства в Александровске держатся не на хлебопашестве. Какою слабою притягательною силой обладает здешняя земля, видно уже из того, что здесь почти совсем нет хозяев-старожилов. Из тех, которые сели на участок в 1881 г., не осталось ни одного; с 1882 г. сидят только 6, с 1883 г. - 4 с 1884 г. - 13, с 1885 г. 68. Значит, остальные 207 хозяев сели после 1885 г. Судя по очень малому числу крестьян, - их только 19, - нужно заключить, что каждый хозяин сидит на участке столько времени, сколько нужно ему для получения крестьянских прав, то есть права бросить хозяйство и уехать на материк.

Вопрос, на какие средства существует население Александровска, до сих пор остается для меня не вполне решенным. Допустим, что хозяева со своими женами и детьми, как ирландцы, питаются одним картофелем и что им хватает его на круглый год; но что едят те 241 поселенцев и 358 каторжных обоего пола, которые проживают в избах в качестве сожителей, сожительниц, жильцов и работников? Правда, почти половина населения получает пособие от казны в виде арестантских пайков и детских кормовых. Есть и заработки. Более ста человек заняты в казенных мастерских и в канцеляриях. У меня отмечено на карточках немало мастеров, без которых не обойтись в городе: столяры, обойщики, ювелиры, часовые мастера, портные и т.п. В Александровске за поделки из дерева и металлов платят очень дорого, а давать "на чаи" не принято меньше рубля. Но чтобы изо дня в день вести городскую жизнь, достаточно ли арестантских пайков и мелких заработков, очень жалких? У мастеров предложение несоизмеримо превышает спрос, а чернорабочие, например плотники, работают за 10 коп. в день на своих харчах. Население здесь перебивается кое-как, но оно тем не менее все-таки каждый день пьет чай, курит турецкий табак, ходит в вольном платье, платит за квартиры; оно покупает дома у крестьян, отъезжающих на материк, и строит новые. Около него бойко торгуют лавочки, и наживают десятки тысяч разные кулаки, выходящие из арестантской среды.

Тут много неясного, и я остановился на предположениях, что в Александровске поселяются большею частью те, которые приезжают сюда из России с деньгами, и что для населения большим подспорьем в жизни служат нелегальные средства. Покупка арестантских вещей и сбыт их большими партиями в Николаевск, эксплуатация инородцев и новичков-арестантов, тайная торговля спиртом, дача денег в ссуду за очень высокие проценты, азартная игра в карты на большие куши, - этим занимаются мужчины. А женщины, ссыльные и свободные, добровольно пришедшие за мужьями, промышляют развратом. Когда одну женщину свободного состояния спросили на следствии, откуда у нее деньги, она ответила: "Заработала своим телом".

Всех семей 332: из них законных 185 и свободных 147. Сравнительно большое количество семейных объясняется не какими-либо особенностями хозяйств, располагающими к семейной, домовитой жизни, а случайностями: легкомыслием местной администрации, сажающей семейных на участки в Александровске, а не в более подходящем для этого месте, и тою сравнительною легкостью, с какою здешний поселенец, благодаря своей близости к начальству и тюрьме, получает женщину. Если жизнь возникла и течет не обычным естественным порядком, а искусственно, и если рост ее зависит не столько от естественных и экономических условий, сколько от теорий и произвола отдельных лиц, то подобные случайности подчиняют ее себе существенно и неизбежно и становятся для этой искусственной жизни как бы законами.

V

Александровская ссыльнокаторжная тюрьма. - Общие камеры. - Кандальные. Золотая Ручка. - Отхожие места. - Майдан. - Каторжные работы в Александровске. - Прислуга. - Мастерские.

В Александровской ссыльнокаторжной тюрьме я был вскоре после приезда.Это большой четырехугольный двор, огороженный шестью деревянными бараками казарменного типа и забором между ними. Ворота всегда открыты, и около них ходит часовой. Двор чисто подметен; на нем нигде не видно ни камней, ни мусора, ни отбросов, ни луж от помоев. Эта примерная чистота производит хорошее впечатление.

Двери у всех корпусов открыты настежь. Я вхожу в одну из дверей. Небольшой коридор. Направо и налево двери, ведущие в общие камеры. Над дверями черные дощечки с белыми надписями: "Казарма № такой-то. Кубического содержания воздуха столько-то. Помещается каторжных столько-то". Прямо в тупике коридора тоже дверь, ведущая в небольшую каморку: здесь два политических, в расстегнутых жилетках и в чирках на босую ногу, торопливо мнут перину, набитую соломой; на подоконнике книжка и кусок черного хлеба. Сопровождающий меня начальник округа объясняет мне, что этим двум арестантам было разрешено жить вне тюрьмы, но они, не желая отличаться от других каторжных, не воспользовались этим разрешением.

- Смирно! Встать! - раздается крик надзирателя.

Входим в камеру. Помещение на вид просторное, вместимостью около 200 куб. сажен. Много света, окна открыты. Стены некрашеные, занозистые, с паклею между бревен, темные; белы одни только голландские печи. Пол деревянный, некрашеный, совершенно сухой. Вдоль всей камеры по середине ее тянется одна сплошная нара, со скатом на обе стороны, так что каторжные спят в два ряда, причем головы одного ряда обращены к головам другого. Места для каторжных не нумерованы, ничем не отделены одно от другого, и потому на нарах можно поместить 70 человек и 170. Постелей совсем нет. Спят на жестком или подстилают под себя старые драные мешки, свою одежду и всякое гнилье, чрезвычайно непривлекательное на вид. На нарах лежат шапки, обувь, кусочки хлеба, пустые бутылки из-под молока, заткнутые бумажкой или тряпочкой, сапожные колодки; под нарами сундучки, грязные мешки, узлы, инструменты и разная ветошь. Около нар прогуливается сытая кошка. На стенах одежда, котелки, инструменты, на полках чайники, хлеб, ящички с чем-то.

На Сахалине свободные при входе в казармы не снимают шапок. Эта вежливость обязательна только для ссыльных. Мы в шапках ходим около нар, а арестанты стоят руки по швам и молча глядят на нас. Мы тоже молчим и глядим на них, и похоже на то, как будто мы пришли покупать их. Мы идем дальше, в другие камеры, и здесь та же ужасная нищета, которой так же трудно спрятаться под лохмотьями, как мухе под увеличительным стеклом, та же сарайная жизнь, в полном смысле нигилистическая, отрицающая собственность, одиночество, удобства, покойный сон.

Арестанты, живущие в Александровской тюрьме, пользуются относительною свободой; они не носят кандалов, могут выходить из тюрьмы в продолжение дня куда угодно, без конвоя, не соблюдают однообразия в одежде, а носят что придется, судя по погоде и работе.

Подследственные, недавно возвращенные с бегов и временно арестованные по какому-либо случаю, сидят под замком в особом корпусе, который называется "кандальной". Самая употребительная угроза на Сахалине такая: "Я посажу тебя в кандальную". Вход в это страшное место стерегут надзиратели, и один из них рапортует нам, что в кандальной всё обстоит благополучно.

Гремит висячий замок, громадный, неуклюжий, точно купленный у антиквария, и мы входим в небольшую камеру, где на этот раз помещается человек 20, недавно возвращенных с бегов. Оборванные, немытые, в кандалах, в безобразной обуви, перепутанной тряпками и веревками; одна половина головы разлохмачена, другая, бритая, уже начинает зарастать. Все они отощали и словно облезли, но глядят бодро. Постелей нет, спят на голых нарах. В углу стоит "парашка"; каждый может совершать свои естественные надобности не иначе, как в присутствии 20 свидетелей. Один просит, чтобы его отпустили, и клянется, что уж больше не будет бегать; другой просит, чтобы сняли с него кандалы; третий жалуется, что ему дают мало хлеба.

Есть камеры, где сидят по двое и по трое, есть одиночные. Тут встречается немало интересных людей.

Из сидящих в одиночных камерах особенно обращает на себя внимание известная Софья Блювштейн - Золотая Ручка, осужденная за побег из Сибири в каторжные работы на три года. Это маленькая, худенькая, уже седеющая женщина с помятым, старушечьим лицом. На руках у нее кандалы: на нарах одна только шубейка из серой овчины, которая служит ей и теплою одеждой и постелью. Она ходит по своей камере из угла в угол, и кажется, что она всё время нюхает воздух, как мышь в мышеловке, и выражение лица у нее мышиное. Глядя на нее, не верится, что еще недавно она была красива до такой степени, что очаровывала своих тюремщиков, как, например, в Смоленске, где надзиратель помог ей бежать и сам бежал вместе с нею. На Сахалине она в первое время, как и все присылаемые сюда женщины, жила вне тюрьмы, на вольной квартире; она пробовала бежать и нарядилась для этого солдатом, но была задержана. Пока она находилась на воле, в Александровском посту было совершено несколько преступлений: убили лавочника Никитина, украли у поселенца еврея Юровского 56 тысяч. Во всех этих преступлениях Золотая Ручка подозревается и обвиняется как прямая участница или пособница. Местная следственная власть запутала ее и самоё себя такою густою проволокой всяких несообразностей и ошибок, что из дела ее решительно ничего нельзя понять. Как бы то ни было, 56 тысяч еще не найдены и служат пока сюжетом для самых разнообразных фантастических рассказов.

О кухне, где при мне готовился обед для 900 человек, о провизии и о том, как едят арестанты, я буду говорить в особой главе. Теперь же скажу несколько слов об отхожем месте. Как известно, это удобство у громадного большинства русских людей находится в полном презрении. В деревнях отхожих мест совсем нет. В монастырях, на ярмарках, в постоялых дворах и на всякого рода промыслах, где еще не установлен санитарный надзор, они отвратительны в высшей степени. Презрение к отхожему месту русский человек приносит с собой и в Сибирь. Из истории каторги видно, что отхожие места всюду в тюрьмах служили источником удушливого смрада и заразы и что население тюрем и администрация легко мирились с этим. В 1872 г. на Каре, как писал г. Власов в своем отчете, при одной из казарм совсем не было отхожего места, и преступники выводились для естественной надобности на площадь, и это делалось не по желанию каждого из них, а в то время, когда собиралось несколько человек. И таких примеров я мог бы привести сотню. В Александровской тюрьме отхожее место, обыкновенная выгребная яма, помещается в тюремном дворе в отдельной пристройке между казармами. Видно, что при устройстве его прежде всего старались, чтоб оно обошлось возможно дешевле, но все-таки сравнительно с прошлым замечается значительный прогресс. По крайней мере оно не возбуждает отвращения. Помещение холодное и вентилируется деревянными трубами. Стойчаки устроены вдоль стен; на них нельзя стоять, а можно только сидеть, и это главным образом спасает здесь отхожее место от грязи и сырости. Дурной запах есть, но незначительный, маскируемый обычными снадобьями, вроде дегтя и карболки. Отперто отхожее место не только днем, но и ночью, и эта простая мера делает ненужными параши; последние ставятся теперь только в кандальной.

Около тюрьмы есть колодец, и по нему можно судить о высоте почвенной воды. Вследствие особого строения здешней почвы почвенная вода даже на кладбище, которое расположено на горе у моря, стоит так высоко, что я в сухую погоду видел могилы, наполовину заполненные водою. Почва около тюрьмы и во всем посту Дренирована канавами, но недостаточно глубокими, и от сырости тюрьма совсем не обеспечена.

В хорошую теплую погоду, которая здесь бывает не часто, тюрьма вентилируется превосходно: окна и двери открываются настежь, и арестанты большую часть дня проводят на дворе или далеко вне тюрьмы. Зимою же и в дурную погоду, то есть в среднем почти 10 месяцев в году, приходится довольствоваться только форточками и печами. Лиственничный и еловый лес, из которого сделаны тюрьма и ее фундамент, представляет хорошую естественную вентиляцию, но ненадежную; вследствие большой влажности сахалинского воздуха и изобилия дождей, а также испарений, идущих изнутри, в порах дерева скопляется вода, которая зимою замерзает. Тюрьма вентилируется слабо, а между тем на каждого ее обитателя приходится не много воздуха. У меня в дневнике записано: "Казарма № 9. Кубического содержания воздуха 187 саж. Помещается каторжных 65". Это в летнее время, когда ночует в тюрьме только половина всех каторжных. А вот цифры из медицинского отчета за 1888 г.: "Кубическая вместимость арестантских помещений в Александровской тюрьме 970 саж.; числилось арестантов: наибольшее 1 950, наименьшее 1 623, среднее годовое 1 785; помещалось на ночлег 740; приходилось на одного человека воздуха 1,31 саж.". Наименьшее скопление каторжных в тюрьме бывает в летние месяцы, когда они командируются в округ на дорожные и полевые работы, и наибольшее - осенью, когда они возвращаются с работ и "Доброволец" привозит новую партию в 400-500 человек, которые живут в Александровской тюрьме впредь до распределения их по остальным тюрьмам. Значит, меньше всего воздуха приходится на каждого арестанта именно в то время, когда вентиляция бывает наименее действительна.

С работ, производимых чаще в ненастную погоду, каторжный возвращается в тюрьму на ночлег в промокшем платье и в грязной обуви; просушиться ему негде; часть одежды развешивает он около нар, другую, не дав ей просохнуть, подстилает под себя вместо постели. Тулуп его издает запах овчины, обувь пахнет кожей и дегтем. Его белье, пропитанное насквозь кожными отделениями, не просушенное и давно не мытое, перемешанное со старыми мешками и гниющими обносками, его портянки с удушливым запахом пота, сам он, давно не бывший в бане, полный вшей, курящий дешевый табак, постоянно страдающий метеоризмом; его хлеб, мясо, соленая рыба, которую он часто вялит тут же в тюрьме, крошки, кусочки, косточки, остатки щей в котелке; клопы, которых он давит пальцами тут же на нарах, - всё это делает казарменный воздух вонючим, промозглым, кислым; он насыщается водяными парами до крайней степени, так что во время сильных морозов окна к утру покрываются изнутри слоем льда и в казарме становится темно; сероводород, аммиачные и всякие другие соединения мешаются в воздухе с водяными парами и происходит то самое, от чего, по словам надзирателей, "душу воротит".

При системе общих камер соблюдение чистоты в тюрьме

невозможно, и гигиена никогда не выйдет здесь из той тесной рамки, какую ограничили для нее сахалинский климат и рабочая обстановка каторжного, и какими бы благими намерениями ни была проникнута администрация, она будет бессильна и никогда не избавится от нареканий. Надо или признать общие камеры уже отжившими и заменить их жилищами иного типа, что уже отчасти и делается, так как многие каторжные живут не в тюрьме, а в избах, или же мириться с нечистотой как с неизбежным, необходимым злом, и измерения испорченного воздуха кубическими саженями предоставить тем, кто в гигиене видит одну только пустую формальность.

В пользу системы общих камер, я думаю, едва ли можно сказать что-нибудь хорошее. Люди, живущие в тюремной общей камере, - это не община, не артель, налагающая на своих членов обязанности, а шайка, освобождающая их от всяких обязанностей по отношению к месту, соседу и предмету. Приказывать каторжному, чтобы он не приносил на ногах грязи и навоза, не плевал бы на пол и не разводил клопов - дело невозможное. Если в камере вонь или нет никому житья от воровства, или поют грязные песни, то виноваты в этом все, то есть никто. Я спрашиваю каторжного, бывшего почетного гражданина: "Почему вы так неопрятны?" Он мне отвечает: "Потому что моя опрятность была бы здесь бесполезна". И в самом деле, какую цену может иметь для каторжного собственная его чистоплотность, если завтра приведут новую партию и положат с ним бок о бок соседа, от которого ползут во все стороны насекомые и идет удушливый запах?

Общая камера не дает преступнику одиночества, необходимого ему хотя бы для молитвы, для размышлений и того углубления в самого себя, которое считают для него обязательным все сторонники исправительных целей. Свирепая картежная игра с разрешения подкупленных надзирателей, ругань, смех, болтовня, хлопанье дверями, а в кандальной звон оков, продолжающиеся всю ночь, мешают утомленному рабочему спать, раздражают его, что, конечно, не остается без дурного влияния на его питание и психику. Стадная сарайная жизнь с ее грубыми развлечениями, с неизбежным воздействием дурных на хороших, как это давно уже признано, действует на нравственность преступника самым растлевающим образом. Она отучает его мало-помалу от домовитости, то есть того самого качества, которое нужно беречь в каторжном больше всего, так как по выходе из тюрьмы он становится самостоятельным членом колонии, где с первого же дня требуют от него, на основании закона и под угрозой наказания, чтобы он был хорошим хозяином и добрым семьянином.

В общих камерах приходится терпеть и оправдывать такие

безобразные явления, как ябедничество, наушничество, самосуд, кулачество. Последнее находит здесь выражение в так называемых майданах, перешедших сюда из Сибири. Арестант, имеющий и любящий деньги и пришедший из-за них на каторгу, кулак, скопидом и мошенник, берет на откуп у товарищей-каторжных право монопольной торговли в казарме, и если место бойкое и многолюдное, то арендная плата, поступающая в пользу арестантов, может простираться даже до нескольких сотен рублей в год. Майданщик, то есть хозяин майдана, официально называется парашечником, так как берет на себя обязанность выносить из камер параши, если они есть, и следить за чистотою. На наре его обыкновенно стоит сундучок аршина в полтора, зеленый или коричневый, около него и под ним разложены кусочки сахару, белые хлебцы, величиною с кулак, папиросы, бутылки с молоком и еще какие-то товары, завернутые в бумажки и грязные тряпочки.

Под смиренными кусочками сахару и булками прячется зло, которое распространяет свое влияние далеко за пределы тюрьмы. Майдан - это игорный дом, маленькое Монте-Карло, развивающее в арестанте заразительную страсть к штоссу и другим азартным играм. Около майдана и карт непременно ютится всегда готовое к услугам ростовщичество, жестокое и неумолимое. Тюремные ростовщики берут по 10% в день и даже за один час; не выкупленный в течение дня заклад поступает в собственность ростовщика. Отбыв свой срок, майданщики и ростовщики выходят на поселение, где не оставляют своей прибыльной деятельности, и поэтому нечего удивляться, что на Сахалине есть поселенцы, у которых можно украсть 56 тысяч.

Летом 1890 г., в бытность мою на Сахалине, при Александровской тюрьме числилось более двух тысяч каторжных, но в тюрьме жило только около 900. Вот цифры, взятые наудачу: в начале лета, 3 мая 1890 г., довольствовалось из котла и ночевало в тюрьме 1279, в конце лета. 29 сентября, 675 человек. Что касается каторжных работ, производимых в самом Александровске, то здесь приходится наблюдать, главным образом, строительные и всякие хозяйственные работы; возведение новых построек, ремонт старых, содержание на городской манер улиц, площадей и проч. Самыми тяжкими считаются плотницкие работы. Арестант, бывший на родине плотником, несет здесь настоящую каторгу, и в этом отношении он гораздо несчастливее маляра или кровельщика. Вся тягость работы не в самой постройке, а в том, что каждое бревно, идущее в дело, каторжный должен притащить из леса, а рубка в настоящее время производится за 8 верст от поста. Летом люди, запряженные в бревно в пол-аршина и толще, а в длину в несколько сажен, производят тяжелое впечатление; выражение их лиц страдальческое, особенно если они, как это я часто наблюдал, уроженцы Кавказа. Зимою же, говорят, они отмораживают себе руки и ноги и часто даже замерзают, не дотащив бревна до поста. Для администрации плотницкие работы представляются тоже нелегкими, потому что людей, способных на систематический тяжкий труд, на Сахалине вообще мало и недостаток работников - явление здесь обычное, хотя каторжные считаются тысячами. Ген. Кононович говорил мне, что затевать здесь новые постройки и строиться очень трудно - людей нет; если достаточно плотников, то некому таскать бревна; если людей ушлют за бревнами, то не хватает плотников. К нелегким работам относятся здесь также обязанности дровотасков, которые каждый день рубят дрова, заготовляют их и под утро, когда еще все спят, топят печи. Чтобы судить о степени напряженности труда, об его тяжести, нужно брать во внимание не одну только затрачиваемую на него мышечную силу, но также условия места и особенности труда, зависящие от этих условий. Сильные морозы зимою и сырость в течение всего года в Александровске ставят чернорабочего в положение иной раз едва выносимое, какого он при той же работе, например при обыкновенной рубке дров, не испытал бы в России. Закон ограничивает труд каторжного "урочным положением", приближая его к обыкновенному крестьянскому и фабричному труду; он же предоставляет разные облегчения каторжным разряда исправляющихся; но практика поневоле не всегда сообразуется с законом именно в силу местных условий и особенностей труда. Нельзя же ведь определить, сколько часов каторжный должен тащить бревно во время метели, нельзя освободить его от ночных работ, когда последние необходимы, нельзя ведь по закону освободить исправляющегося от работы в праздник, если он, например, работает в угольной яме вместе с испытуемым, так как тогда бы пришлось освободить обоих и прекратить работу. Часто оттого, что работами заведуют люди некомпетентные, неспособные и неловкие, затрачивается на работы больше напряжения, чем бы следовало. Например, нагрузка и выгрузка пароходов, не требующие в России от рабочего исключительного напряжения сил, в Александровске часто представляются для людей истинным мучением; особенной команды, подготовленной и выученной специально для работ на море, нет; каждый раз берутся всё новые люди, и оттого случается нередко наблюдать во время волнения страшный беспорядок; на пароходе бранятся, выходят из себя, а внизу, на баржах, бьющихся о пароход стоят и лежат люди с зелеными, искривленными лицами, страдающие от морской болезни, а около барж плавают утерянные весла. Благодаря этому работа затягивается, время пропадает даром и люди терпят ненужные мучения. Однажды во время выгрузки парохода я слышал, как смотритель тюрьмы сказал: "У меня люди целый день не ели".

Немало каторжного труда затрачивается на удовлетворение потребностей тюрьмы. В тюрьме каждый день работают кашевары, хлебопеки, портные, сапожники, водоносы, поломойки, дневальные, скотники и т.п. Каторжным трудом пользуются также военное и телеграфное ведомства, землемер; около 50 человек прикомандировано к тюремному лазарету, неизвестно в качестве кого и для чего, и не сочтешь тех, которые находятся в услужении у гг. чиновников. Каждый чиновник, даже состоящий в чине канцелярского служителя, насколько я мог убедиться, может брать себе неограниченное количество прислуги. Доктор, у которого я квартировал, живший сам-друг с сыном, имел повара, дворника, кухарку и горничную. Для младшего тюремного врача это очень роскошно. У одного смотрителя тюрьмы было 8 человек штатной прислуги: швея, сапожник, горничная, лакей, он же рассыльный, нянька, прачка, повар, поломойка. Вопрос о прислуге на Сахалине - обидный и грустный вопрос, как, вероятно, везде на каторге, и не новый. В своем "Кратком очерке неустройств, существующих на каторге" Власов писал, что в 1871 г., когда он прибыл на остров, его "прежде всего поразило то обстоятельство, что каторжные с разрешения бывшего генерал-губернатора составляют прислугу начальника и офицеров". Женщины, по его словам, раздавались в услуги лицам управления, не исключая и холостых надзирателей. В 1872 г. генерал-губернатор Восточной Сибири Синельников запретил отдачу преступников в услужение. Но это запрещение, имеющее силу закона и до настоящего времени, обходится самым бесцеремонным образом. Коллежский регистратор записывает на себя полдюжины прислуги, и когда отправляется на пикник, то посылает вперед с провизией десяток каторжных. Начальники острова гг. Гинце и Кононович боролись с этим злом, но недостаточно энергично; по крайней мере я нашел только три приказа, относящихся к вопросу о прислуге, и таких, которые человек заинтересованный мог широко толковать в свою пользу. Генерал Гинце, как бы в отмену генерал-губернаторского предписания, разрешил в 1885 г. (приказ № 95) чиновникам брать себе в прислуги ссыльнокаторжных женщин с платою по два рубля в месяц, и чтобы деньги были обращаемы в казну. Генерал Кононович в 1888 г. отменил приказ своего предшественника, определив: "ссыльнокаторжных, как мужчин, так и женщин, в прислугу к чиновникам не назначать и платы за женщин никакой не взыскивать. А так как казенные здания и службы при них не могут оставаться без надзора и без удовлетворения, то к каждому таковому зданию разрешаю назначать потребное число мужчин и женщин, показывая их по наряду по этим назначениям как сторожей, дровотасков, поломоек и проч., смотря по потребности" (приказ №

276). Но так как казенные здания и службы при них в громадном большинстве составляют не что иное, как квартиры чиновников, то этот приказ понимается как разрешение иметь каторжную прислугу, и притом бесплатную. Во всяком случае, в 1890 г., когда я был на Сахалине, все чиновники, даже не имеющие никакого отношения к тюремному ведомству (например, начальник почтово-телеграфной конторы), пользовались каторжными для своего домашнего обихода в самых широких размерах, причем жалованья этой прислуге они не платили, и кормилась она на счет казны.

Отдача каторжных в услужение частным лицам находится в полном противоречии со взглядом законодателя на наказание: это - не каторга, а крепостничество, так как каторжный служит не государству, а лицу, которому нет никакого дела до исправительных целей или до идеи равномерности наказания; он - не ссыльнокаторжный, а раб, зависящий от воли барина и его семьи, угождающий их прихотям, участвующий в кухонных дрязгах. Становясь поселенцем, он является в колонии повторением нашего дворового человека, умеющего чистить сапоги и жарить котлеты, но неспособного к земледельческому труду, а потому и голодного, брошенного на произвол судьбы. Отдача же в услужение каторжных женщин, кроме всего этого, имеет еще свои специальные неудобства. Не говоря уже о том, что в среде подневольных фавориты и содержанки вносят всегда струю чего-то подлого, в высшей степени унизительного для человеческого достоинства, они, в частности, совершенно коверкают дисциплину. Мне один из священников рассказывал, что бывали случаи на Сахалине, когда женщина свободного состояния или солдат, будучи в прислугах, должны были при известных обстоятельствах убирать и выносить после каторжной.

То, что в Александровске с важностью зовется "заводскою промышленностью", с внешней стороны обставлено красиво и шумно, но не имеет пока серьезного значения. В литейной мастерской, которою заведует механик-самоучка, я видел колокола, вагонные и тачечные колеса, ручную мельницу, машинку для ажурной работы, краны, приборы для печей и т.п., но всё это производит игрушечное впечатление. Вещи прекрасны, но ведь сбыта нет никакого, а для местных надобностей было бы выгоднее приобретать их на материке или в Одессе, чем заводить свои локомобили и целый штат платных рабочих. Конечно, не было бы жаль никаких затрат, если бы мастерские здесь были школами, где каторжные учились бы мастерствам; на самом же деле, в литейной и слесарной работают не каторжные, а опытные мастера-поселенцы, состоящие на положении младших надзирателей, с жалованьем по 18 руб. в месяц. Здесь слишком заметно увлечение вещью; гремят колеса и молот и свистят локомобили только во имя качества вещи и сбыта ее; коммерческие и художественные соображения не имеют здесь никакого отношения к наказанию, а между тем на Сахалине, как и везде на каторге, всякое предприятие должно иметь своею ближайшею и отдаленною целью только одно исправление преступника, и здешние мастерские должны стремиться к тому, чтобы сбывать на материк прежде всего не печные дверцы и не краны, а полезных людей и хорошо подготовленных мастеров.

Паровая мельница, лесопильня и кузница содержатся в отличном порядке. Люди работают весело потому, вероятно, что сознают производительность труда. Но и здесь работают главным образом специалисты, которые уже на родине были мельниками, кузнецами и проч., а не те, которые, живя на родине, не умели работать, ничего не знали и теперь больше чем кто-либо нуждаются в мельницах и кузницах, где бы их обучили и поставили на ноги.

VI

Рассказ Егора

Доктор, у которого я квартировал, уехал на материк вскоре после увольнения от службы, и я поселился у одного молодого чиновника, очень хорошего человека. У него была только одна прислуга, старуха-хохлушка, каторжная, и изредка, этак раз в день, наведывался к нему каторжный Егор, дровотаск, который прислугою его не считался, но "из уважения" приносил дров, убирал помои на кухне и вообще исполнял обязанности, которые были не под силу старушке. Бывало, сидишь и читаешь или пишешь что-нибудь, и вдруг слышишь какой-то шорох и пыхтенье, и что-то тяжелое ворочается под столом около ног; взглянешь - это Егор, босой, собирает под столом бумажки или вытирает пыль. Ему лет под сорок, и представляет он из себя человека неуклюжего, неповоротливого, как говорится, увальня, с простодушным, на первый взгляд глуповатым лицом и с широким, как у налима, ртом. Он рыжий, бородка у него жидкая, глаза маленькие. На вопрос он сразу не отвечает, а сначала искоса посмотрит и спросит: "Чаво?" или "Кого ты?" Величает вашим высокоблагородием, но говорит ты. Он не может сидеть без работы ни одной минуты и находит ее всюду, куда бы ни пришел. Говорит с вами, а сам ищет глазами, нет ли чего убрать или починить. Он спит два-три часа в сутки, потому что ему некогда спать. В праздники он обыкновенно стоит где-нибудь на перекрестке, в пиджаке поверх красной рубахи, выпятив вперед живот и расставив ноги. Это называется "гулять".

Здесь, на каторге, он сам построил себе избу, делает ведра, столы, неуклюжие шкапы. Умеет делать всякую мебель, но только "про себя", то есть для собственной надобности. Сам никогда не дрался и бит не бывал; только когда-то в детстве отец высек его за то, что горох стерег и петуха впустил.

Однажды у меня с ним происходил такой разговор:

- За что тебя сюда прислали? - спросил я.

- Чаво ты говоришь, ваше высокоблагородие?

- За что тебя прислали на Сахалин?

- За убийство.

- Ты расскажи мне с самого начала, как было дело.

Егор стал у косяка, заложил назад руки и начал:

- Ходили мы к барину Владимиру Михайлычу, рядились о дровах, о пилке и поставке на станцию. Хорошо. Порядились и пошли домой. Этак не далеко отошедши от села, послал меня народ в контору с условием - засвидетельствовать. Я был на лошади. По дороге к конторе Андрюха воротил меня: был большой разлив, нельзя было проехать. "Завтра, говорит, я поеду в контору об земле своей рендовой и это условие засвидетельствую". Ладно. Отсюда пошли мы вместе; я на лошади, а кумпания пешком. Дошли мы до Парахина. Мужики зашли закуривать к кабаку, мы с Ачдрюхой сзади остались на тротуаре около трактира. Он и говорит: "Нет ли у тебя, братко, пятачка? Выпить, говорит, хотно". А я ему: "Да ты, брат, говорю, такой человек: зайдешь выпить за пятачок, да тут и запьянничаешь". А он говорит: "Нет, не буду, выпь", да и пойду домой". Подошли к мужикам, сговорили на четверть, собрали на четверть, в кабак зашли, четверть водки купили. Сели за стол пить.

- Ты покороче, - замечаю я.

- Постой, не перебивай, ваше высокоблагородие. Роспили мы эту водку, вот он, Андрюха то есть, еще взял перцовки сороковку. По стакану налил себе и мне. Мы по стакану вместе с ним и выпили. Ну, вот тут пошли весь народ домой из кабака, и мы с ним сзади пошли тоже. Меня переломило верхом-то ехать, я слез и сел тут на бережку. Я песни пел да шутил. Разговору не было худого. Потом этого встали и пошли.

- Ты расскажи мне про убийство, - перебиваю я,

- Постой. Дома я лег и спал до утрия, пока не разбудили; "Ступай, кто из вас побил Андрея?" Тут уж и Андрея привезли, и урядник приехал. Урядник стал допрашивать нас всех, никто мы не признаемся к этому делу. А Андрей еще живой был и говорит "Ты, Сергуха, ударил меня стягом, а больше я ничего не помню". Сергуха не признается. Мы все так и думали, что Сергуха, и начали глядеть за ним, чтобы не сделал себе чего. Через сутки Андрей помер. Сергея и подучи там свои, сестра да тесть: "Ты, Сергей, не отпирайся, тебе всё равно. Признавайся да подтягивай, кого ближе захватил. Тебе влегота будет". Как только что помер Андрей, мы весь народ и собрались к старосте и Сергея оповестили. Сергея допрашиваем, а он не признается. Потом пустили его к себе ночевать в свой дом. Некоторые его здесь стерегли, не сделал бы себе чего. У него тут ружьишко было. Опасно. Поутру хватились - его нет, тут соскорили у него обыск делать, и по деревне искали, и в поле бегали, искали его. Потом уж пришли из стану и объявили, что Сергей уже там. Тут нас начали забирать. А Сергей, знашь, прямо к становому да к уряднику, на коленки стал и говорит

на нас, что Ефремовы дети уже года три нанимали побить Андрюху. "Дорогой, говорит, шли мы втроем - Иван, да Егор, да я - и сговорились вместе побить. Я говорит, корчевочкой ударил Андрюху, а Иван да Егор схватились бить его, а я испужался да назад, говорит, побежал, за задними мужиками". Потом нас - Ивана, Киршу, меня и Сергея - забрали и в тюрьму в город.

- А кто такие Иван и Кирша?

- Братья мои родные. В тюрьму пришел купец Петр Михайлыч и взял нас на поруки. И были на поруках у него до Покрова. Жили мы хорошо, сохранно. На другой день Покрова нас судили в городе. У Кирши были свидетели - задние мужики выправили, а меня так, брат, и влопало. Я на суде говорил то, что тебе вот сказываю, как есть, а суд не верит: "Тут все так говорят и глазы крестят, а всё неправда". Ну, осудили, да в острог. В остроге жили под замком, но только был я парашечником, подметал камеры и обед подносил. Давали мне за это каждый по пайку хлеба в месяц. Фунта три будет с человека. Как заслышали выход, телеграмму домой послали. Перед Николой было дело. Женка и брат Кирша приехали нас проведать и кое-чего тут привезли из платья, да еще кое-чего... Женка плакала-выла, да ничего не поделаешь. Как поехала, я ей туда домой два пайка хлеба дал в гостинцы. Поплакали и поклон послали детям и всем крещеным. Дорогой мы были скованы нарушнями. По два человека шли. Я шел с Иваном. В Новгороде с нас карточки снимали, тут заковали нас и головы брили. Потом в Москву погнали, В Москве, когда сидели, на помилование прошение посылали. Как ехал в Одессу, не помню. Хорошо ехал. В Одессе нас выспрашивали в докторской, скидывали одёжу всю, оглядывали. Потом собрали нас и погнали на пароход. Тут казаки и солдаты нас рядом вели по ступенькам и посадили нас в нутро. Сидим на нарах, да и всё. Всяк на свое место. На верхней наре пять человек нас сидело. Сперва мы не понимали, а потом говорят: "Поехали, поехали!" Ехали, ехали, а потом начало качать. Жар такой, голые стояли народ. Кто блевал, а другой ничего. Тут, конечно, больше лежали. А шторм горазд был. Во все стороны кидало. Ехали, ехали, потом и наехали. Нас так и толконуло. День туманливый. Сталось темно. Как толконуло, и установилось, качается, знаешь, на скалах; думали, что рыбина это качает под низом, ворочает пароход. Наперед дергали, дергали - не сдернуть, да назад зачали дергать. Назад стали дергать, посередке и проломило снизу. Начали парусом дыру затягивать; затягивали, затягивали ничего способу нет. Вода накопилась до самого полу, где народ сидит, и стала под народ выходить вода на пол. Народ просит: "Не дайте погибнуть, ваше благородие!" И он сперва: "Не ломитесь, не проситесь, не дам погибнуть ничего". Потом стало накопляться под нижние нары. Крещеные стали проситься да ломиться. Барин и говорит: "Ну, ребята, выпущу вас, только чтоб не бунтовать, а нет - всех перестреляю". Потом выпустил. Сделали богомоление, чтобы господь усмирил, не погибнуть бы. Молились на коленках. После богомоления выдавали нам галеты, сахар, и море засмирилось. На другой день стали вывозить народ на баржах на берег. На берегу было богомоление. Потом нас перегрузили на другое судно, турецкое, и привезли сюда, в Александровск. Сняли нас засветло на пристань, да тут долго нас продержали, и отправились мы с пристани уже в потемушках. Крещеные так плетнем и шли, а тут еще навалилась куриная слепота. Друг за дружку держатся; кто видит, а кто и нет - вот и цеплялись. Я за собой десяток крещеных вел. Пригнали в тюрьму на двор и стали разбирать по казармам, кого куда. Ужинали перед сном, что было у кого, а утром нам начали выдавать, что следует. Дня два отдыхали, на третий в баню, а на четвертый работать погнали. Перво-наперво копали канавы под здание, где лазарет теперь. Корчевали, обирали, копали и всё прочее - этак неделю или две, а может, и с месяц. Потом мы возили бревна из-под Михайловки. Таском тащили версты за три и в груды у моста сваливали. Потом на огород погнали ямы для воды копать. А как наступил сенокос, стали собирать крещеных: спрашивают, кто косить умеет, - ну, кто признавался, того и писали. Выдали нам на всю артель хлеб, крупу, мясо и погнали с надзирателем на сенокос в Армуданы. Жил я ничего, бог здоровья давал, и косил я хорошо. Других надзиратель колотил, а я дурного слова не слыхивал. Ругается только народ, зачем бойко идешь, - ну, да ничего. В слободное время или когда дождь, я плел себе ступни. Люди спать с работы, а я сижу да плету. Ступни продавал, две порции говядины за ступни, а это четыре копейки стоит. Сенокос выставивши, пошли домой. Домой пришли, сняли нас в тюрьму. Потом взяли меня к поселенцу Сашке на Михайловку в работники. У Сашки я делал всё по крестьянской работе: жал, убирал, молотил, картошку копал, а Сашка за меня в козну бревна возил. Ели всё свое, что получали из козны. Отработал я два месяца и четыре дня. Обещал Сашка денег, да не дал ничего. Только и дал, что пуд картошки. Привез меня Сашка в тюрьму и сдал. Выдали мне топор и веревку - дрова таскать. Семь печей отоплял. Я в юрте жил, за камарщика воду носил и подметал. У татарина-магзы майдан сторожил. Как приду с работы, мне он свой майдан уверял, я продавал, а он мне за это 15 копеек в сутки платил. Весной, когда дни стали подолже, я стал плесть лапти. Брал по десять копеек. А летом рекой дрова гонял. Накопил я их кучу большую и потом этого продал жиду-банщику. Накопил я также лесу 60 дерев и продал по 15 копеек. Вот и живу помаленьку, как бог дает. А только, ваше высокоблагородие, разговаривать мне с тобой некогда, надо по воду идти.

- В поселенцы скоро выйдешь?
- Лет через пять.
- Скучаешь по дому?
- Нет. Одно вот только - детей жалко. Глупы.
- Скажи, Егор, о чем ты думал, когда тебя в Одессе на пароход вели?
- Бога молил.
- О чем?
- Чтобы детям ума-разума послал.
- Отчего ты жену и детей не взял с собой на Сахалин?
- Потому что им и дома хорошо.

VII

Маяк. - Корсаковское. - Коллекция д-ра П.И. Супруненко. Метеорологическая станция. - Климат Александровского округа. Ново-Михайловка. - Потемкин. - Экс-палач Терский. - Красный Яр. - Бутаково.

Прогулки по Александровску и его окрестностям с почтовым чиновником, автором "Сахалино", оставили во мне приятное воспоминание. Чаще всего мы ходили к маяку, который стоит высоко над долиной, на мысе Жонкиер. Днем маяк, если посмотреть на него снизу, - скромный белый домик с мачтой и с фонарем, ночью же он ярко светит в потемках, и кажется тогда, что каторга глядит на мир своим красным глазом. Дорога к домику поднимается круто, оборачиваясь спиралью вокруг горы, мимо старых лиственниц и елей. Чем выше поднимаешься, тем свободнее дышится; море раскидывается перед глазами, приходят мало-помалу мысли, ничего общего не имеющие ни С тюрьмой, ни с каторгой, ни с ссыльною колонией, и тут только сознаешь, как скучно и трудно живется внизу. Каторжные и поселенцы изо дня в день несут наказание, а свободные от утра до вечера говорят только о том, кого драли, кто бежал, кого поймали и будут драть; и странно, что к этим разговорам и интересам сам привыкаешь в одну неделю и, проснувшись утром, принимаешься прежде всего за печатные генеральские приказы -

местную ежедневную газету, и потом целый день слушаешь и говоришь о том, кто бежал, кого подстрелили и т.п. На горе же, в виду моря и красивых оврагов, всё это становится донельзя пошло и грубо, как оно и есть на самом деле.

Говорят, что по дороге на маяк когда-то стояли скамьи, но что их вынуждены были убрать, потому что каторжные и поселенцы во время прогулок писали на них и вырезывали ножами грязные пасквили и всякие сальности. Любителей так называемой заборной литературы много и на воле, но на каторге цинизм превосходит всякую меру и не идет в сравнение ни с чем. Здесь не только скамьи и стены задворков, но даже любовные письма отвратительны. Замечательно, что человек пишет и вырезывает на скамье разные мерзости, хотя в то же время чувствует себя потерянным, брошенным, глубоко несчастным. Иной уже старик и толкует, что ему свет постыл и умирать пора, у него жестокий ревматизм и плохо видят глаза, но с каким аппетитом произносит он без передышки извозчичью брань, растянутую в длинную вязь из всяких отборных ругательных слов и вычурную, как заклинание от лихорадки. Если же он грамотен, то в уединенном месте ему бывает трудно подавить в себе задор и удержаться от искушения нацарапать на стене хотя бы ногтем какое-нибудь запретное слово.

Около домика рвется на цепи злая собака. Пушка и колокол; говорят, что скоро привезут и поставят здесь ревун, который будет реветь во время туманов и нагонять тоску на жителей Александровска. Если, стоя в фонаре маяка, поглядеть вниз на море и на "Трех Братьев", около которых пенятся волны, то кружится голова и становится жутко. Неясно виден Татарский берег и даже вход в бухту де-Кастри; смотритель маяка говорит, что ему бывает видно, как входят и выходят из де-Кастри суда. Широкое, сверкающее от солнца море глухо шумит внизу, далекий берег соблазнительно манит к себе, и становится грустно и тоскливо, как будто никогда уже не выберешься из этого Сахалина. Глядишь на тот берег, и кажется, что будь я каторжным, то бежал бы отсюда непременно, несмотря ни на что.

За Александровском, вверх по течению Дуйки, следует селение Корсаковское. Основано оно в 1881 году и названо так в честь М.С. Корсакова, бывшего генерал-губернатора Восточной Сибири. Интересно, что на Сахалине дают названия селениям в честь сибирских губернаторов, смотрителей тюрем и даже фельдшеров, но совершенно забывают об исследователях, как Невельской, моряк Корсаков, Бошняк, Поляков и многие другие, память которых, полагаю, заслуживает большего уважения и внимания, чем какого-нибудь смотрителя Дербина, убитого за жестокость.

В Корсаковке жителей 272: 153 м. и 119 ж. Всех хозяев 58. По составу своих хозяев, из которых 26 имеют крестьянское звание и только 9 - каторжные, по количеству женщин, сенокоса, скота и проч., Корсаковка мало отличается от зажиточной Александровской слободки, 8 хозяев имеют по два дома и на каждые 9 домов приходится одна баня. Лошадей имеют 45 хозяев, коров 49 Многие из них имеют по 2 лошади и по 3-4 коровы. По количеству старожилов Корсаковка занимает на Северном Сахалине едва ли не первое место - 43 хозяина сидят на своих участках с самого основания селения. Переписывая жителей, я встретил 8 человек, которые прибыли на Сахалин до 1870 г., а один ид них прислан даже в 1866 г. А высокий процент старожилов в колонии - это добрый знак.

Внешностью своею Корсаковка до обмана похожа на хорошую русскую деревушку, и притом глухую, которой еще не коснулась цивилизация. Я туг был в первый раз в воскресенье после обеда. Была тихая, теплая погода, и чувствовался праздник. Мужики спали в тени или пили чай; у ворот и под окнами бабы искали друг у друга в головах. В палисадниках и в огородах цветы, в окнах герань Много детей, все на улице и играют в солдаты или в лошадки и возятся с сытыми собаками, которым хочется спать. А когда пастух, старый бродяга, пригнал стадо больше чем в полтораста голов и воздух наполнился летними звуками - мычанье, хлопанье бича, крик баб и детей, загоняющих телят, глухие удары босых ног и копыт по пыльной унавоженной дороге - и когда запахло молоком, то иллюзия получилась полная. И даже Дуйка здесь привлекательна. Местами течет она по задворкам, мимо огородов: тут берега у нее зеленые, поросшие тальником и осокой; когда я видел ее, на ее совершенно гладкую поверхность ложились вечерние тени; она была тиха и, казалось, дремала.

Здесь, как и в богатой Александровской слободке, мы находим высокий процент старожилов, женщин и грамотных, большое число женщин свободного состояния и почти ту же самую "историю прошлого", с тайною продажей спирта, кулачеством и т.п.: рассказывают, что в былое время тут в устройстве хозяйств также играл заметную роль фаворитизм, когда начальство легко давало в долг и скот, и семена, и даже спирт, тем легче, что корсаковцы будто бы всегда были политиканами и даже самых маленьких чиновников величали вашим превосходительством. Но, в отличие от Александровской слободки, здесь главною причиной зажиточности являются все-таки не продажа спирта, не фаворитизм или близость сахалинского Парижа, а несомненные успехи в хлебопашестве. В то время как в Слободке четверть хозяев обходится без пахотной земли, а другая четверть имеет ее очень мало, здесь, в Корсаковке, все хозяева пашут землю и сеют зерновые хлеба; там половина хозяев обходится без скота и все-таки сыта, здесь же почти все хозяева находят нужным держать скот. По многим причинам нельзя относиться к сахалинскому земледелию иначе как скептически, но что оно в Корсаковке поставлено серьезно и дает сравнительно хорошие результаты, признать необходимо. Нельзя же ведь допустить, чтобы корсаковцы бросали ежегодно в землю две тысячи пудов зерна только из упрямства или из желания угодить начальству. У меня нет точных цифр относительно урожаев, а показаниям самих корсаковцев верить нельзя, но по некоторым признакам, как, например, большое количество скота, внешняя обстановка жизни и то, что здешние крестьяне не торопятся уезжать на материк, хотя давно уже имеют на это право, следует заключить, что урожай здесь не только кормят, но и дают некоторый избыток, располагающий поселенца к оседлой жизни.

Почему корсаковцам удается хлебопашество, в то время как жители соседних селений терпят крайнюю нужду от целого ряда неудач и уже отчаялись кормиться когда-либо своим хлебом, объяснить нетрудно. Там, где расположилась Корсаковка, долина реки Дуйки наиболее широка, и корсаковцы уже с самого начала, когда садились на участки, имели в своем распоряжении громадную площадь земли. Они могли не только брать, но и выбирать. В настоящее время 20 хозяев имеют под пашней от 3 до 6 и редко кто меньше 2 десятин. Если читатель пожелает сравнить здешние участки с нашими крестьянскими наделами, то он должен еще иметь в виду, что пахотная земля здесь не ходит под паром, а ежегодно засевается вся до последнего вершка, и потому здешние две десятины в количественном отношении стоят наших трех. Пользование исключительно большими участками земли и составляет весь секрет успеха корсаковцев. При сахалинских урожаях, колеблющихся в среднем между сам-друг и сам-три, земля может дать достаточно хлеба только при одном условии: когда ее много. Много земли, много семян и дешевый, ничего не стоящий труд. В те годы, когда зерновой хлеб совсем не родится, корсаковца выручают овощи и картофель, которые занимают здесь тоже солидную площадь - 33 десятины.

Недавно существующая ссыльная колония со своим маленьким подвижным населением еще не созрела для статистики; при том скудном цифровом материале, какой она до сих пор успела дать, волей-неволей приходится строить свои выводы лишь на одних намеках и догадках, при всяком подходящем случае. Если не бояться упрека в поспешности вывода и данными, относящимися к Корсаковке, воспользоваться для всей колонии, то, пожалуй, можно сказать, что при ничтожных сахалинских урожаях, чтобы не работать в убыток и быть сытым, каждый хозяин должен иметь более двух десятин пахотной земли, не считая сенокосов и земли под овощами и картофелем. Установить более точную норму в настоящее время невозможно, но, по всей вероятности, она равняется четырем десятинам. Между тем по "Отчету о состоянии сельского хозяйства в 1889 году" на Сахалине на каждого владельца приходится пахотной земли в среднем только полдесятины (1555 кв. саж.).

В Корсаковке есть дом, который своими размерами, красною крышей и уютным садом напоминает помещичью усадьбу средней руки. Хозяин этого дома, заведующий медицинскою частью, д-р П.И. Супруненко, уехал весною, чтоб экспонировать на тюремной выставке и потом навсегда остаться в России, и в опустевших комнатах я застал только остатки роскошной зоологической коллекции, собранной доктором. Я не знаю. где теперь эта коллекция и кто изучает по ней фауну Сахалина, но по немногим оставшимся экземплярам, в высшей степени изящным, и по рассказам я мог судить о богатстве коллекции и о том, сколько знания, труда и любви затрачено доктором Супруненко на это полезное дело. Он начал собирать коллекцию в 1881 г. и за десять лет успел собрать почти всех позвоночных, встречаемых на Сахалине, а также много материала по антропологии и этнографии. Его коллекция, если б она осталась на острове, могла бы послужить основанием для превосходного музея.

При доме находится метеорологическая станция. До последнего времени она находилась в ведении д-ра Супруненко, теперь же заведует ею инспектор сельского хозяйства. При мне наблюдения производил писарь, ссыльнокаторжный Головацкий, толковый и обязательный человек, снабдивший меня метеорологическими таблицами. Уже можно сделать вывод из наблюдений за девять лет, и я постараюсь дать некоторое понятие о климате Александровского округа. Владивостокский городской голова как-то сказал мне, что у них во Владивостоке и вообще по всему восточному побережью "нет никакого климата", про Сахалин же говорят, что климата здесь нет, а есть дурная погода, и что этот остров самое ненастное место в России. Не знаю, насколько верно последнее; при мне было очень хорошее лето, но метеорологические таблицы и краткие отчеты других авторов дают в общем картину необычайного ненастья. Климат Александровского округа морской и отличается своим непостоянством, то есть значительными колебаниями средней температуры года, числа дней с осадками и проч.; низкая средняя температура года, громадное количество осадков и пасмурных дней составляют его главные особенности. Для сравнения я возьму средние месячные температуры Александровского округа и Череповецкого уезда, Новгородской губернии, где "суровый, сырой, непостоянный и неблагоприятный для здоровья климат": Алекс. окр Черепов. уезд Январь - 18,9 - 11,0 Февраль - 15,1 - 8,2 Март - 10,1 - 1,8 Апрель + 0,1 + 2,8 Май + 5,9 + 12,7 Июнь + 11,0 + 17,5 Июль + 16,3 +

18,5 Август + 17,0 + 13,5 Сентябрь + 11,4 + 6,8 Октябрь + 3,7 + 1,8 Ноябрь - 5,5 - 5,7 Декабрь - 13,8 - 12,8

Средняя годовая температура в Александровском округе равна +0,1, то есть почти 0, а в Череповецком уезде +2,7. Зима в Александровском округе суровее, чем в Архангельске, весна и лето, как в Финляндии, и осень, как в Петербурге, средняя годовая температура, как в Соловецких островах, где она тоже равна нулю. В долине Дуйки наблюдается вечная мерзлота. Поляков нашел ее 20 июня на глубине аршина. Он же 14 июля нашел под кучами мусора и в ложбинах около гор снег, который растаял только в конце июля. 24 июля 1889 г. на горах, которые здесь невысоки, выпал снег и все нарядились в шубы и тулупы. Вскрытия Дуйки за 9 лет наблюдались: самое раннее 23 апреля и самое позднее 6 мая. За все девять зим ни разу не было оттепели. 181 день в году бывает мороз и в 151 дует холодный ветер. Всё это имеет важное практическое значение. В Череповецком уезде, где лето теплее и продолжительнее, по Грязнову, не могут хорошо вызревать греча, огурцы и пшеница, а в Александровском округе, по свидетельству здешнего инспектора сельского хозяйства, ни в один год не была наблюдаема сумма тепла, достаточная для полного вызревания овса и пшеницы.

Наибольшего внимания со стороны агронома и гигиениста заслуживает здешняя чрезмерная влажность. В году бывает дней с осадками в среднем 189: 107 со снегом и 82 с дождем (в Череповецком уезде 81 день с дождем и 82 со снегом). Небо по целым неделям бывает сплошь покрыто свинцовыми облаками, и безотрадная погода, которая тянется изо дня в день, кажется жителям бесконечною. Такая погода располагает к угнетающим мыслям и унылому пьянству. Быть может, под ее влиянием многие холодные люди стали жестокими и многие добряки и слабые духом, не видя по целым неделям и даже месяцам солнца, навсегда потеряли надежду на лучшую жизнь. Поляков пишет про июнь 1881 г., что не было ни одного ясного дня в течение всего месяца, а из отчета инспектора сельского хозяйства видно, что за четырехлетний период в промежуток от 18 мая до 1 сентября число ясных дней в среднем не превышает 8. Туманы здесь довольно частое явление, особенно на море, где они представляют для моряков настоящее бедствие; соленые морские туманы, как говорят, действуют разрушающим образом на прибрежную растительность, и на деревья, и на луга. Ниже я буду говорить о селениях, жители которых, благодаря главным образом этим туманам, уже перестали сеять зерновые хлеба и всю свою пахотную землю пускают под картофель. Однажды в ясную солнечную погоду я видел, как с моря надвигалась стена тумана совершенно белого, молочного цвета; походило на то, как будто с неба на землю опустился белый занавес.

Метеорологическая станция снабжена инструментами, проверенными и приобретенными в главной физической обсерватории в Петербурге. Библиотеки при ней нет. Кроме вышеупомянутого писаря Головацкого и его жены, на станции я еще записал шесть работников и одну работницу. Что они тут делают, не знаю.

В Корсаковке есть школа и часовня. Был и больничный околоток, где вместе помещались 14 сифилитиков и 3 сумасшедших; один из последних заразился сифилисом. Говорят также, что сифилитики приготовляли для хирургического отделения морской канат и корпию. Но я не успел побывать в этом средневековом учреждении, так как в сентябре оно было закрыто молодым военным врачом, исправлявшим временно должность тюремного врача. Если бы здесь сумасшедших сожигали на кострах по распоряжению тюремных врачей, то и это не было бы удивительно, так как местные больничные порядки отстали от цивилизации по крайней мере лет на двести.

В одной избе уже в сумерках я застал человека лет сорока, одетого в пиджак и в брюки навыпуск; бритый подбородок, грязная, некрахмаленная сорочка, подобие галстука - по всем видимостям привилегированный. Он сидел на низкой скамеечке и из глиняной чашки ел солонину и картофель. Он назвал свою фамилию с окончанием на кий, и мне почему-то показалось, что я вижу перед собой одного бывшего офицера, тоже на кий, который за дисциплинарное преступление был прислан на каторгу.

- Вы бывший офицер? - спросил я.

- Никак нет, ваше высокоблагородие, я священник.

Не знаю, за что его прислали на Сахалин, да и не спрашивал я об этом; когда человек, которого еще так недавно звали отцом Иоанном и батюшкой и которому целовали руку, стоит перед вами навытяжку, в жалком поношенном пиджаке, то думаешь не о преступлении. В другой избе я наблюдал такую сцену. Молодой каторжный, брюнет с необыкновенно грустным лицом, одетый в щегольскую блузу, сидит у стола, подперев голову обеими руками, хозяйка-каторжная убирает со стола самовар и чашки. На мой вопрос, женат ли он, молодой человек отвечает, что за ним на Сахалин прибыла добровольно его жена с дочерью, но что вот уже два месяца, как она уехала с ребенком в Николаевск и не возвращается, хотя он послал ей уже несколько телеграмм. "И не вернется, - говорит хозяйка с каким-то злорадством. - Что ей тут делать? Сахалина твоего не видала, что ли? Легко ли дело!" Он молчит, а она опять: "И не вернется. Баба она молодая, вольная, - чего ей? Залетела, как птица, - и была такова, ни слуху ни духу. Вот не то, что я да ты. Не убивала бы я мужа, а ты бы не поджигал, и мы тоже были бы теперь вольные, а теперь вот сиди и жди ветра в поле, свою женушку, да пускай вот твое сердце кровью обливается..." Он страдает, на душе у него, по-видимому, свинец, а она пилит его и пилит; выхожу из избы, а голос ее всё слышно.

В Корсаковке вместе со мной ходил по избам каторжный Кисляков, довольно странный человек. Судебные репортеры, вероятно, еще не забыли его. Это тот самый Кисляков, из военных писарей, который в Петербурге на Николаевской убил молотком свою жену и сам явился к градоначальнику объявить о своем преступлении. По его рассказу, жена у него была красавица и он очень любил ее, но как-то раз, повздорив с ней, он поклялся перед образом, что убьет ее, и с этого времени до самого убийства какая-то невидимая сила не переставала шептать ему на ухо: "Убей, убей!" До суда он сидел в больнице св. Николая; вероятно, поэтому сам считает себя психопатом, так как не раз просил меня похлопотать о том, чтобы его признали сумасшедшим и заточили в монастырь. Вся его каторга заключается в том, что в тюрьме ему поручено делать колышки для прикрепления привесков к хлебным порциям - работа, кажется, не трудная, но он нанимав вместо себя другого, а сам "дает уроки", то есть ничего не делает. Одет он в пиджачный костюм на парусинки и наружность имеет благообразную. Парень недалекий, но говорун и философ. "Где блохи, там и дети", - говорил он сладким бархатным баритоном всякий раз при виде детей. Когда спрашивали при нем, зачем я делаю перепись, он говорил: "Затем, чтобы всех нас отправить на луну. Знаешь, где луна?" А когда мы поздно вечером возвращались пешком в Александровск, он несколько раз, что называется, ни к селу ни к городу, повторил: "Месть есть самое благородное чувство".

Дальше вверх по Дуйке следует селение Ново-Михайловское, основанное в 1872 г и названное так потому, что Мицуля звали Михаилом. У многих авторов оно называется Верхним Урочищем, а у здешних поселенцев - Пашней. Жителей в селении 520: 287 м. и 233 ж. Хозяев 133, и из них двое имеют совладельцев. Пахотные участки показаны в подворной описи у всех хозяев, крупный скот имеется у 84, но тем не менее все-таки избы, за немногими исключениями, поражают своею бедностью, и жители в один голос заявляют, что на Сахалине не проживешь "никаким родом". Рассказывают, что в прежние годы, когда бедность в Ново-Михайловке была вопиющая, из селения вела в Дуэ тропинка, которую протоптали каторжные и свободные женщины, ходившие в Дуйскую и Воеводскую тюрьмы продавать себя арестантам за медные гроши. Могу удостоверить, что тропинка эта не заросла еще и до сих пор. Те из жителей, которые, подобно корсаковцам, имеют большие пахотные участки, от 3 до 6 и даже 8 десятин, не бедствуют, но таких участков мало и с каждым годом становится всё меньше и меньше, и в настоящее время больше половины хозяев владеют участками от до 1 дес., а это значит, что хлебопашество дает им одни только убытки. Хозяева-старожилы, искушенные опытом, сеют только ячмень и свои пахотные участки стали пускать под картофель.

Земля здесь не служит приманкой и не располагает к оседлой жизни. Из тех хозяев, которые сели на участки в первые четыре года после основания селения, не осталось ни одного; с 1876 г. сидят 9, с 1877 г. - 7, с 1878 г. - 2, с 1879 г. - 4, а все остальные - новички.

В Ново-Михайловке телеграфная станция, школа, казарма для богадельщиков и остов недостроенной деревянной церкви. Есть пекарня, где пекут хлеб для каторжных, занятых дорожными работами в районе Ново-Михайловки; пекут, должно быть, без всякого контроля со стороны начальства, так как хлеб здесь отвратительный.

Каждому проезжающему через Ново-Михайловку не миновать познакомиться с живущим здесь крестьянином из ссыльных Потемкиным. Когда на Сахалин приезжает какое-нибудь важное лицо, то Потемкин подносит ему хлеб-соль; когда хотят доказать, что сельскохозяйственная колония удалась, то указывают обыкновенно на Потемкина. В подворной описи у него показано 20 лошадей и 9 голов рогатого скота, но говорят, что лошадей у него вдвое больше. Он имеет лавочку, и есть у него еще лавочка в Дуэ, где торгует его сын. Впечатление производит он делового, умного и зажиточного раскольника. В комнатах у него чисто, стены оклеены обоями и есть картина: "Мариенбад, морские купанья близ Либавы". Сам он и его жена-старушка степенны, рассудительны и в разговоре политичны. Когда я пил у него чай, то он и его жена говорили мне, что жить на Сахалине можно и земля хорошо родит, но что всё горе в том, что нынче народ обленился, избаловался и не старается. Я спросил его: правду ли говорят, что он угощал одну важную особу арбузами и дынями из собственных огородов? Он не моргнул глазом и ответил: "Это точно, дыни здесь, случается, поспевают".

В Ново-Михайловке проживает еще одна сахалинская знаменитость - поселенец Терский, бывший палач. Он кашляет, держится за грудь бледными, костлявыми руками и жалуется, что у него живот надорван. Стал он чахнуть с того дня, как по приказанию начальства за какую-то провинность был наказан теперешним александровским палачом Комелевым. Комелев так постарался, что "чуть души не вышиб". Но скоро провинился в чем-то Комелев - и наступил праздник для Терского. Этот дал себе волю и в отместку отодрал коллегу так жестоко, что у того, по рассказам, до сих пор гноится тело. Говорят, что если двух ядовитых пауков посадить в одну банку, то они заедят друг друга до смерти.

До 1888 г. Ново-Михайловка была последним селением по Дуйке, теперь же есть еще Красный Яр и Бутаково. К этим селениям от Ново-

Михайловки проводят дорогу. Первую половину пути к Красному Яру, версты три, мне пришлось ехать по новой, гладкой И прямой, как линейка, дороге, а вторую по живописной тайговой просеке, на которой пни уже выкорчеваны и езда легка и приятна, как по хорошей проселочной дороге. Крупные строевые экземпляры деревьев по пути почти везде уже срублены, но тайга всё еще внушительна и красива. Березы, осины, тополи, ивы, ясени, бузина, черемуха, таволга, боярышник, а между ними трава в рост человека и выше; гигантские папоротники и лопухи, листья которых имеют более аршина в диаметре, вместе с кустарниками и деревьями сливаются в густую непроницаемую чащу, дающую приют медведям, соболям и оленям. По обе стороны, где кончается узкая долина и начинаются горы, зеленою стеной стоят хвойные леса из пихт, елей и лиственниц, выше их опять лиственный лес, а вершины гор лысы или покрыты кустарником. Таких громадных лопухов, как здесь, я не встречал нигде в России, и они-то главным образом придают здешней чаще, лесным полянам и лугам оригинальную физиономию. Я уже писал, что ночью, особенно при лунном свете, они представляются фантастическими. В этом отношении декорацию пополняет еще одно великолепное растение из семейства зонтичных, которое, кажется, не имеет на русском языке названия: прямой ствол вышиною до десяти футов и толщиною в основании три дюйма, пурпурово-красный в верхней части, держит на себе зонтик до одного фута в поперечнике; около этого главного зонта группируются 4-6 зонтов меньшего размера, придающие растению вид канделябра. По-латыни это растение называется angelophyllum ursinum.

Красный Яр существует только второй год. В нем одна широкая улица, но дороги еще нет, и от избы к избе ходят по кочкам, по кучам глины и стружкам и прыгают через бревна, пни и канавы, в которых застоялась коричневая вода. Избы еще не готовы. Один хозяин делает кирпичи, другой мажет печку, третий тащит через улицу бревно. Всех хозяев 51. Из них трое - и между ними китаец Пен-Оги-Цой - побросали свои начатые избы, ушли, и не известно никому, где они теперь А кавказцы, их здесь семеро, уже прекратили работы, сбились все в одну избу и жмутся от холода, хотя еще только второе августа. Что селение еще молодо и едва начинает свою жизнь, видно также из цифр. Жителей 90, причем мужчины относятся к женщинам, как 2 к 1; законных семей - 3, а свободных - 20, и детей до пятилетнего возраста только 9. Лошадей имеют 3 хозяина, коров - 9. В настоящее время все хозяева получают арестантский паек, но чем они будут питаться впоследствии, пока неизвестно, на хлебопашество же, во всяком случае, надежды плохие. До сих пор успели найти и раскорчевать под пашню и картофель только 24 дес., то есть меньше чем дес. на хозяйство. Сенокосов нет вовсе. А так как долина здесь узка и с обеих сторон стиснута горами, на которых ничего не родится, и так как администрация не останавливается ни перед какими соображениями, когда ей нужно сбыть с рук людей, и, наверное, ежегодно будет сажать сюда на участки десятки новых хозяев, то пахотные участки останутся такими же, как теперь, то есть в , и дес., а пожалуй, и меньше. Я не знаю, кто выбирал место для Красного Яра, но по всему видно, что это возложено было на людей некомпетентных, никогда не бывавших в деревне, а главное, меньше всего думавших о сельскохозяйственной колонии. Тут даже порядочной воды нет. Когда я спросил, откуда берут воду для питья, то мне указали на канаву.

Все избы здесь на одинаковый фасон, двухоконные, строятся из плохого и сырого леса, с единственным расчетом - отбыть как-нибудь поселенческий срок и уехать на материк. Контроля над постройками со стороны администрации нет, вероятно, по той причине, что между чиновниками нет ни одного, который знал бы, как нужно строить избы и класть печи. По штату, впрочем, на Сахалине полагается архитектор, но при мне его не было, да и заведует он, кажется, одними только казенными постройками. Веселее и приветливее всех смотрит казенный дом, где живет надзиратель Убьенных, маленький, тщедушный солдатик, с выражением, которое вполне подходит к его фамилии; на лице у него в самом деле что-то убиенное, горько-недоумевающее. Быть может, это оттого, что с ним в одной комнате живет высокая и полная поселка, его сожительница, подарившая его многочисленным семейством. Он состоит уже на старшем надзирательском окладе, и вся служба его заключается только в докладах приезжающим, что всё на этом свете обстоит благополучно. Но и ему не нравится Красный Яр и хочется вон из Сахалина. Он меня спрашивал: пустят ли его сожительницу с ним вместе, когда он выйдет в запас и пойдет на материк? Этот вопрос его очень беспокоит.

В Бутакове я не был. По данным подворной описи, часть которых я мог проверить и дополнить по исповедной книге священника, всех жителей там 39. Взрослых женщин только 4. Хозяев 22. Готовы пока 4 дома, а у остальных хозяев стоят еще срубы. Земли под пашней и картофелем всего 4 дес. Скота и птицы пока нет еще ни у одного хозяина.

Покончив с долиной Дуйки, перехожу к небольшой речке Аркай, на которой стоят три селения. Избрана долина Аркая для поселений не Потому, чтобы она была лучше других исследована или удовлетворяла потребностям колонии, а просто случайно, только потому, что она находится к Александровску ближе других долин.

VIII

Река Аркан. - Арковский кордон. - Первое, Второе и Третье Арково.
Арковская долина. - Селения по западному побережью:
Мгачи, Танги, Хоэ, Трамбаус, Виахты и Ванги. - Туннель.
Кабельный домик. - Дуэ. - Казармы для семейных. - Дуйская тюрьма.
Каменноугольные копи. - Воеводская тюрьма. - Прикованные к
тачкам.

Речка Аркай впадает в Татарский пролив, верст на 8-10 севернее
Дуйки. Еще недавно она была настоящею рекой и в ней ловили рыбу
горбушу, теперь же, вследствие лесных пожаров и порубок, она
обмелела и к лету пересыхает совершенно. Впрочем, во время
сильных дождей она разливается по-весеннему, бурно и шумно, и
тогда дает себя знать. Уже случалось не раз, что она смывала с
берегов огороды и уносила в море сено и весь поселенческий урожай.
Уберечься от такой беды невозможно, так как долина узка и уйти от
реки можно только на горы.

У самого устья Аркая при повороте на долину стоит гиляцкая
деревушка Аркай-во, давшая название арковскому кордону и трем
селениям: Первому, Второму и Третьему Арково. Из Александровска в
Арковскую долину ведут две дороги: одна - горная, по которой при
мне не было проезда, так как во время лесных пожаров на ней
сгорели мосты, и другая - по берегу моря; по этой последней езда
возможна только во время отлива. В первый раз я выехал к Аркаю 31
июля в 8 часов утра. Отлив начинался. Пахло дождем. Пасмурное
небо, море, на котором не видать ни одного паруса, и крутой
глинистый берег были суровы; глухо и печально шумели волны. С
высокого берега смотрели вниз чахлые, больные деревья; здесь на
открытом месте каждое из них в одиночку ведет жестокую борьбу с
морозами и холодными ветрами, и каждому приходится осенью и
зимой, в длинные страшные ночи, качаться неугомонно из стороны в
сторону, гнуться до земли, жалобно скрипеть, - и никто не слышит
этих жалоб.

Арковский кордон находится около гиляцкой деревушки. Прежде он
имел значение сторожевого пункта, в нем жили солдаты, которые
ловили беглых, теперь же здесь живет надзиратель, исполняющий
должность, кажется, смотрителя поселений. Верстах в двух от
кордона расположилось Первое Арково. Оно имеет одну только
улицу и благодаря условиям места может расти только в длину, но не
в ширину. Когда со временем все три Арково сольются вместе, то
Сахалин будет иметь очень большое село, состоящее из одной только
улицы. Основано Первое Арково в 1883 г. Жителей 136: 83 м. и 53 ж.
Хозяев 28, и все они живут семейно, кроме каторжной Павловской,

католички, у которой недавно умер сожитель, настоящий хозяин дома; она убедительно просила меня: "Назначь мне хозяина!" Трое имеют по два дома. Второе Арково основано в 1884 г. В нем жителей 92: 46 м. и 46 ж. Хозяев 24, все живут семейно. Из них двое имеют по два дома. Третье Арконо основано одновременно со Вторым, и из этого видно, как спешили заселить Арковскую долину. Жителей 41: 19 м. и 22 ж. Хозяев 10 и при них один совладелец. Семейно живут 9.

В трех Арково пахотная земля показана у всех хозяев и величина участков колеблется между и 2 дес. У одного показано 3 дес. Сеют в немалом количестве пшеницу, ячмень и рожь, сажают картофель. У большинства есть скот и домашняя птица. Если судить по данным подворной описи, собранным смотрителем поселений, то можно прийти к выводу, что все три Арково в короткий срок своего существования значительно преуспели в сельском хозяйстве; недаром один анонимный автор пишет про здешнее земледелие: "Труд этот с избытком вознаграждается благодаря почвенным условиям этой местности, которые весьма благоприятны для земледелия, что сказывается в силе лесной и луговой растительности". На самом же деле это не так. Все три Арково принадлежат к беднейшим селениям Северного Сахалина. Здесь есть пахотная земля, есть скот, но ни разу не было урожая. Помимо неблагоприятных условий, общих для всего Сахалина, здешние хозяева встречают серьезного врага еще в особенностях Арковской долины и прежде всего в почве, которую так хвалит только что цитированный автор. Почва здесь - вершковый слой перегноя, а подпочва галька, которая в жаркие дни нагревается так сильно, что сушит корни растений, а в дождливую пору не пропускает влаги, так как лежит на глине; от этого корни гниют. На такой почве, по-видимому, без вреда для себя могут уживаться только растения с крепкими, глубоко сидящими корнями, как, например, лопухи, а из культурных только корнеплоды, брюква и картофель, для которых к тому же почва обрабатывается лучше и глубже, чем для злаков. О бедствиях, причиняемых рекой, я уже говорил. Сенокосов совсем нет, сено косят на клочках в тайге или жнут его серпами, где попадется, а кто побогаче, те покупают его в Тымовском округе. Рассказывают про целые семьи, которые в течение зимы не имели ни куска хлеба и питались одною только брюквой. Незадолго до моего приезда во Втором Аркове умер с голода поселенец Скорин. По рассказам соседей, в продолжение трех дней съедал только один фунт хлеба, и так очень долгое время. "Всех нас ждет та же участь", - говорили мне соседи, напуганные его смертью. Описывая свое житье-бытье, помню, три женщины принимались плакать. В одной избе без мебели, с темною унылою печью, занимавшею полкомнаты, около бабы-хозяйки плакали дети и пищали цыплята; она на улицу - дети и цыплята за ней. Она, глядя на них, смеется и плачет, и извиняется передо мной за плач и писк; говорит, что это с голоду, что она ждет не дождется, когда вернется муж, который ушел в город продавать голубику, чтобы купить хлеба. Она рубит капустные листья и дает цыплятам, те с жадностью бросаются и, обманутые, поднимают еще больший писк. В одной избе помещается мужик, мохнатый, как паук, с нависшими бровями, каторжный, грязный, и с ним другой такой же мохнатый и грязный; у обоих большие семьи, а в избе, как говорится, срамота и злыдни даже гвоздя нет. А кроме плача, писка и таких фактов, как смерть Скорина, сколько всякого рода косвенных выражений нужды и голода! В Третьем Аркове изба поселенца Петрова стоит заперта, потому что сам он "отправлен, за нерадение к хозяйству и самовольный зарез на мясо телки, в Воеводскую тюрьму, где и находится". Очевидно, теленок зарезан из нужды и продан в Александровске. Семена, взятые из казны в долг для посева, значатся в подворной описи посеянными, на самом же деле они наполовину съедены, и сами поселенцы в разговоре не скрывают этого. Скот, какой есть, взят из казны в долг и кормится на казенный счет. Чем дальше в лес, тем больше дров: все арковцы должны, задолженность их растет с каждым новым посевом, с каждою лишнею головой скота, а у некоторых она простирается уже до неоплатной цифры - двух и даже трехсот рублей на душу.

Между Вторым и Третьим Арково находится Арковский Станок, где меняют лошадей, когда едут в Тымовский округ. Это почтовая станция или постоялый двор. Если мерить на наш русский аршин, то, при здешней довольно скромной гоньбе, достаточно было бы на Станке двух-трех работников при одном надзирателе. Но на Сахалине любят всё на широкую ногу. Кроме надзирателя, на Станке живут еще писарь, рассыльный, конюх, два хлебопека, три дровотаска и еще четыре работника, которые на вопрос, что они тут делают, ответили мне: "Ношу сено".

Если художнику-пейзажисту случится быть на Сахалине, то рекомендую его вниманию Арковскую долину. Это место, помимо красоты положения, чрезвычайно богато красками, так что трудно обойтись без устаревшего сравнения с пестрым ковром или калейдоскопом. Вот густая сочная зелень с великанами-лопухами, блестящими от только что бывшего дождя, рядом с ней на площадке не больше, как сажени в три, зеленеет рожь, потом клочок с ячменем, а там опять лопух, за ним клочок земли с овсом, потом грядка с картофелем, два недоросля подсолнуха с поникшими головами, затем клинышком входит густо-зеленый конопляник, там и сям гордо возвышаются растения из семейства зонтичных, похожие на канделябры, и вся эта пестрота усыпана розовыми, ярко-красными и пунцовыми пятнышками мака. По дороге встречаются бабы, которые укрылись от дождя большими листьями лопуха, как косынками, и оттого похожи на зеленых жуков. А по сторонам горы хотя и не Кавказские, но все-таки горы.

По западному побережью, выше устья Аркая, имеются шесть незначительных селений. Я не был ни в одном из них, и относящиеся к ним цифры взяты мною из подворной описи и исповедной книги. Основывались они на выдающихся в море мысах или у устьев небольших речек, от которых и получали свои названия. Началось со сторожевых пикетов, иногда из 4-5 человек, с течением же времени, когда одних этих пикетов оказалось недостаточно, решено было (в 1882 г.) заселить самые большие мысы между Дуэ и Погоби благонадежными, преимущественно семейными поселенцами. Цель учреждения этих селений и кордонов при них: "дать возможность проезжающей из Николаевска почте, пассажирам и каюрам иметь приют и охрану во время пути и установить общий полицейский надзор за береговою линией, представляющею из себя единственный (?) возможный путь для беглых арестантов, а равно провоза запрещенного для вольной продажи спирта". Дорог к береговым поселениям еще нет, сообщение возможно только пешком по берегу во время отлива, а зимою на собаках. Возможно также сообщение на лодках и паровых катерах, но только в очень хорошую погоду. В направлении с юга на север эти селения расположены в таком порядке:

Мгачи. Жителей 38: 20 м. и 18 ж. Хозяев 14. Семейно живут 13, но законных семей только 2. Пахотной земли все имеют около 12 дес., но вот уже три года, как не сеют зерновых хлебов и пускают всю землю под картофель. 11 хозяев сидят на участке с самого основания селения, и 5 из них уже имеют крестьянское звание. Есть хорошие заработки, чем и объясняется, что крестьяне не спешат на материк. 7 человек занимаются каюрством, то есть держат собак, на которых в зимнее время возят почту и пассажиров. Один занимается охотой, как промыслом. Что касается рыбных ловель, о которых говорится в отчете главного тюремного управления за 1890 г., то их тут нет совсем.

Танги. Жителей 19: 11 м. и 8 ж. Хозяев 6. Пахотной земли около 3 дес., но тоже, как в Мгачах, вследствие частых морских туманов, мешающих росту зерновых хлебов, сажают на ней только картофель. Два хозяина имеют лодки и занимаются рыболовством.

Хоэ, на мысе того же названия, который сильно выдается в море и виден из Александровска. Жителей 34: 19 м. и 15 ж. Хозяев 13. Тут еще не совсем разочаровались и продолжают сеять пшеницу и ячмень. Трое занимаются охотой

Трамбаус. Жителей 8: 3 м. и 5 ж. Счастливое селение, где женщин больше, чем мужчин. Хозяев 3.

Виахты, на реке Виахту, соединяющей озеро с морем и в этом отношении напоминающей Неву. Говорят, что в озере ловятся сиги и осетры. Жителей 17: 9 м. и 8 ж. Хозяев 7.

Ванги - самое северное селение. Жителей 13: 9 м. и 4 ж. Хозяев 8.

По описаниям ученых и путешественников, чем выше к северу, тем природа беднее и печальнее. Начиная с Трамбауса, вся северная треть острова представляет из себя равнину, совершенную тундру, на которой главный водораздельный хребет, идущий вдоль всего Сахалина, имеет вид невысоких волнообразных возвышенностей, принимаемых некоторыми авторами за наносы со стороны Амура. По красно-бурой болотистой равнине там и сям тянутся полоски кривого хвойного леса; у лиственницы ствол не выше одного фута, и крона ее лежит на земле в виде зеленой подушки, ствол кедрового кустарника стелется по земле, а между полосками чахлого леса лишайники и мхи, и, как и на русских тундрах, встречается здесь всякая грубая кислого или сильно вяжущего вкуса ягода - моховка, голубика, костяника, клюква. Только на самом северном конце равнины, где местность вновь делается холмистою, природа на небольшом пространстве, у преддверия в вечно холодное море, точно хочет улыбнуться на прощанье; на карте Крузенштерна, относящейся к этой местности, изображен стройный лиственничный лес.

Но как ни сурова и ни бедна природа, жителям береговых селений, по свидетельству сведущих людей, все-таки живется сравнительно лучше, чем, например, арковцам или александровцам.

Объясняется это тем, что их мало, и те блага, какие имеются в их распоряжении, приходится делить между немногими. Для них не обязательны хлебопашество и урожаи, они предоставлены самим себе и сами выбирают для себя занятия и промыслы. Через селения проходит зимняя дорога из Александровска в Николаевск; сюда приезжают зимою гиляки и якуты-промышленники для торговых операций, и поселенцы продают им и меняют без посредства комиссионеров. Здесь нет лавочников, майданщиков, жидов-перекупщиков и нет канцеляристов, которые вымениваются за спирт роскошные лисьи меха и потом с блаженною улыбкой показывают их своим гостям.

По направлению к югу новых селений не основывают. Южнее Александровска по западному побережью есть только один населенный пункт - Дуэ, страшное, безобразное и во всех отношениях дрянное место, в котором по своей доброй воле могут жить только святые или глубоко испорченные люди. Это пост; население называет его портом. Основан он в 1857 г., название же его Дуэ, или Дуи, существовало раньше и относилось вообще к той части берега, где находятся теперь дуйские копи. В узкой долине, где он расположен, протекает мелкая речка Хойнджи. Из Александровска в

Дуэ ведут две дороги: одна - горная, а другая по берегу моря. Мыс Жонкиер всею своею массой навалился на береговую отмель, и проезд по ней был бы невозможен вовсе, если бы не прорыли туннеля. Рыли его, не посоветовавшись с инженером, без затей, и в результате вышло темно, криво и грязно. Сооружение это стоило очень дорого, но оно оказалось ненужным, так как, при существовании хорошей горной дороги, нет нужды ездить по береговой, проезд по которой стеснен условиями отлива и прилива. На этом туннеле превосходно сказалась склонность русского человека тратить последние средства на всякого рода выкрутасы, когда не удовлетворены самые насущные потребности. Рыли туннель, заведующие работами катались по рельсам в вагоне с надписью "Александровск-Пристань", а каторжные в это время жили в грязных, сырых юртах, потому что для постройки казарм не хватало людей.

Тотчас по выходе из туннеля у береговой дороги стоят солеварня и кабельный домик, из которого спускается по песку в море телеграфный кабель. В домике Живет каторжный столяр, поляк, со своею сожительницей, которая, по рассказам, родила, когда ей было 12 лет, после того, как какой-то арестант изнасиловал ее в этапе. На всем пути к Дуэ обрывистый, отвесный берег представляет осыпи, на которых там и сям чернеют пятна и полосы, шириною от аршина до сажени. Это уголь. Пласты угля здесь, по описанию специалистов, сдавлены пластами песчаников, глинистых сланцев, сланцевых глин и глинистых песков, приподнятых, изогнутых, сдвинутых или сброшенных породами базальтовыми, диоритовыми и порфировыми, вышедшими во многих местах большими массами. Должно быть, это своеобразно красиво, но предубеждение против места засело так глубоко, что не только на людей, но даже на растения смотришь с сожалением, что они растут именно здесь, а не в другом месте. Верстах в семи берег прерывается расщелиной. Это Воеводская падь; здесь одиноко стоит страшная Воеводская тюрьма, в которой содержатся тяжкие преступники и между ними прикованные к тачкам Около тюрьмы ходя! часовые; кроме них, кругом не видно ни одного живого существа, и кажется, что они стерегут в пустыне какое-то необыкновенное сокровище.

Дальше, в версте, начинаются каменноугольные ломки, потом с версту еще едешь голым, безлюдным берегом и, наконец, другая расщелина, в которой и находится Дуэ, бывшая столица сахалинской каторги. В первые минуты, когда въезжаешь на улицу, Дуэ дает впечатление небольшой старинной крепости: ровная и гладкая улица, точно плац для маршировки, белые чистенькие домики, полосатая будка, полосатые столбы; для полноты впечатления не хватает только барабанной дроби. В домиках живут начальник военной команды, смотритель дуйской тюрьмы, священник, офицеры и проч. Там, где короткая улица кончается, поперек ее стоит серая деревянная церковь, которая загораживает от зрителя неофициальную часть порта; тут расщелина двоится в виде буквы "игрек", посылая от себя канавы направо и налево. В левой находится слободка, которая прежде называлась Жидовской, а в правой - всякие тюремные постройки и слободка без названия. В обеих, особенно в левой, тесно, грязно, не уютно; тут уже нет белых чистеньких домиков; избушки ветхие, без дворов, без зелени, без крылец, в беспорядке лепятся внизу у дороги, по склону горы и на самой горе. Участки усадебной земли, если только в Дуэ можно назвать ее усадебной, очень малы: у четырех хозяев в подворной описи показано ее только по 4 кв. саж. Тесно, яблоку упасть негде, но в этой тесноте и вони дуйский палач Толстых все-таки нашел местечко и строит себе дом. Не считая команды, свободного населения и тюрьмы, в Дуэ жителей 291: 167 м. и 124 ж. Хозяев 46 и при них совладельцев 6. Большинство хозяев - каторжные. Что побуждает администрацию сажать на участки их и их семьи именно здесь, в расщелине, а не в другом месте, понять невозможно. Пахотной земли в подворной описи показано на всё Дуэ только 1/8 дес., а сенокосов нет вовсе. Допустим, что мужчины заняты на каторжных работах, но что же делают 80 взрослых женщин? На что уходит у них время, которое здесь благодаря бедности, дурной погоде, непрерывному звону цепей, постоянному зрелищу пустынных гор и шуму моря, благодаря стонам и плачу, которые часто доносятся из надзирательской, где наказывают плетьми и розгами, кажется длиннее и мучительнее во много раз, чем в России? Это время женщины проводят в полном бездействии. В одной избе, состоящей чаще всего из одной комнаты, вы застаете семью каторжного, с нею солдатскую семью, двух-трех каторжных жильцов или гостей, тут же подростки, две-три колыбели по углам, тут же куры, собака, а на улице около избы отбросы, лужи от помоев, заняться нечем, есть нечего, говорить и браниться надоело, на улицу выходить скучно - как всё однообразно уныло, грязно, какая тоска! Вечером с работ возвращается муж-каторжный; он хочет есть и спать, а жена начинает плакать и причитывать: "Погубил ты нас, проклятый! Пропала моя головушка, пропали дети!" - "Ну, завыла!" - проворчит на печке солдат. Уже все позаснули, дети переплакали и тоже угомонились давно, а баба всё не спит, думает и слушает, как ревет море; теперь уж ее мучает тоска- жалко мужа, обидно на себя, что не удержалась и попрекнула его. А на другой день опять та же история.

Если судить только по одному Дуэ, то сельскохозяйственная колония на Сахалине обременена излишком женщин и семейных каторжных. За недостатком места в избах, 27 семейств живут в старых, давно уже обреченных на снос постройках, в высшей степени грязных и безобразных, которые называются "казармами для семейных". Тут уже не комнаты, а камеры с нарами и парашами, как в тюрьме. По составу своему население этих камер отличается крайним разнообразием. В одной камере с выбитыми стеклами в окнах и с удушливым запахом отхожего места живут: каторжный и его жена свободного состояния; каторжный, жена свободного состояния и дочь; каторжный, жена-поселка и дочь; каторжный и его жена свободного состояния; поселенец-поляк и его сожительница-каторжная; все они со своим имуществом помещаются в одной камере и спят рядом на одной сплошной наре. В другой: каторжный, жена свободного состояния и сын; каторжная-татарка и ее дочь; каторжный татарин, его жена свободного состояния и двое татарчат в ермолках; каторжный, жена свободного состояния и сын; поселенец, бывший на каторге 35 лет, но еще молодцеватый, с черными усами, за неимением сапог ходящий босиком, но страстный картежник; рядом с ним на нарах его любовница-каторжная - вялое, сонное и жалкое на вид существо; далее каторжный, жена свободного состояния и трое детей; каторжный не семейный; каторжный, жена свободного состояния и двое детей; поселенец; каторжный, чистенький старичок с бритым лицом. Тут же по камере ходит поросенок и чавкает; на полу осклизлая грязь, воняет клопами и чем-то кислым; от клопов, говорят, житья нет. В третьей: каторжный, жена свободного состояния и двое детей; каторжный, жена свободного состояния и дочь; каторжный, жена свободного состояния и семеро детей: одна дочь 16, другая 15 лет; каторжный, жена свободного состояния и сын; каторжный, жена свободного состояния и сын; каторжный, жена свободного состояния и четверо детей. В четвертой; надзиратель унтер-офицер, его жена 18 лет и дочь; каторжный и его жена свободного состояния; поселенец; каторжный и т.д. По этим варварским помещениям и их обстановке, где девушки 15 и 16 лет вынуждены спать рядом с каторжниками, читатель может судить, каким неуважением и презрением окружены здесь женщины и дети, добровольно последовавшие на каторгу за своими мужьями и отцами, как здесь мало дорожат ими и как мало думают о сельскохозяйственной колонии.

Дуйская тюрьма меньше, старее и во много раз грязнее Александровской. Здесь тоже общие камеры и сплошные нары, но обстановка беднее и порядки хуже. Стены и полы одинаково грязны и до такой степени потемнели уже от времени и сырости, что едва ли станут чище, если их помыть. По данным медицинского отчета за 1889 г., на каждого арестанта приходится здесь воздуха 1,12 куб. саж. Если летом, при открытых окнах и дверях, пахнет помоями и отхожим местом, то, воображаю, какой ад бывает здесь зимою, когда внутри тюрьмы по утрам находят иней и сосульки. Смотрителем тюрьмы здесь бывший военный фельдшер из поляков, состоящий в чине канцелярского служителя. Кроме Дуйской, он заведует также еще Воеводскою тюрьмой, рудниками и постом Дуэ. Дистанция совсем не по чину.

В дуйских карцерах содержатся тяжкие преступники, большею частью рецидивисты и подследственные. На вид это самые обыкновенные люди с добродушными и глуповатыми физиономиями, которые выражали только любопытство и желание ответить мне возможно почтительнее. И преступления у большинства из них не умнее и не хитрее их физиономий. Обыкновенно присылаются за убийство в драке лет на 5-10, потом бегут; их ловят, они опять бегут, и так пока не попадут в бессрочные и неисправимые. Преступления почти у всех ужасно неинтересны, ординарны, по крайней мере со стороны внешней занимательности, и я нарочно привел выше Рассказ Егора, чтобы читатель мог судить о бесцветности и бедности содержания сотни рассказов, автобиографии и анекдотов, какие мне приходилось слышать от арестантов и людей, близких к каторге. Впрочем, один седой старик лет 60-65, по фамилии Терехов, сидящий в темном карцере, произвел на меня впечатление настоящего злодея. Накануне моего приезда он был наказан плетьми и, когда у нас зашла речь об этом, показал мне свои ягодицы, сине-багровые от кровоподтеков. По рассказам арестантов, этот старик убил на своем веку 60 человек; у него будто бы такая манера: он высматривает арестантов-новичков, какие побогаче, и сманивает их бежать вместе, потом в тайге убивает их и грабит, а чтобы скрыть следы преступления, режет трупы на части и бросает в реку. В последний раз, когда его ловили, он отмахивался от надзирателей дубиной. Глядя на его мутные оловянные глаза и большой, наполовину бритый, угловатый, как булыжник, череп, я готов был верить всем этим рассказам. Один хохол, сидящий тоже в темном карцере, тронул меня своею откровенностью; он обратился с просьбой к смотрителю - возвратить ему 195 рублей, отобранные у него при обыске. "А где ты взял эти деньги?" - спросил смотритель. - "Выиграл в карты", - ответил он и побожился, и, обращаясь ко мне, стал уверять, что в этом нет ничего удивительного, так как почти вся тюрьма играет в карты и между картежниками-арестантами не редкость такие, которые располагают суммами в две и три тысячи рублей. В карцерах же я видел бродягу, который отрубил себе два пальца; рана повязана грязною тряпочкой. У другого бродяги сквозная огнестрельная рана: пуля счастливо прошла по наружному краю седьмого ребра. Рана и у этого тоже перевязана грязной тряпкой.

В Дуэ всегда тихо. К мерному звону кандалов, шуму морского прибоя и гуденью телеграфных проволок скоро привыкает ухо, и от этих звуков впечатление мертвой тишины становится сильнее. Печать суровости лежит не на одних только полосатых столбах. Если бы на улице кто-нибудь невзначай засмеялся громко, то это прозвучало бы резко и неестественно. С самого основания Дуэ здешняя жизнь вылилась в форму, какую можно передать только в неумолимо-жестоких, безнадежных звуках, "свирепый холодный ветер, который в зимние ночи дует с моря в расщелину, только один поет именно то, что нужно. Бывает поэтому странно, когда среди тишины раздается вдруг пение дуйского чудака Шкандыбы. Это каторжный, старик, который с первого же дня приезда своего на Сахалин отказался работать, и перед его непобедимым, чисто звериным упрямством спасовали все принудительные меры; его сажали в темную, несколько раз секли, но он стоически выдерживал наказание и после каждой экзекуции восклицал: "А все-таки я не буду работать!" Повозились с ним и в конце концов бросили. Теперь он гуляет по Дуэ и поет.

Добыча каменного угля, как я уже сказал, производится в версте от поста. Я был в руднике, меня водили по мрачным, сырым коридорам и предупредительно знакомили с постановкой дела, но очень трудно описать всё это, не будучи специалистом. Я воздержусь от технических подробностей, и тот, кто интересуется ими, пусть прочтет специальное сочинение горного инженера Г. Кеппена, когда-то заведовавшего здешними копями.

В настоящее время дуйские копи находятся в исключительном пользовании частного общества "Сахалин", представители которого живут в Петербурге. По контракту, заключенному в 1875 г. на 24 года, общество пользуется участком на западном берегу Сахалина на две версты вдоль берега и на одну версту в глубь острова; ему предоставляются бесплатно свободные удобные места для склада угля в Приморской области и прилегающих к ней островах; нужный для построек и работ строительный материал общество получает также бесплатно; ввоз всех предметов, необходимых для технических и хозяйственных работ и устройства рудников, предоставляется беспошлинно; за каждый пуд угля, покупаемый морским ведомством, общество получает от 15 до 30 коп.; ежедневно в распоряжение общества командируется для работ не менее 400 каторжных; если же на работы будет выслано меньше этого числа, то за каждого недостающего рабочего казна платит обществу штрафу один рубль в день; нужное обществу число людей может быть отпускаемо и на ночь.

Чтобы исполнять принятые на себя обязательства и охранять интересы общества, казна содержит около рудников две тюрьмы, Дуйскую и Воеводскую, и военную команду в 340 человек, что ежегодно обходится ей в 150 тысяч рублей. Стало быть, если, как говорят" представителей общества, живущих в Петербурге, только пять, то охранение доходов каждого из них обходится ежегодно казне в 30 тысяч, не говоря уже о том, что из-за этих доходов приходится, вопреки задачам сельскохозяйственной колонии и точно в насмешку над гигиеной, держать более 700 каторжных, их семьи, солдат и служащих в таких ужасных ямах, как Воеводская и Дуйская пади, и не говоря уже о том, что, отдавая каторжных в услужение частному обществу за деньги, администрация исправительные цели наказания приносит в жертву промышленным соображениям, то есть повторяет старую ошибку, которую сама же осудила.

На все это общество, с своей стороны, отвечает тремя серьезными обязательствами: оно должно вести разработку дуйских копей правильно и держать в Дуэ горного инженера, который наблюдал бы за правильностью разработки; аккуратно два раза в год вносить арендную плату за уголь и плату за труд каторжных; при разработке копей пользоваться исключительно трудом каторжных по всем видам работ, соединенных с этим предприятием. Все эти три обязательства существуют только на бумаге и, по-видимому, давно уже забыты. Разработка копей ведется недобросовестно, на кулаческих началах. "Никаких улучшений в технике производства или изысканий для обеспечения ему прочной будущности не предпринималось, - читаем в докладной записке одного официального лица, работы, в смысле их хозяйственной постановки, имели все признаки хищничества, о чем свидетельствует и последний отчет окружного инженера". Горного инженера, которого общество обязано иметь по контракту, нет, и копями заведует простой штейгер. Что касается платежей, то и тут приходится говорить только о том, что в своем докладе только что упомянутое официальное лицо именует "признаками хищничества". И копями, и трудом каторжных общество пользуется бесплатно. Оно обязано платить, но почему-то не платит: представители другой стороны, ввиду такого явного правонарушения, давно уже обязаны употребить власть, но почему-то медлят и, мало того, продолжают еще расходовать 150 тысяч в год на охрану доходов общества, и обе стороны ведут себя так, что трудно сказать, когда будет конец этим ненормальным отношениям. Общество засело на Сахалине так же крепко, как Фома в селе Степанчикове, и неумолимо оно, как Фома. К 1 января 1890 г. оно состояло должным казне 194337 р. 15 к.; десятая же часть этих денег по закону приходится на долю каторжных, как вознаграждение за труд. Когда и как рассчитываются с дуйскими каторжниками, кто им платит и получают ли они что-нибудь, мне неизвестно.

Ежедневно назначается на работы 350-400 каторжных, остальные 350-400 из живущих в Дуйской и Воеводской тюрьмах составляют резерв. Без резерва же не обойтись, так как в контракте оговорены на каждый день "способные к труду" каторжные. Назначенные на работы в руднике в пятом часу утра, на так называемой раскомандировке. поступают в ведение рудничной администрации, то есть небольшой группы частных лиц, составляющих "контору". От усмотрения этой последней зависит назначение на работы, количество и степень напряжения труда на каждый день и для каждого отдельного каторжного; от нее, по самой постановке дела, зависит наблюдать за тем, чтобы арестанты несли наказание равномерно; тюремная же администрация оставляет за собою только надзор за поведением и предупреждение побегов, в остальном же, по необходимости, умывает руки.

Имеются два рудника: старый и новый. Каторжные работают в новом; тут вышина угольного пласта около 2 аршин, ширина коридоров такая же; расстояние от выхода до места, где теперь происходит разработка, равняется 150 саж. Рабочий с санками, которые весят пуд, взбирается ползком вверх темным и сырым коридором; это самая тяжкая часть работы; потом, нагрузив сани углем, возвращается назад. У выхода уголь нагружается в вагонетки и по рельсам доставляется в склады. Каждый каторжный должен подняться вверх с санками не менее 13 раз в день - в этом заключается урок. В 1889-90 г. каждый каторжный добывал, в среднем, 10,8 п. в день, на 4,2 пуда менее нормы, установленной рудничною администрацией. В общем производительность рудника и рудничных каторжных работ невелика: она колеблется между 1 1/2 и 3 тыс. пудов в день.

В дуйских копях работают также поселенцы по вольному найму. Поставлены они в более тяжелые условия, чем каторжные. В старом руднике, где они работают, пласт не выше аршина, место разработки находится в 230 саж. от выхода, верхний слой пласта дает сильную течь, отчего работать приходится в постоянной сырости; живут они на собственном продовольствии, в помещении, которое во много раз хуже тюрьмы. Но, несмотря на всё это, труд их гораздо производительнее каторжного - на 70 и даже 100%. Таковы преимущества вольнонаемною труда перед принудительным. Наемные рабочие выгоднее для общества, чем те, которых оно обязано иметь по контракту, и потому, если, как здесь принято, каторжный нанимает вместо себя поселенца или другого каторжного, то рудничная администрация охотно мирится с этим беспорядком. Третье обязательство давно уже трещит по швам. С самого основания Дуэ ведется, что бедняки и простоватые работают за себя и за других, а шулера и ростовщики в это время пьют чай, играют в карты или без дела бродят по пристани, позвякивая кандалами, и беседуют с подкупленным надзирателем. На этой почве здесь постоянно разыгрываются возмутительные истории. Так. за неделю до моего приезда один богатый арестант, бывший петербургский купец, присланный сюда за поджог, был высечен розгами будто бы за нежелание работать. Это человек глуповатый, не умеющий прятать деньги, неумеренно подкупавший, наконец утомился давать то надзирателю 5, то палачу 3 рубля и как-то в недобрый час наотрез отказал обоим. Надзиратель пожаловался смотрителю, что вот-де такой-то не хочет работать, этот приказал дать 30 розог, и палач, разумеется, постарался. Купец, когда его секли, кричал: "Меня еще никогда не секли!" После экзекуции он смирился, заплатил надзирателю и палачу и как ни в чем не бывало продолжает нанимать вместо себя поселенца.

Исключительная тяжесть рудничных работ заключается не в том, что приходится работать под землей в темных и сырых коридорах, то ползком, то согнувшись; строительные и дорожные работы под дождем и на ветре требуют от работника большего напряжения физических сил. И кто знаком с постановкой дела в наших донецких шахтах, тому дуйский рудник не покажется страшным. Вся исключительная тяжесть не в самом труде, а в обстановке, в тупости и недобросовестности всяких мелких чинов, когда на каждом шагу приходится терпеть от наглости, несправедливости и произвола. Богатые чаи пьют, а бедняки работают, надзиратели у всех на глазах обманывают свое начальство, неизбежные столкновения рудничной и тюремной администраций вносят в жизнь массу дрязг, сплетней и всяких мелких беспорядков, которые ложатся своею тяжестью прежде всего на людей подневольных, по пословице: паны дерутся - у хлопцев чубы болят. А между тем каторжник, как бы глубоко он ни был испорчен и несправедлив, любит всего больше справедливость, и если ее нет в людях, поставленных выше его, то он из года в год впадает в озлобление, в крайнее неверие. Сколько благодаря этому на каторге пессимистов, угрюмых сатириков, которые с серьезными злыми лицами толкуют без умолку о людях, о начальстве, о лучшей жизни, а тюрьма слушает и хохочет, потому что в самом деле выходит смешно. Работа в дуйских рудниках тяжела также потому, что каторжник здесь в продолжение многих лет без перерыва видит только рудник, дорогу до тюрьмы и море. Вся жизнь его как бы ушла в эту узкую береговую отмель между глинистым берегом и морем.

Около рудничной конторы стоит барак для поселенцев, работающих в копях, небольшой старый сарай, кое-как приспособленный для ночевки. Я был тут в 5 часов утра, когда поселенцы только что встали. Какая вонь, темнота, давка! Головы разлохмаченные, точно всю ночь у этих людей происходила драка, лица желто-серые и, спросонья, выражения как у больных или сумасшедших. Видно, что они спали в одежде и в сапогах, тесно прижавшись друг к другу, кто на наре, а кто и под нарой, прямо на грязном земляном полу. По словам врача, ходившего со мной в это утро, здесь 1 куб. саж. воздуха приходится на 3-4 человека. Между тем это было как раз то время, когда на Сахалине ожидали холеру и для судов был назначен карантин.

В это же утро я был в Воеводской тюрьме. Она была построена в семидесятых годах, и для образования площади, на которой она теперь стоит, пришлось срывать гористый берег на пространстве 480 кв. саж. В настоящее время из всех сахалинских тюрем это самая безобразная, которая уцелела от реформ вполне, так что может служить точною иллюстрацией к описаниям старых порядков и старых тюрем, возбуждавших когда-то в очевидцах омерзение и ужас. Воеводская тюрьма состоит из трех главных корпусов и одного малого, в котором помещаются карцеры. Конечно, о кубическом содержании воздуха или вентиляциях говорить не приходится. Когда я входил в тюрьму, там кончали мыть полы и влажный, промозглый воздух еще не успел разредиться после ночи и был тяжел. Полы были мокры и неприятны на вид. Первое, что я услышал здесь, - это жалобы на клопов. От клопов житья нет. Прежде их изводили хлорною известью, вымораживали во время сильных морозов, но теперь и это не помогает. В помещениях, где живут надзиратели, тоже тяжкий запах отхожего места и кислоты, тоже жалобы на клопов.

В Воеводской тюрьме содержатся прикованные к тачкам. Всех их здесь восемь человек. Живут они в общих камерах вместе с прочими арестантами и время проводят в полном бездействии. По крайней мере в "Ведомости о распределении ссыльнокаторжных по родам работ" прикованные к тачкам показаны в числе неработающих. Каждый из них закован в ручные и ножные кандалы; от середины ручных кандалов идет длинная цепь аршина в 3-4, которая прикрепляется ко дну небольшой тачки. Цепи и тачка стесняют арестанта, он старается делать возможно меньше движений, и это, несомненно, отражается на его мускулатуре. Руки до такой степени привыкают к тому, что всякое даже малейшее движение сопряжено с чувством тяжести, что арестант после того уж, как наконец расстается с тачкой и ручными кандалами, долго еще чувствует в руках неловкость и делает без надобности сильные, резкие движения; когда, например, берется за чашку, то расплескивает чай, как страдающий chorea minor. Ночью во время сна арестант держит тачку под нарой, и, чтобы это было удобнее и легче сделать, его помещают обыкновенно на краю общей нары.

Все восемь человек - рецидивисты, которые на своем веку судились уже по нескольку раз. Один из них, старик 60 лет, прикован за побеги, или, как сам он говорит, "за глупости". Он болен, по-видимому, чахоткой, и бывший смотритель тюрьмы из жалости распорядился поместить его поближе к печке. Другой, когда-то служивший кондуктором на железной дороге, прислан за святотатство и на Сахалине попался в подделке 25-рублевых бумажек. Когда кто-то из ходивших вместе со мной по камерам стал журить его за то. что он ограбил церковь, то он сказал: "Что ж? Богу деньги не нужны". И, заметив, что арестанты не смеются и что эта фраза произвела на всех неприятное впечатление, он добавил: "Зато я людей не убивал". Третий, бывший военный матрос, прислан на Сахалин за дисциплинарное преступление: он бросился на офицера с поднятыми кулаками. На каторге он точно так же бросался на кого-то: в последний раз бросился на смотрителя тюрьмы, когда тот приказал наказать его розгами. Его защитник на военно-полевом суде объяснял эту его манеру бросаться на людей болезненным состоянием; суд приговорил его к смертной казни, а барон А.Н. Корф заменил это наказание пожизненною каторгой, плетьми и прикованием к тачке. Остальные все прикованы за убийство.

Утро было сырое, пасмурное, холодное. Беспокойно шумело море. Помнится, по дороге от старого рудника к новому мы на минутку остановились около старика-кавказца, который лежал на песке в глубоком обмороке; два земляка держали его за руки, беспомощно и растерянно поглядывая по сторонам. Старик был бледен, руки холодные, пульс слабый. Мы поговорили и пошли дальше, не подав ему медицинской помощи. Врач, который сопровождал меня, когда я заметил ему, что не мешало бы дать старику хоть валериановых капель, сказал, что у фельдшера в Воеводской тюрьме нет никаких лекарств.

IX

Тымь, или Тыми. - Лейт. Бошняк. - Поляков. - Верхний Армудан. - Нижний Армудан. - Дербинское. - Прогулка по Тыми. - Усково. - Цыгане. - Прогулка по тайге. - Воскресенское.

Второй округ Сев"ерного" Сахалина находится по ту сторону водораздельного хребта и называется Тымовским, так как большинство его селений лежит на реке Тыми, впадающей в Охотское море. Когда из Александровска едешь в Ново-Михайловку, то на переднем плане возвышается хребет, загораживая собою горизонт, и та его часть, которая видна отсюда, называется Пилингой. С высоты этой Пилинги открывается роскошная панорама, с одной стороны на долину Дуйки и море, а с другой - на широкую равнину, которая на протяжении более чем 200 верст к северо-востоку орошается Тымью и ее притоками. Эта равнина во много раз больше и интереснее Александровской. Богатство воды, разнообразный строевой лес, трава выше человеческого роста, баснословное изобилие рыбы и залежи угля предполагают сытое и довольное существование целого миллиона людей. Так бы оно могло быть, но холодные течения Охотского моря и льдины, которые плавают у восточного берега даже в июне, свидетельствуют с неумолимою ясностью, что когда природа создавала Сахалин, то при этом она меньше всего имела в виду человека и его пользу. Если бы не горы, то равнина была бы тундрою, холоднее и безнадежнее, чем около Виахту.

Первый был на р. Тыми и описал ее лейт. Бошняк. В 1852 г. он был послан сюда Невельским, чтобы проверить сведения насчет залежей каменного угля, полученные от гиляков, затем пересечь поперек остров и выйти на берег Охотского моря, где, как говорили, находится прекрасная гавань. Ему даны были нарта собак, дней на 35 сухарей, чаю да сахару, маленький ручной компас и вместе с крестом Невельского ободрение, что "если есть сухарь, чтобы утолить голод, и кружка воды напиться, то с божией помощью дело делать еще возможно". Проехавшись по Тыми до восточного берега и обратно, он кое-как добрался до западного берега, весь ободранный, голодный, с нарывами на ногах. Собаки отказывались идти дальше, так как были голодны. В самую Пасху он притаился в уголке (гиляцкой) юрты, решительно выбившись из сил. Сухарей не было, разговеться нечем, нога болела страшно. В исследованиях Бошняка самое интересное, конечно, личность самого исследователя, его молодость, - ему шел тогда 21-й год, - и его беззаветная, геройская преданность делу. Тымь тогда была покрыта глубоким снегом, так как на дворе стоял март, но всё же это путешествие дало ему в высшей степени интересный материал для записок.

Серьезное и тщательное исследование Тыми, с научною и практическою целью, было произведено в 1881 г зоологом Поляковым. Направляясь из Александровска, он 24 июля на волах, с большими трудностями, перевалил через Пилингу. Были тут только пешеходные тропинки, по которым спускались и поднимались каторжные, таскавшие тогда на своих плечах продовольствие из Александровского округа в Тымовский. Высота хребта здесь две тысячи футов. На притоке Тыми Адмво, ближайшем к Пилинге, стоял Ведерниковский Станок, от которого уцелело теперь только одно - должность смотрителя Ведерниковского Станка. Притоки Тыми быстры, извилисты, мелководны и порожисты, сообщение на лодках невозможно, и Полякову поэтому пришлось пробираться на волах до самой Тыми. В селении Дербинском он со своими спутниками сел в лодки и поплыл вниз по течению.

Утомительно читать описание этого его путешествия благодаря добросовестности, с какою он пересчитывает все пороги и перекаты, встреченные им на пути. На протяжении 272 верст от Дербинского он должен был побороть 110 препятствий: 11 порогов, 89 перекатов и 10 таких мест, где фарватер был запружен наносными деревьями и карчами. Значит, река средним числом на каждых двух верстах мелководна или засорена. Около Дербинского она имеет в ширину 20-25 саж., и чем она шире, тем мельче. Частые ее изгибы и завороты, стремительность течения и мелководье не позволяют надеяться, что она когда-нибудь будет судоходной в серьезном значении этого слова. По мнению Полякова, она годится быть только сплавною рекой. Лишь на последних 70-100 верстах до устья, то есть там, где меньше всего следует рассчитывать на колонизацию, она становится глубже и прямее, течение тут тише, порогов и перекатов нет вовсе; здесь может ходить паровой катер и даже мелкосидящий буксирный пароход.

Когда здешние богатейшие рыбные ловли попадут в руки капиталистов, то, по всей вероятности, будут сделаны солидные попытки к очистке и углублению фарватера реки; быть может, даже по берегу до устья пройдет железная дорога, и, нет сомнения, река с лихвою окупит все затраты. Но это в далеком будущем. В настоящем же, при существующих средствах, когда приходится иметь в виду лишь ближайшие цели, богатства Тыми почти призрачны. Ссыльному, населению она дает до обидного мало. По крайней мере тымовский поселенец живет так же впроголодь, как и александровский.

Долина реки Тыми, по описанию Полякова, усеяна озерами, старицами, оврагами, ямами: на ней нет ровных гладких пространств, заросших питательными кормовыми травами, нет поемных заливных лугов и только изредка попадаются луговины с осокой: это - заросшие травой озера. По склонам гористого берега растет густой хвойный лес, на отлогом берегу - береза, ива, ильма, осина и целые рощи из тополя. Тополь очень высок; у берега он подмывается, падает в воду и образует карчи и запруды. Из кустарников здесь черемуха, ивняк, шиповник, боярышник... Комаров тьма. 1 августа утром был иней.

Чем ближе к морю, тем растительность беднее. Мало-помалу исчезает тополь, ива обращается в кустарник, в общей картине, уже преобладает песчаный или торфяной берег с голубикой, морошкой и мохом. Постепенно река расширяется до 75-100 саж., кругом уже тундра, берега низменны и болотисты... С моря подуло холодком.

Тымь впадает в Ныйский залив, или Тро, - маленькая водная пустыня, служащая преддверием в Охотское море или, что всё равно, в Тихий океан. Первая ночь, которую Поляков провел на берегу этого залива, была ясная, прохладная, и на небе сияла небольшая комета с раздвоенным хвостом. Поляков не пишет, какие мысли наполняли его, пока он любовался на комету и прислушивался к ночным звукам. Сон "превозмог" его. На другой день утром судьба наградила его неожиданным зрелищем: в устье у входа в залив стояло темное судно с белыми бортами, с прекрасною оснасткой и рубкой; на носу сидел живой привязанный орел.

Берег залива произвел на Полякова унылое впечатление; он называет его типичным характерным образчиком ландшафта полярных стран. Растительность скудная, корявая. От моря залив отделяется узкою длинною песчаною косой дюнного происхождения, а за этою косой беспредельно, на тысячи верст, раскинулось угрюмое злое море. Когда с мальчика, начитавшегося Майн-Рида, падает ночью одеяло, он зябнет, и тогда ему снится именно такое море. Это кошмар. Поверхность свинцовая, над нею "тяготеет однообразное серое небо". Суровые волны бьются о пустынный берег, на котором нет деревьев, они ревут, и редко-редко черным пятном промелькнет в них кит или тюлень.

В настоящее время, чтобы попасть в Тымовский округ, нет надобности переваливать через Пилингу по крутизнам и ухабам. Я уже говорил, что в Тымовский округ из Александровска ездят теперь через Арковскую долину и меняют лошадей в Арковском Станке. Дороги здесь превосходные, и лошади ездят быстро. В 16 верстах от Арковского Станка находится первое по тракту селение Тымовского округа, с названием точно в восточной сказке - Верхний Армудан. Оно основано в 1884 г. и состоит из двух частей, которые расположились по склону горы около речки Армудан, притока Тыми. Жителей здесь 178: 123 м. и 55 ж. Хозяев 75 и при них совладельцев 28. Поселенец Васильев имеет даже двух совладельцев. В сравнении с Александровским округом в большинстве селений Тымовского, как увидит читатель, очень много совладельцев или половинщиков, мало женщин и очень мало законных семей. В Верхнем Армудане из 42 семей только 9 законные. Жен свободного состояния, пришедших за мужьями, только 3, то есть столько же, как в Красном Яре или Бутакове, существующих не больше года. Этот недостаток женщин и семей в селениях Тымовского округа, часто поразительный, не соответствующий общему числу женщин и семей на Сахалине, объясняется не какими-либо местными или экономическими условиями, а тем, что все вновь прибывающие партии сортируются в Александровске и местные чиновники, по пословице "своя рубашка ближе к телу", задерживают большинство женщин для своего округа, и притом "лучшеньких себе, а что похуже, то нам", как говорили тымовские чиновники.

Избы в В. Армудане крыты соломой или корьем, в некоторых окна не вставлены или наглухо забиты. Бедность воистину вопиющая. 20 человек не живут дома, ушли на заработки. Разработанной земли на всех 75 хозяев и 28 совладельцев приходится только 60 дес.; посеяно зерна 183 пуда, то есть меньше, чем по 2 пуда па хозяйство. Да едва ли можно рассчитывать здесь на хлебопашество, сколько бы ни сеяли. Селение лежит высоко над уровнем моря и не защищено от северных ветров; снег тает здесь на две недели позже, чем, например, в соседнем селении Мало-Тымове. Ловить рыбу летом ходят за 20-25 верст к реке Тыми, а охота на пушного зверя имеет характер забавы и так мало дает в экономии поселенца, что о ней даже говорить не стоит.

Хозяев и домочадцев я заставал дома; все ничего не делали, хотя никакого праздника не было, и, казалось бы, в горячую августовскую пору все, от мала до велика, могли бы найти себе работу в поле или на Тыми, где уже шла периодическая рыба. Хозяева и их сожительницы, видимо, скучали и были готовы посидеть, поговорить о том о сем. От скуки они смеялись и для разнообразия принимались плакать. Это - неудачники, в большинстве неврастеники и нытики, "лишние люди", которые всё уже испробовали, чтобы добыть кусок хлеба, выбились из сил, которых у них так мало, и в конце концов махнули рукой, потому что нет "никакого способу" и не проживешь "никаким родом". Вынужденное безделье мало-помалу перешло в привычное, и теперь они, точно у моря ждут погоды, томятся, нехотя спят, ничего не делают и, вероятно, уже не способны ни на какое дело. Разве вот только в картишки перекинуться. Как это ни странно, в В. Армудане картежная игра процветает, и здешние игроки славятся на весь Сахалин. За недостатком средств армуданцы играют по очень маленькой, но играют зато без передышки, как в пьесе: "30 лет, или Жизнь игрока". С одним из самых страстных и неутомимых картежников, поселенцем Сизовым, у меня происходил такой разговор:

- Отчего нас, ваше превосходительство, не пускают на материк? - спросил он.

- А зачем тебе туда? - пошутил я. - Там, гляди, играть не с кем.

- Ну, там-то и игра настоящая.

- В штос играете? - спросил я, помолчав.

- Точно так, ваше превосходительство, в штос.

Потом, уезжая из В"ерхнего" Армудана, я спросил у своего кучера-каторжного:

- Ведь они на интерес играют?

- Известно, на интерес.

- Но что же они проигрывают?

- Как что? Казенный пай, хлеб там или копченую рыбу. Харчи и одёжу проиграет, а сам голодный и холодный сидит.

- А что же он ест?

- Чего? Ну, выиграет - и поест, а не выиграет - и так спать ляжет, не евши.

Ниже, на том же притоке, есть еще селение поменьше - Нижний Армудан. Сюда я приехал поздно вечером и ночевал в надзирательской на чердаке, около печного борова, так как надзиратель не пустил меня в комнату. "Ночевать здесь нельзя, ваше высокоблагородие; клопов и тараканов видимо-невидимо - сила! - сказал он, беспомощно разводя руками. - Пожалуйте на вышку" На вышку пришлось взбираться в темноте по наружной лестнице, мокрой и скользкой от дождя. Когда я наведался вниз за табаком, то увидел в самом деле "силу", изумительную, возможную, вероятно, на одном только Сахалине. Стены и потолок, казалось, были покрыты траурным крепом, который двигался, как от ветра; по быстро и беспорядочно снующим отдельным точкам на крепе можно было догадаться, из чего состояла эта кипящая, переливающаяся масса. Слышались шуршанье и громкий шёпот, как будто тараканы и клопы спешили куда-то и совещались.

Жителей в Нижнем Армудане 101: 76 м. и 25 ж. Хозяев 47 и при них совладельцев 23. Законных семей 4, незаконных 15. Женщин свободного состояния только 2. Нет ни одного жителя в возрасте 15-20 лет. Народ бедствует. Только 6 домов покрыты тесом, остальные же корьем, и так же, как в Верхнем Армудане, кое-где окна не вставлены вовсе или наглухо забиты. Я не записал ни одного работника; очевидно, самим хозяевам делать нечего. Ушло на заработки 21. Земли разработано под пашню и огороды с 1884 г., когда селение было основано, только 37 десятин, то есть по дес. на каждого хозяина. Посеяно озимого и ярового хлеба 183 пуд. Селение совсем не похоже на хлебопашескую деревню. Здешние жители - это беспорядочный сброд русских, поляков, финляндцев, грузин, голодных и оборванных, сошедшихся вместе не по своей воле и случайно, точно после кораблекрушения.

Следующее по тракту селение лежит на самой Тыми. Основано оно в 1880 г. и названо Дербинским в честь смотрителя тюрьмы Дербина, убитого арестантом за жестокое обращение. Это был еще молодой, но тяжелый, крутой и неумолимый человек. По воспоминаниям людей, знавших его, он всегда ходил в тюрьму и по улицам с палкой, которую брал с собой для того только, чтобы бить людей. Его убивали в пекарне; он боролся и упал в квашню и окровянил тесто. Его смерть вызвала среди арестантов всеобщую радость, и они собрали его убийце по мелочам 60 рублей.

Прошлое у селения Дербинского вообще не радостное. Одна часть равнины, на которой оно теперь стоит. узкая, была покрыта сплошным березовым и осиновым лесом, а на другой части, более просторной, но низменной и болотистой и, казалось бы, негодной для поселения, рос густой еловый и лиственничный лес. Едва покончили с рубкой леса и раскорчевкой под избы, тюрьму и казенные склады, потом с осушкой, как пришлось бороться с бедой, которой не предусмотрели колонизаторы: речушка Амга в весеннее половодье заливала всё селение. Нужно было рыть для нее другое русло и давать ей новое направление. Теперь Дербинское занимает площадь больше чем в квадратную версту и имеет вид настоящей русской деревни. Въезжаешь в него по великолепному деревянному мосту; река веселая, с зелеными берегами, с ивами, улицы широкие, избы с тесовыми крышами и с дворами. Новые тюремные постройки, всякие склады и амбары и дом смотрителя тюрьмы стоят среди селения и напоминают не тюрьму, а господскую экономию. Смотритель всё ходит от амбара к амбару и звенит ключами - точь-в-точь как помещик доброго старого времени, денно и нощно пекущийся о запасах. Жена его сидит около дома в палисаднике, величественная, как маркиза, и наблюдает за порядком. Ей видно, как перед самым домом из открытого парника глядят уже созревшие арбузы и около них почтительно, с выражением рабского усердия, ходит каторжный садовник Каратаев; ей видно, как с реки, где арестанты ловят рыбу, несут здоровую, отборную кету, так называемую "серебрянку", которая идет не в тюрьму, а на балычки для начальства. Около палисадника прогуливаются барышни, одетые, как ангельчики; на них шьет каторжная модистка, присланная за поджог. И кругом чувствуются тихая, приятная сытость и довольство; ступают мягко, по-кошачьи, и выражаются тоже мягко: рыбка, балычки, казенненькое довольствие...

Жителей в Дербинском 739: 442 м. и 297 ж., а с тюрьмою будет всего около тысячи. Хозяев 250 и при них совладельцев 58. Как по наружному виду, так и по количеству семей и женщин, по возрастному составу жителей и вообще по всем относящимся к нему цифрам, это одно из немногих селений на Сахалине, которое серьезно можно назвать селением, а не случайным сбродом людей. Законных семей в нем 121, свободных 14, и между законными женами значительно преобладают женщины свободного состояния, которых здесь 103; дети составляют треть всего населения. Но при попытке понять экономическое состояние дербинцев опять-таки наталкиваешься прежде всего на разные случайные обстоятельства, которые здесь играют такую же главную и подчиняющую роль, как и в других селениях Сахалина. И здесь естественные и экономические законы как бы уходят на задний план, уступая свое первенство таким случайностям, как, например, большее или меньшее количество неспособных к труду, больных, воров или бывших горожан, которые здесь занимаются хлебопашеством только поневоле; количество старожилов, близость тюрьмы, личность окружного начальника и т.д. - всё это условия, которые могут меняться через каждые пять лет и даже чаще. Те дербинцы, которые, отбыв каторгу до 1880 г., селились тут первые, вынесли на своих плечах тяжелое прошлое селения, обтерпелись и мало-помалу захватили лучшие места и куски, и те, которые прибыли из России с деньгами и семьями, такие живут не бедно; 220 десятин земли и ежегодный улов рыбы в три тысячи пудов, показываемые в отчетах, очевидно, определяют экономическое положение только этих хозяев; остальные же жители, то есть больше половины Дербинского, голодны, оборваны и производят впечатление ненужных, лишних, не живущих и мешающих другим жить. В наших русских деревнях даже после пожаров не наблюдается такой резкой разницы.

Когда я приехал в Дербинское и потом ходил по избам, шел дождь, было холодно и грязно. Смотритель тюрьмы, за неимением места в его тесной квартире, поместил меня в новом, недавно выстроенном амбаре, в котором была сложена венская мебель. Мне поставили кровать и стол и приделали к дверям завертку, чтобы можно было запираться изнутри. С вечера часов до двух ночи я читал или делал выписки из подворных описей и алфавита. Дождь, не переставая, стучал по крыше и редко-редко какой-нибудь запоздалый арестант или солдат, шлепая по грязи, проходил мимо. Было спокойно и в амбаре и у меня на душе, но едва я тушил свечу и ложился в постель, как слышались шорох, шёпот, стуки, плесканье, глубокие вздохи... Капли, падавшие с потолка на решетки венских стульев, производили гулкий, звенящий звук, и после каждого такого звука кто-то шептал в отчаянии: "Ах, боже мой, боже мой!" Рядом с амбаром находилась тюрьма. Уж не каторжные ли лезут ко мне подземным ходом? Но вот порыв ветра, дождь застучал сильнее, где-то зашумели деревья - и опять глубокий, отчаянный вздох: "Ах, боже мой, боже мой!"

Утром выхожу на крыльцо. Небо серое, унылое, идет дождь, грязно. От дверей к дверям торопливо ходит смотритель с ключами.

- Я тебе пропишу такую записку, что потом неделю чесаться будешь! - кричит он. - Я тебе покажу записку!

Эти слова относятся к толпе человек в двадцать каторжных, которые, как можно судить по немногим долетевшим до меня фразам, просятся в больницу. Они оборваны, вымокли на дожде, забрызганы грязью, дрожат; они хотят выразить мимикой, что им в самом деле больно, но на озябших, застывших лицах выходит что-то кривое, лживое, хотя, быть может, они вовсе не лгут. "Ах, боже мои, боже мой!" - вздыхает кто-то из них, и мне кажется, что мой ночной кошмар всё еще продолжается. Приходит на ум слово "парии", означающее в обиходе состояние человека, ниже которого уже нельзя упасть. За всё время, пока я был на Сахалине, только в поселенческом бараке около рудника да здесь, в Дербинском, в это дождливое, грязное утро, были моменты, когда мне казалось, что я вижу крайнюю, предельную степень унижения человека, дальше которой нельзя уже идти.

В Дербинском живет каторжная, бывшая баронесса, которую здешние бабы называют "рабочею барыней". Она ведет скромную рабочую жизнь и, как говорят, довольна своим положением. Один бывший московский купец, торговавший когда-то на Тверской-Ямской, сказал мне со вздохом: "А теперь в Москве скачки!" - и, обращаясь к поселенцам, стал им рассказывать, что такое скачки и какое множество людей по воскресеньям движется к заставе по Тверской-Ямской. "Верите ли, ваше высокородие, - сказал он мне, взволнованный своим рассказом, - я бы всё отдал, жизнь бы свою отдал, чтобы только взглянуть не на Россию, не на Москву, а хоть бы на одну только Тверскую". В Дербинском, между прочим, живут два Емельяна Самохвалова, однофамильцы, и во дворе у одного из этих Емельянов, помнится, я видел петуха, привязанного за ногу. Всех дербинцев, в том числе и самих Емельянов Самохваловых, забавляет эта странная и очень сложная комбинация обстоятельств, которая двух человек, живших в разных концах России и схожих по имени и фамилии, в конце концов привела сюда, в Дербинское.

27 августа приехали в Дербинское ген. Кононович, начальник Тымовского округа А.М. Бутаков и еще один чиновник, молодой человек, - все трое интеллигентные и интересные люди. Они и я, вчетвером, совершили небольшую прогулку, которая, однако, от начала до конца была обставлена такими неудобствами, что, вышла у нас не прогулка, а как будто пародия на экспедицию. Начать с того, что шел сильный дождь. Грязно, скользко; за что ни возьмешься мокро. С намокшего затылка течет за ворот вода, в сапогах холодно и сыро. Закурить папиросу - это сложная, тяжелая задача, которую решали все сообща. Мы около Дербинского сели в лодку и поплыли вниз по Тыми. По пути мы останавливались, чтоб осмотреть рыбные ловли, водяную мельницу, тюремные пашни. Ловли я опишу в своем месте; мельницу мы единогласно признали превосходной, а пашни не представляют из себя ничего особенного и обращают на себя внимание разве только своими скромными размерами: серьезный хозяин назвал бы их баловством. Течение реки быстрое, четыре гребца и рулевом работали дружно; благодаря быстроте и частым изгибам реки картины перед нашими глазами менялись каждую минуту. Мы плыли по горной, тайговой реке, но всю ее дикую прелесть, зеленые берега, крутизны и одинокие неподвижные фигуры рыболовов я охотно променял бы на теплую комнату и сухую

обувь, тем более что пейзажи были однообразны, не новы для меня, а главное, покрыты серою дождевою мглой. Впереди на носу сидел А.М. Бутаков с ружьем и стрелял по диким уткам, которых мы вспугивали своим появлением.

По Тыми к северо-востоку от Дербинского пока основано только два селения: Воскресенское и Усково. Чтобы заселить всю реку до устья, таких селений с промежутками в десять верст понадобится по меньшей мере 30. Администрация намерена основывать их ежегодно по одному - по два и соединять их дорогою, в расчете, что со временем между Дербинским и Ныйским заливом проляжет тракт, оживляемый и охраняемый целою линиею селений. Когда мы плыли мимо Воскресенского, на берегу стоял навытяжку надзиратель, очевидно, поджидая нас. А.М. Бутаков крикнул ему, что на обратном пути из Ускова мы будем ночевать у него и чтоб он приготовил побольше соломы.

Вскоре после этого сильно запахло гниющею рыбой. Мы подходили к гиляцкой деревушке Уск-во, давшей название теперешнему Ускову. На берегу нас встретили гиляки, их жены, дети и куцые собаки, но уж того удивления, какое возбудил здесь когда-то своим прибытием покойный Поляков, мы не наблюдали. Даже дети и собаки глядели на нас равнодушно. Русское селение находится в двух верстах от берега. Здесь, в Ускове, та же картина, что и в Красном Яре. Широкая, дурно раскорчеванная, кочковатая, покрытая лесною травой улица и по сторонам ее неоконченные избы, поваленные деревья и кучи мусора. Все вновь строящиеся сахалинские селения одинаково производят впечатление разрушенных неприятелем или давно брошенных деревень, и только по свежему, ясному цвету срубов и стружек видно, что здесь происходит процесс, как раз противоположный разрушению. В Ускове 77 жителей: 59 м. и 18 ж., хозяев 33 и при них лишних людей, или, иначе, совладельцев, 20. Семейно живут только 9. Когда усковцы со своими семьями собрались около надзирательской, где мы пили чай, и когда женщины и дети, как более любопытные, вышли вперед, то толпа стала походить на цыганский табор. Между женщинами в самом деле было несколько смуглых цыганок с лукавыми, притворно-печальными лицами, и почти все дети были цыганята. В Ускове водворены несколько каторжных цыган, и их горькую участь разделяют их семьи, пришедшие за ними добровольно. Две-три цыганки мне были немножко знакомы и раньше: за неделю до приезда в Усково я видел в Рыковском, как они с мешками за плечами ходили под окнами и предлагали погадать.

Усковцы живут очень бедно. Земли под пашню и огород обработано пока только 11 дес., то есть почти 1/5 дес. на хозяйство. Все живут на счет казны, получая от нее арестантское довольствие, которое достается им, впрочем, не дешево, так как по бездорожью они таскают его из Дербинского на своих плечах через тайгу.

Отдохнувши, часов в пять пополудни мы пошли пешком назад в Воскресенское. Расстояние небольшое, всего шесть верст, но от непривычки путешествовать по тайге я стал чувствовать утомление после первой же версты. Шел по-прежнему сильный дождь. Тотчас же по выходе из Ускова пришлось иметь дело с ручьем в сажень ширины. через который были перекинуты три тонких кривых бревна; все прошли благополучно, я же оступился и набрал в сапог. Перед нами лежала длинная прямая просека, прорубленная для проектированной дороги; на ней не было буквально ни одного сажня, по которому можно было бы пройти, не балансируя и не спотыкаясь. Кочки, ямы, полные воды, жесткие, точно проволочные; кусты или корневища, о которые спотыкаешься, как о порог, и которые предательски скрылись под водою, а главное, самое неприятное - это валежник и груды деревьев, поваленных здесь при рубке просеки. Победишь одну груду, вспотеешь и продолжаешь идти по болоту, как опять новая груда, которой не минуешь, опять взбираешься, а спутники кричат мне, что я иду не туда, надо взять влево от груды или вправо и т.д. Сначала я старался только об одном - не набрать бы в другой сапог, но скоро махнул на всё рукой и предоставил себя течению обстоятельств. Слышится тяжелое дыхание трех поселенцев, которые плетутся сзади и тащат наши вещи... Томит духота, одышка, хочется пить... Идем без фуражек - этак легче.

Генерал, задыхаясь, садится на толстое бревно. Садимся и мы. Даем по папироске поселенцам, которые не смеют сесть.

- Уф! Тяжко!

- Сколько верст осталось еще до Воскресенского?

- Да версты три осталось.

Бодрее всех идет А.М. Бутаков. Раньше он хаживал пешком по тайге и тундре на далекие расстояния, и теперь какие-нибудь шесть верст составляют для него сущий пустяк. Он рассказывал мне про свое путешествие вдоль реки Пороная к заливу Терпения и обратно: в первый день идти мучительно, выбиваешься из сил, на другой день болит все тело, но идти все-таки уж легче, а в третий и затем следующие дни чувствуешь себя как на крыльях, точно ты не идешь, а несет тебя какая-то невидимая сила, хотя ноги по-прежнему путаются в жестком багульнике и вязнут в трясине.

На полдороге стало темнеть, и скоро нас окутала настоящая тьма. Я уже потерял надежду, что когда-нибудь будет конец этой прогулке, и шел ощупью, болтаясь по колена в воде и спотыкаясь о бревна. Кругом меня и моих спутников там и сям мелькали или тлели неподвижно блуждающие огоньки; светились фосфором целые лужи и громадные гниющие деревья, а сапоги мои были усыпаны движущимися точками, которые горели, как ивановские светляки.

Но вот, слава богу, вдали заблестел Огонь, не фосфорический, а настоящий. Кто-то окликнул нас, мы ответили; показался надзиратель с фонарем; широко шагая через лужи, в которых отсвечивал его фонарь, он через всё Воскресенское, которое едва было видно в потемках, повел нас к себе в надзирательскую. У спутников моих было с собою сухое платье для перемены, и они, придя в надзирательскую, поспешили переодеться, у меня же с собою ничего не было, хотя я промок буквально насквозь. Мы напились чаю, поговорили и легли спать. Кровать в надзирательской была только одна, ее занял генерал, а мы, простые смертные, легли на полу на сене.

Воскресенское почти вдвое больше Ускова. Жителей 183: 175 м. и 8 ж. Свободных семей 7 и ни одной венчанной пары. Детей в селении немного: только одна девочка. Хозяев 97, при них совладельцев 77.

X

Рыковское. - Здешняя тюрьма. - Метеорологическая станция М.Н. Галкина-Враского. - Палево. - Микрюков. - Вальзы и Лонгари. - Мадо-Тымово. Андрее-Ивановское.

У верховьев Тыми, в самой южной части ее бассейна, мы встречаем более развитую жизнь. Здесь, как бы то ни было, все-таки теплее, тоны у природы мягче, и голодный, озябший человек находит для себя более подходящие естественные условия, чем по среднему или нижнему течению Тыми. Тут даже местность похожа на Россию. Это сходство, очаровательное и трогательное для ссыльного, особенно заметно в той части равнины, где находится селение Рыковское, административный центр Тымовского округа. Здесь равнина имеет до шести верст ширины; с востока слегка защищает ее невысокий хребет, идущий вдоль Тыми, а с западной стороны синеют отроги большого водораздельного хребта. На ней нет холмов и возвышений, это совершенно ровное, по виду обыкновенное русское поле с пашнями, покосами, выгонами и зелеными рощами. При Полякове вся поверхность долины была покрыта кочками, ямами, промоинами, озерками и мелкими речушками, впадавшими в Тымь; верховая лошадь вязла то по колена, то по брюхо; теперь же всё раскорчевано, осушено, и из Дербинского до Рыковского на протяжении 14 верст проходит щегольская дорога, изумительная по своей гладкости и совершенной прямизне.

Рыковское. или Рыково, основано в 1878 г.; место для него довольно удачно выбрал и указал смотритель тюрьмы унтер-офицер Рыков.

Оно отличается своим быстрым ростом, необыкновенным даже для сахалинского селения: в последние пять лет площадь его и население увеличились в четыре раза. В настоящее время оно занимает три квадратных версты и жителей в нем 1368: 831 м. и 537 ж , а с тюрьмой и командой будет более двух тысяч. Оно не похоже на Александровский пост; то городок, маленький Вавилон, имеющий уже в себе игорные дома и даже семейные бани, содержимые жидом, это же настоящая серая русская деревня без каких-либо претензий на культурность. Когда едешь или идешь по улице, которая тянется версты на три, то она скоро прискучает своею длиной и однообразием. Тут улицы не называются, по-сибирски, слободками, как в Александровске, а улицами, и большинство их сохраняют названия, данные им самими поселенцами. Есть улица Сизовская, названная так потому, что на краю стоит изба поселки Сизовой, есть улица Хребтовая, Малороссийская. В Рыковском много хохлов, и потому, должно быть, нигде в другом селении вы не встретите столько великолепных фамилий, как здесь: Желтоног, Желудок, девять человек Безбожных, Зарывай, Река, Бублик, Сивокобылка, Колода, Замоздря и т.д. Среди селения большая площадь, на ней деревянная церковь и кругом по краю не лавки, как у нас в деревнях, а тюремные постройки, присутственные места и квартиры чиновников. Когда проходишь по площади, то воображение рисует, как на ней шумит веселая ярмарка, раздаются голоса усковских цыган, торгующих лошадьми, как пахнет дегтем, навозом и копченою рыбой, как мычат коровы и визгливые звуки гармоник мешаются с пьяными песнями; но мирная картина рассеивается в дым, когда слышишь вдруг опостылевший звон цепей и глухие шаги арестантов и конвойных, идущих через площадь в тюрьму.

Хозяев в Рыковском 335 и при них половинщиков, совместно ведущих хозяйства и считающих себя тоже хозяевами, 189. Законных семей 195, свободных 91; большинство законных жен - свободные, пришедшие за мужьями. Их здесь 155. Это высокие цифры, но утешаться и увлекаться ими не следует, они обещают мало хорошего. Уже по количеству половинщиков, этих сверхштатных хозяев, видно, как много здесь лишнего элемента, не имеющего средств и возможности самостоятельно вести хозяйство, и как уже здесь тесно и голодно. Сахалинская администрация сажает людей на участки как-нибудь, не соображаясь с обстоятельствами и не заглядывая в будущее, а при таком нехитром способе создавать новые населенные пункты и хозяйства, селения, поставленные даже в сравнительно благоприятные условия, как Рыковское, в конце концов все-таки дают картину полного обнищания и доходят до положения Верхнего Армудана. Для Рыковского, при существующем количестве земли, годной для хлебопашества, и при условиях здешней урожайности, принимая даже во внимание возможные заработки, двухсот хозяев было бы, как говорится, за глаза, а между тем их тут вместе с сверхштатными более пятисот, и каждый год начальство будет приваливать всё новых и новых.

Тюрьма в Рыковском новая. Построена она по типу, общему для всех сахалинских тюрем: деревянные казармы, камеры в них и нечистота, нищета и неудобства, свойственные этим предназначаемым для стадной жизни помещениям. С недавнего времени, впрочем, рыковская тюрьма, благодаря некоторым своим особенностям, которых трудно не заметить, стала считаться лучшею тюрьмой во всем Сев"ерном" Сахалине. Мне она тоже показалась лучшею. Так как в районе каждой тюрьмы мне приходилось прежде всего пользоваться канцелярским материалом для справок и услугами грамотных людей, то во всем Тымовском округе, и особенно в Рыковском, я не мог не заметить на первых порах того обстоятельства, что здешние писаря хорошо подготовлены и дисциплинированны, как будто прошли специальную школу; подворные описи и алфавиты они ведут в образцовом порядке. Затем, когда я бывал в тюрьме, то же впечатление порядка и дисциплины производили на меня кашевары, хлебопеки и проч.: даже старшие надзиратели не казались здесь такими сытыми, величаво-тупыми и грубыми, как в Александровске или Дуэ.

В тех частях тюрьмы, где соблюдение чистоты возможно, требование опрятности, по-видимому, доведено до крайности. В кухне, например, и пекарне в самом помещении, мебели, посуде, воздухе, одежде прислуги - такая чистота, что могла бы удовлетворить самый придирчивый санитарный надзор, и очевидно, что эта опрятность бывает наблюдаема здесь постоянно, независимо от чьих-либо посещений. Когда я был в кухне, там варили в котлах похлебку из свежей рыбы кушанье нездоровое, так как от периодической рыбы, пойманной в верховьях реки, арестанты заболевают острым катаром кишок; но, несмотря даже на это обстоятельство, вся постановка дела как бы говорила, что здесь арестант полностью получает всё то количество пищевого довольствия, какое ему полагается по закону. Оттого, что для работ внутри тюрьмы, в качестве заведующих, распорядителей и проч., привлечены привилегированные ссыльные, которые отвечают за качество и количество арестантской пищи, я думаю, стали невозможны такие безобразные явления, как вонючие щи или хлеб с глиной. Из множества суточных хлебных порций, приготовленных для выдачи арестантам, я взял несколько наудачу и свесил, и каждая весила непременно три фунта с походцем.

Отхожее место устроено здесь тоже по системе выгребных ям, но содержится иначе, чем в других тюрьмах. Требование опрятности здесь доведено до степени, быть может, даже стеснительной для арестантов, в помещении тепло и дурной запах совершенно отсутствует. Последнее достигается особого рода вентиляцией, описанной в известном руководстве проф. Эрисмана, кажется, под названием обратной тяги.

Смотритель рыковской тюрьмы, г. Ливии, человек даровитый, с серьезным опытом, с инициативой, и тюрьма всем тем, что в ней есть хорошего, обязана главным образом ему. К сожалению, он имеет сильное пристрастие к розге, которое уже однажды было ознаменовано покушением на его жизнь. На него, как на зверя. с ножом бросился арестант, и это нападение имело гибельные последствия для нападавшего. Постоянная заботливость г. Ливина о людях и в то же время розги, упоение телесными наказаниями, жестокость, как хотите, сочетание ни с чем несообразное и необъяснимое. Капитан Венцель в гаршинских "Записках рядового Иванова", очевидно,не выдуман.

В Рыковском есть школа, телеграф, больница и метеорологическая станция имени М.Н. Галкина-Враского, которою неофициально заведует привилегированный ссыльный, бывший мичман, человек замечательно трудолюбивый и добрый; он исправляет еще также должность церковного старосты. За четыре года, пока существует станция, собрано не много данных, но все-таки уже достаточно определилась разница между обоими северными округами. Если в Александровском округе климат морской, то в Тымовском он континентальный, хотя между станциями обоих округов не более 70 верст. Колебания температуры и числа дней с осадками в Тымовском уже не так значительны. Лето здесь теплее, зима суровее; средняя температура года ниже нуля, то есть ниже даже, чем на Соловецком острове. Тымовский округ находится выше над уровнем моря, чем Александровский, но благодаря тому, что он окружен горами и лежит как бы в котловине, среднее число безветренных дней в году здесь больше почти на 60 и, в частности, дней с холодным ветром меньше на 20. Наблюдается также небольшая разница в числе дней с осадками: в Тымовском их больше - 116 со снегом и 76 с дождем; сумма же осадков в обоих округах дает более значительную разницу, почти на 300 mm., причем наибольшее количество сырости приходится на долю Александровского.

24 июля 1889 г. был утренник, который попортил в Дербинском картофельный цвет; 18 же августа во всем округе побило морозом картофельную ботву.

Южнее Рыковского, на месте бывшей гиляцкой деревушки Пальво, на притоке Тыми того же названия, стоит селение Палево, основанное в 1886 г. От Рыковского ведет сюда хорошая проселочная дорога по гладкой равнине, мимо рощ и полей, чрезвычайно напоминавших мне Россию, быть может, потому, что я проезжал здесь в очень хорошую погоду. Расстояние 14 верст. В направлении от Рыковского до Палева скоро проляжет почтово-телеграфный тракт, давно уже проектированный, который соединит Северный Сахалин с Южным. Дорога здесь уже строится.

В Палеве 396 жителей: 345 м. и 51 ж. Хозяев 183 и при них половинщиков 137, хотя, по местным условиям, было бы достаточно и 50 владельцев. Трудно найти на Сахалине другое селение, в котором сошлось бы вместе столько разных обстоятельств, неблагоприятных для сельскохозяйственной колонии, как здесь. Почва - галька: когда-то, по рассказам старожилов, на месте нынешнего Палева тунгусы пасли своих оленей. Даже поселенцы толкуют, что эта местность во времена оны была дном морским и будто гиляки теперь находят на ней вещи с кораблей. Земли разработано только 108 дес., считая тут и пашни, и огород, и сенокосы, а хозяев между тем больше трехсот. Взрослых женщин только 30, по одной на 10 человек, и точно в насмешку, чтобы дать сильнее почувствовать печальный смысл этой пропорции, не так давно смерть заглянула в Палево и похитила в короткое время трех сожительниц. Почти третья часть хозяев до ссылки не занималась хлебопашеством, так как принадлежала к городским сословиям. К сожалению, перечень неблагоприятных обстоятельств не кончается на этом. Почему-то еще, вероятно, по пословице - на бедного Макара все шишки валятся, ни в одном селении на Сахалине нет такого множества воров, как именно здесь в многострадальном, судьбою обиженном Палеве. Тут каждую ночь воруют; накануне моего приезда троих отправили в кандальную за кражу ржи. Кроме таких, которые воруют из нужды, в Палеве немало еще так называемых "пакостников", которые вредят своим односельчанам только из любви к искусству. Без всякой надобности убивают ночью скотину, выдергивают из земли еще не созревший картофель, выставляют из окон рамы и т.п. Всё это влечет за собой потери и истощает вконец жалкие нищенские хозяйства и. что едва ли не менее важно, держит население в постоянном страхе.

Обстановка жизни говорит только о бедности и ни о чем другом. Крыши на избах покрыты корьем и соломой, дворов и надворных построек нет вовсе; 49 домов еще не окончены и. по-видимому, брошены своими хозяевами. 17 владельцев ушли на заработки.

Когда я в Палеве ходил по избам, за мной неотступно следовал надзиратель из поселенцев, родом пскович. Помнится, я спросил у него: среда сегодня или четверг? Он ответил:

- Не могу упомнить, ваше высокоблагородие.

В казенном доме живет отставной квартирмейстер Карп Ерофеич Микрюков, старейший из сахалинских надзирателей. Прибыл он на Сахалин в 1860 г., в ту пору, когда еще только начиналась сахалинская каторга, и из всех ныне здравствующих сахалинцев только он один мог бы написать всю ее историю. Он словоохотлив, на вопросы отвечает с видимым удовольствием и старчески длинно; память уже стала изменять ему, так что отчетливо помнит он только давнопрошедшее, Обстановка у него приличная, вполне хозяйственная, даже есть два портрета, написанных масляными красками: на одном он сам, на другом его покойница жена с цветком на груди. Родом он из Вятской губ"ернии", лицом живо напоминает покойного писателя Фета. Свои настоящие годы он скрывает, говорит, что ему только 61, на самом же деле ему больше 70. Женат он вторым браком на дочери поселенца, молодой женщине, от которой имеет шестерых детей в возрасте от 1 до 9 лет. Младший еще грудной.

Моя беседа с Карпом Ерофеичем затянулась далеко за полночь, и все истории, которые он мне рассказывал, касались только каторги и ее героев, как, например, смотритель тюрьмы Селиванов, который под горячую руку отбивал кулаком замки у дверей и в конце концов был убит арестантами за жестокое с ними обращение.

Когда Микрюков отправился в свою половину, где спали его жена и дети, я вышел на улицу. Была очень тихая, звездная ночь. Стучал сторож, где-то вблизи журчал ручей. Я долго стоял и смотрел то на небо, то на избы, и мне казалось каким-то чудом, что я нахожусь за десять тысяч верст от дому, где-то в Палеве, в этом конце света, где не помнят дней недели, да и едва ли нужно помнить, так как здесь решительно всё равно - среда сегодня или четверг...

Еще южнее, по линии проектированного почтового тракта, есть селение Вальзы, основанное в 1889 г. Тут 40 мужчин и ни одной женщины. За неделю до моего приезда, из Рыковского были посланы три семьи еще южнее, для основания селения Лонгари, на одном из притоков реки Пороная. Эти два селения, в которых жизнь едва только начинается, я оставлю на долю того автора, который будет иметь возможность проехать к ним по хорошей дороге и видеть их близко.

Чтобы кончить с обзором селений Тымовского округа, мне остается упомянуть еще только о двух селениях: Мало-Тымове и Андрее-Ивановском. Оба они расположены на реке Малой Тыми, берущей начало около Пилинги и впадающей в Тымь около Дербинского. Первое, самое старое селение Тымовского округа, основано в 1877 г. В былое время, когда переваливали через Пилингу, путь к Тыми шел через это селение. В нем теперь 190 жителей: 111 м. и 79 ж. Хозяев с совладельцами 67. Когда-то Мало-Тымово было главным селением и центром местности, составляющей нынешний Тымовский округ, теперь же оно стоит в стороне и похоже на заштатный городок, в котором замерло всё живое; о прежнем величии говорят здесь только небольшая тюрьма да дом, где живет тюремный смотритель. В настоящее время в должности мало-тымовского смотрителя состоит г. К., интеллигентный и добрейший молодой человек, петербуржец, по-видимому, сильно тоскующий по России. Громадная казенная квартира с высокими и широкими комнатами, в которых гулко и одиноко раздаются шаги, и длинное, тягучее время, которое некуда девать, угнетают его до такой степени, что он чувствует себя как в плену. Как нарочно, молодой человек просыпается рано, в четвертом или пятом часу. Встал, напился чаю, сходил в тюрьму... а потом что делать? Потом ходит по своему лабиринту, поглядывая на деревянные с паклею стены, ходит, ходит, потом опять чаю напьется и займется ботаникой, а потом ходит опять, и ничего ему не слышно, кроме собственных шагов и завывания ветра. В Мало-Тымове много старожилов. Между ними я встретил татарина Фуражиева, который вместе с Поляковым ездил когда-то к Ныйскому заливу; он с удовольствием вспоминает теперь и об экспедиции и о Полякове. Из стариков, пожалуй, в бытовом отношении может показаться интересным еще поселенец Богданов, раскольник, занимающийся ростовщичеством. Он долго не впускал меня к себе, а впустивши, распространился на тему о том, что теперь много всякого народу ходит, - впусти, так, чего доброго, ограбят и т.д.

Селение Андрее-Ивановское названо так потому, что кого-то звали Андреем Ивановичем. Основано оно в 1885 г., на болоте. Жителей 382: 277 м. и 105 ж. Хозяев вместе с совладельцами 231, хотя и здесь, как в Палеве, было бы совершенно достаточно 50. Состав здешнего населения тоже нельзя назвать удачным. Как в населении Палева наблюдается избыток мещан и разночинцев, никогда не бывших хлебопашцами, так здесь, в Андрее-Ивановском, много неправославных; они составляют четверть всего населения: 47 католиков, столько же магометан и 12 лютеран. А среди православных немало инородцев, например, грузин. Такая пестрота придает населению характер случайного сброда и мешает ему слиться в сельское общество.

XI

Проектированный округ. - Каменный век. - Была ли вольная
колонизация? Гиляки. - Их численный состав, наружность, сложение,
пища, одежда, жилища, гигиеническая обстановка. - Их характер. -
Попытки к их обрусению. - Орочи.

Оба северные округа, как может видеть читатель из только что конченного обзора селений, занимают площадь, равную небольшому русскому уезду. Вычислить пространство; занимаемое ими, в квадратных верстах в настоящее время едва ли возможно, так как протяжение обоих округов к югу и северу не обусловлено никакими границами. Между административными центрами обоих округов, Александровским постом и Рыковским, по кратчайшей дороге с перевалом через Пилингу считается 60, а через Арковскую долину 74 версты. По-здешнему, это не близко. Не говоря уже про Танги и Ванги, даже Палево считается далеким селением, а основание новых селений немного южнее Палева, по притокам Пороная, поставило даже на очередь вопрос об учреждении нового округа. Как административная единица округ соответствует уезду; по сибирским понятиям, так может называться только почтенная дистанция, которую в целый месяц не объедешь, например Анадырский округ, и чиновнику-сибиряку, работающему в одиночку на пространстве двух-трех сот верст, дробление Сахалина на мелкие округа может показаться роскошью. Но сахалинское население живет при исключительных условиях, и механизм управления здесь гораздо сложнее, чем в Анадырском округе. Дробление ссыльной колонии на мелкие административные участки вызывается самою практикой, которая, кроме многого другого, о чем еще придется говорить, указала, во-первых, что чем короче расстояния в ссыльной колонии, тем легче и удобнее управлять ею, и, во-вторых, дробление на округа вызвало усиление штатов и прилив новых людей, а это, несомненно, имело на колонию благотворное влияние. С усилением состава интеллигентных людей в количественном отношении, получилась значительная прибавка и в качественном.

На Сахалине я застал разговор о новом проектированном округе; говорили о нем, как о земле Ханаанской, потому что на плане через весь этот округ вдоль реки Пороная лежала дорога на юг; и предполагалось, что в новый округ будут переведены каторжники, живущие теперь в Дуэ и в Воеводской тюрьме, что после переселения останется одно только воспоминание об этих ужасных местах, что угольные копи отойдут от общества "Сахалин", которое давно уже нарушило контракт, и добыча угля будет производиться уже не каторжными, а поселенцами на артельных началах.

Прежде чем покончить с Северным Сахалином, считаю не лишним сказать немного о тех людях, которые жили здесь в разное время и теперь живут независимо от ссыльной колонии. В долине Дуйки Поляков нашел ножеобразный осколок обсидиана, наконечники стрел из камня, точильные камни, каменные топоры и проч.; эти находки дали ему право заключить, что в долине Дуйки, в отдаленные времена, жили люди, которые не знали металлов; это были жители каменного века. Черепки, медвежьи и собачьи кости и грузила от неводов, находимые на месте их бывшего жилья, указывают на то, что они знакомы были с гончарным делом, охотились на медведей и ловили неводом рыбу и что на охоте им помогала собака. Поделки из кремня, которого нет на Сахалине, они получали, очевидно, от соседей, с материка и ближайших островов; очень может быть, что во время их передвижений собака играла ту же роль, что и теперь, то есть была езжалой. И в долине Тыми Поляков находил также остатки первобытных сооружений и грубых орудий. Вывод его таков, что в Северном Сахалине "возможно существование для племен, стоящих даже на относительно низкой степени умственного развития; очевидно, здесь жили люди и веками выработали способы защищаться от холода, жажды и голода; весьма вероятно при этом, что древние обитатели жили здесь сравнительно небольшими общинами и не были народом вполне оседлым".

Посылая Бошняка на Сахалин, Невельской, между прочим, поручил ему также проверить слух относительно людей, оставленных на Сахалине лейт. Хвостовым и живших, как передавали гиляки, на р. Тыми. Бошняку удалось напасть на след этих людей. В одном из селений по Тыми гиляки выменяли ему за 3 арш. китайки 4 листа, вырванных из молитвенника, и объяснили ему при этом, что книга принадлежала жившим здесь русским. На одном из листов, который был в книге заглавным, едва разборчивым почерком было написано: "Мы, Иван, Данила, Петр, Сергей и Василий, высажены в анивском селении Томари-Анива Хвостовым 17 августа 1805 года, перешли на реку Тыми в 1810 году, в то время, когда пришли в Томари японцы". Осмотрев затем место, где жили русские, Бошняк пришел к заключению, что помещались они в трех избах и имели огороды. Туземцы говорили ему, что последний из русских, Василий, умер недавно, что русские были хорошие люди, вместе с ними ходили на рыбный и звериный промыслы и одевались так же, как и они, но волосы стригли. В другом месте туземцы сообщили такую подробность: двое русских имели детей от жен-туземок. В настоящее время русские, оставленные Хвостовым, на Северном Сахалине уже забыты, и об их детях ничего не известно.

Бошняк пишет, между прочим, в своих записках, что, разузнавая постоянно, нет ли где-нибудь на острове подселившихся русских, он узнал от туземцев в селении Танги следующее: лет 35 или 40 назад у восточного берега разбилось какое-то судно, экипаж спасся, выстроил себе дом, а через несколько времени и судно; на этом судне неизвестные люди через Лаперузов пролив прошли в Татарский и здесь опять потерпели крушение близ села Мгачи, и на этот раз спасся только один человек, который называл себя Кемцем. В скором времени после этого прибыли с Амура двое русских, Василий и Никита. Они присоединились к Кемцу и в Мгачах выстроили себе дом; они занимались охотой на пушных зверей, как промыслом, и ездили для торговли к маньчжурам и японцам. Один из гиляков показывал Бошняку зеркало, подаренное будто бы Кемцем его отцу; гиляк не хотел продать ни за что этого зеркала, говоря, что хранит его, как драгоценный памятник друга своего отца. Василий и Никита очень боялись русского царя, из чего видно было, что они принадлежали к числу беглых. Все трое кончили свою жизнь на Сахалине.

Японец Мамиа-Ринзо слышал в 1808 г. на Сахалине, что по западную сторону острова часто появлялись русские суда и что русские в конце концов своими разбойничествами заставили туземцев одну их часть изгнать, другую перебить. Мамиа-Ринзо называет имена этих русских: Камуци, Симена, Мому и Васире. "В трех последних, - говорит Шренк, - нетрудно узнать русские имена: Семен, Фома и Василий. А Камуци, по его мнению, очень похож на Кемца".

Этою очень короткою историей восьми сахалинских Робинзонов исчерпываются все данные, относящиеся к вольной колонизации Северного Сахалина. Если необыкновенная судьба пяти хвостовских матросов и Кемца с двумя беглыми похожа на попытку к вольной колонизации, то эту попытку следует признать ничтожною и во всяком случае неудавшеюся. Поучительна она для нас разве в том отношении, что все восемь человек, жившие на Сахалине долго, до конца дней своих, занимались, не хлебопашеством, а рыбным и звериным промыслом.

Теперь для полноты остается упомянуть еще о местном коренном населении гиляках. Живут они в Северном Сахалине, по западному и восточному побережью и! по рекам, главным образом по Тыми; селения старые, и те их названия, какие упоминаются у старых авторов, сохранились и по сие время, но жизнь все-таки нельзя назвать вполне оседлой, так как гиляки не чувствуют привязанности к месту своего рождения и вообще к определенному месту, часто оставляют свои юрты и уходят на промыслы, кочуя вместе с семьями и собаками по Северному Сахалину. Но в своих кочевьях, даже когда приходится предпринимать далекие путешествия на материк, они остаются верными острову, и гиляк-сахалинец по языку и обычаям отличается от гиляка, живущего на материке, быть может, не меньше, чем малоросс от москвича. Ввиду этого, мне кажется, было бы не очень трудно сосчитать гиляков-сахалинцев и не смешать их с теми, которые приезжают сюда для промысла с Татарского берега. А их не мешало бы считать хотя бы раз в 5-10 лет, иначе важный вопрос о влиянии ссыльной колонии на их численный состав долго еще будет открытым и решаться произвольно. По сведениям, собранным Бошняком, всех гиляков на Сахалине в 1856 г. было 3 270. Приблизительно этак лет через 15 Мицуль уже писал, что число всех гиляков на Сахалине можно принять до 1500, а по новейшим данным, относящимся к 1889 г. и взятым мною из казенной "Ведомости о числе инородцев", в обоих округах гиляков всего только 320. Значит, если верить цифрам, через 5-10 лет на Сахалине не останется ни одного гиляка. Не могу судить, насколько верны цифры Бошняка и Мицуля, но официальная - 320, к счастью, по некоторым причинам не может иметь никакого значения. Ведомости об инородцах составляются канцеляристами, не имеющими ни научной, ни практической подготовки и даже не вооруженными никакими инструкциями; если сведения собираются ими на месте, в гиляцких селениях, то делается это, конечно, начальническим тоном, грубо, с досадой, между тем как деликатность гиляков, их этикет, не допускающий высокомерного и властного отношения к людям, и их отвращение ко всякого рода переписям и регистрациям требуют особенного искусства в обращении с ними. Помимо того, сведения собираются администрацией без всякой определенной цели, лишь мимоездом, причем исследователь вовсе не соображается с этнографическою картой, а действует произвольно. В ведомость Александровского округа вошли лишь те гиляки, которые живут южнее селения Ванги, а в Тымовском округе их Считали только вблизи селения Рыковского, где они не живут, а бывают мимоходом.

Несомненно, что численность сахалинских гиляков постоянно уменьшается, но судить об этом приходится только на глаз. И как велико это уменьшение? Отчего оно происходит? Оттого ли, что гиляки вымирают, или оттого, что они переселяются на материк или северные острова? За неимением надежных цифровых данных и наши толки о губительном влиянии русского нашествия основаны на одних лишь аналогиях, и очень возможно, что влияние это до сих пор было ничтожно, равно почти нолю, так как сахалинские гиляки живут преимущественно по Тыми и восточному побережью, где русских еще нет.

Гиляки принадлежат не к монгольскому и не к тунгусскому, а к какому-то неизвестному племени, которое, быть может, когда-то было могущественно и владело всей Азиею, теперь же доживает свои последние века на небольшом клочке земли в виде немногочисленного, но всё еще прекрасного и бодрого народа. Благодаря своей необыкновенной общительности и подвижности гиляки издавна успели породниться со всеми соседними народами, и потому встретить теперь гиляка pur sang, без примеси монгольских, тунгусских или аинских элементов, почти невозможно. Лицо у гиляка круглое, плоское, лунообразное, желтоватого цвета, скуластое, немытое, с косым разрезом глаз и с жидкою, иногда едва заметною бородкой; волосы гладкие, черные, жесткие, собранные на затылке в косичку. Выражение лица не выдает в нем дикаря; оно у него всегда осмысленное, кроткое, наивно-внимательное; оно или широко, блаженно улыбается, или же задумчиво-скорбно, как у вдовы. Когда он со своею жидкою бородкой и с косичкой, с мягким, бабьим выражением стоит в профиль, то с него можно писать Кутейкина, и отчасти становится понятным, почему некоторые путешественники относили гиляков к кавказскому племени.

Желающих обстоятельно познакомиться с гиляками я отсылаю к специалистам-этнографам, например к Л.И. Шренку. Я же ограничусь лишь теми частностями, которые характерны для местных естественных условий и которые могут дать прямо или косвенно указания, практически полезные для новичков-колонистов.

У гиляка крепкое, коренастое сложение, он среднего, даже малого роста. Высокий рост стеснял бы его в тайге. Кости у него толсты и отличаются сильным развитием всех отростков, гребней и бугорков, к которым прикрепляются мышцы, а это заставляет предполагать крепкие, сильные мышцы и постоянную, напряженную борьбу с природой. Тело у него худощаво, жилисто, без жировой подкладки; полные и тучные гиляки не встречаются. Очевидно, весь жир расходуется на тепло, которого так много должно вырабатывать в себе тело сахалинца, чтобы возмещать потери, вызываемые низкою температурой и чрезмерною влажностью воздуха. Понятно, почему гиляк потребляет в пище так много жиров. Он ест жирную тюленину, лососей, осетровый и китовый жир, мясо с кровью, всё это в большом количестве, в сыром, сухом и часто мерзлом виде, и оттого, что он ест грубую пищу, места прикрепления жевательных мышц у него необыкновенно развиты и все зубы сильно пообтерлись. Пища исключительно животная, и редко, лишь когда случается обедать дома или на пирушке, к мясу и рыбе прибавляются маньчжурский чеснок или ягоды. По свидетельству Невельского, гиляки считают большим грехом земледелие: кто начнет рыть землю или посадит что-нибудь, тот непременно умрет. Но хлеб, с которым их познакомили русские, едят они с удовольствием, как лакомство, и теперь не редкость встретить в Александровске или в Рыковском гиляка, несущего под мышкой ковригу хлеба.

Одежда гиляка приспособлена к холодному, сырому и резко переменчивому климату. В летнее время он бывает одет в рубаху из синей китайки или дабы и в такие же штаны, а на плечи про запас, на всякий случай, накинут полушубок или куртка из тюленьего или собачьего меха; ноги обуты в меховые сапоги. Зимою же он носит меховые штаны. Даже самая теплая одежда скроена и сшита так, чтобы не стеснять его ловких и быстрых движений на охоте и во время езды на собаках. Иногда из франтовства он носит арестантский халат. Крузенштерн 85 лет назад видел гиляка в пышном, шёлковом платье, "со многими истканными на нем цветами"; теперь же на Сахалине такого щеголя и с огнем не сыщешь. Что касается гиляцких юрт, то и тут на первом плане требования сырого и холодного климата. Существуют летние и зимние юрты. Первые построены на столбах, вторые представляют из себя землянки, со стенами из накатника, имеющие форму четырехугольных усеченных пирамид; снаружи накатник посыпан землей. Бошняк ночевал в юрте, которая состояла из ямы в 1 арш. глубиной, вырытой в земле и покрытой тонкими бревнами наподобие кровли, и всё это было обвалено землей. Эти юрты сделаны из дешевого материала, который всегда под руками, при нужде их не жалко бросить; в них тепло и сухо, и во всяком случае они оставляют далеко за собой те сырые и холодные шалаши из коры, в которых живут наши каторжники, когда работают на дорогах или в поле. Летние юрты положительно следовало бы рекомендовать огородникам, угольщикам, рыбакам и вообще всем тем каторжным и поселенцам, которые работают вне тюрьмы и не дома.

Гиляки никогда не умываются, так что даже этнографы затрудняются назвать настоящий цвет их лица; белья не моют, а меховая одежда их и обувь имеют такой вид, точно они содраны только что с дохлой собаки. Сами гиляки издают тяжелый, терпкий запах, а близость их жилищ узнается по противному, иногда едва выносимому запаху вяленой рыбы и гниющих рыбных отбросов. Около каждой юрты обыкновенно стоит сушильня, наполненная доверху распластанною рыбой, которая издали, особенно когда она освещена солнцем, бывает похожа на коралловые нити. Около этих сушилен Крузенштерн видел множество мелких червей, которые на дюйм покрывали землю. Зимою юрта бывает полна едкого дыма, идущего из очага, и к тому же еще гиляки, их жены и даже дети курят табак. О болезненности и смертности гиляков ничего не известно, но надо думать, что эта нездоровая гигиеническая обстановка не остается без дурного влияния на их здоровье, Быть может, ей они обязаны своим малым ростом, одутловатостью лица, некоторою вялостью и ленью своих движений; быть может, ей отчасти следует приписать и то обстоятельство, что гиляки всегда проявляли слабую стойкость перед эпидемиями. Известно, например, какие опустошения производила на Сахалине оспа. На северной оконечности Сахалина, между мысами Елизаветы и Марии, Крузенштерн встретил селение, состоявшее из 27 домов; П.П. Глен, участник знаменитой сибирской экспедиции, бывший здесь в 1860 г. уже застал одни только следы селения, да и в других местах острова, по его словам, ему встречались лишь следы прежнего белее густого народонаселения. Гиляки говорили ему, что в течение последних 10 лет, то есть после 1850 г., народонаселение Сахалина значительно уменьшилось благодаря оспе. И едва ли те страшные оспенные эпидемии, которые в былые годы опустошали Камчатку и Курильские острова, миновали Сахалин. Понятно, что страшна не сама оспа, а слабая способность сопротивления, и если в колонию будет завезен сыпной тиф или дифтерит и проникнет в гиляцкие юрты, то получится тот же эффект, что и от оспы. Мне не приходилось слышать на Сахалине ни про какие эпидемии; можно сказать, что за последние 20 лет их не было тут вовсе, кроме, впрочем, эпидемического конъюнктивита, который наблюдается и в настоящее время.

Ген. Кононович разрешил принимать больных инородцев в окружной лазарет и содержать их тут на счет казны (приказ № 335-й 1890 г.). Прямых наблюдений над болезненностью гиляков у нас нет, но о ней можно составить себе некоторое понятие по наличности болезнетворных причин, как неопрятность, неумеренное употребление алкоголя, давнее общение с китайцами и японцами, постоянная близость собак, травмы, и проч. и проч. Нет сомнения, что о ни часто болеют и нуждаются в медицинской помощи, и если обстоятельства позволят им воспользоваться разрешением лечиться, то местные врачи получат возможность наблюдать их поближе. Медицина не в силах задержать рокового вымирания, но, быть может, врачам удастся изучить условия, при которых наше вмешательство в жизнь этого народа могло бы принести ему наименее вреда.

О характере гиляков авторы толкуют различно, но все сходятся в одном, что это народ не воинственный, не любящий ссор и драк и мирно уживающийся со своими соседями. К приезду новых людей они относились всегда подозрительно, с опасением за свое будущее, но встречали их всякий раз любезно, без малейшего протеста, и самое большее, если они при этом лгали, описывая Сахалин в мрачных красках и думая этим отвадить иностранцев от острова. Со спутниками Крузенштерна они обнимались, а когда заболел Л.И. Шренк, то весть об этом быстро разнеслась среди гиляков и вызвала искреннюю печаль. Они лгут только когда торгуют или беседуют с подозрительным и, по их мнению, опасным человеком, но, прежде чем сказать ложь, переглядываются друг с другом - чисто детская манера. Всякая ложь и хвастовство в обычной, не деловой сфере им противны. Помнится, как-то в Рыковском два гиляка, которым показалось, что я солгал им, убедили меня в этом. Дело было под вечер. Два гиляка - один с бородкой, другой с пухлым бабьим лицом - лежали на траве перед избой поселенца. Я проходил мимо. Они подозвали меня к себе и стали просить, чтобы я пошел в избу и вынес оттуда их верхнее платье, которое они оставили у поселенца утром; сами они не смели сделать этого. Я сказал, что я тоже не имею права входить в чужую избу, когда нет хозяина. Помолчали.

- Ты политичка (то есть политический)? - спросил меня гиляк с бабьим лицом.

- Нет.

- Значит, ты пиши-пиши (то есть писарь)? - спросил он, увидев в моих руках бумагу.

- Да, я пишу.

- А сколько ты получаешь жалованья?

Я зарабатывал около трехсот рублей в месяц. Эту цифру я и назвал. Надо было видеть, какое неприятное, даже болезненное впечатление произвел мой ответ. Оба гиляка вдруг схватились за животы и, пригнувшись к земле, стали покачиваться, точно от сильной боли в желудке. Лица их выражали отчаяние.

- Ах, зачем ты можешь так говорить? - услышал я. - Зачем ты так нехорошо говорил? Ах, нехорошо так! Не надо так!

- Что же дурного я сказал? - спросил я.

- Бутаков, окружной начальник, большой человек, получает двести, а ты никакой начальник, мало-мало пиши - тебе триста! Нехорошо говорил! Не надо так!

Я стал объяснять им, что окружной начальник хотя и большой человек, но сидит на одном месте и потому получает только двести, а я хотя только пиши-пиши, но зато приехал издалека, сделал больше десяти тысяч верст, расходов у меня больше, чем у Бутакова, потому и денег мне нужно больше. Это успокоило гиляков. Они переглянулись, поговорили между собой по-гиляцки и перестали мучиться. По их лицам видно было, что они уже верили мне.

- Правда, правда... - живо сказал гиляк с бородкой. - Хорошо. Ступай.

- Правда, - кивнул мне другой. - Иди.

Принятые на себя поручения гиляки исполняют аккуратно, и не было еще случая, чтобы гиляк бросил на полдороге почту или растратил чужую вещь. Поляков, которому приходилось иметь дело с гиляками-лодочниками, писал, что они оказываются точными исполнителями принятого обязательства, чем отличаются при доставке казенных грузов. Они бойки, смышлены, веселы, развязны и не чувствуют никакого стеснения в обществе сильных и богатых. Ничьей власти над собой не признают, и кажется, у них нет даже понятий "старший" и "младший". В "Истории Сибири" И. Фишера говорится, что известный Поярков приходил к гилякам, которые тогда "ни под какою чужою властью не состояли". У них есть слово "джанчин", означающее превосходство, но так они называют одинаково и генералов и богатых купцов, у которых много китайки и табаку. Глядя у Невельского на портрет государя, они говорили, что это должен быть физически сильный человек, который дает много табаку и китайки. Начальник острова пользуется на Сахалине Огромною И даже страшною властью, но однажды, когда я ехал с ним из Верхнего Армудана в Арково, встретившийся гиляк не постеснялся крикнуть нам повелительно: "Стой!" - и потом спрашивать, не встречалась ли нам по дороге его белая собака. У гиляков, как говорят и пишут, не уважается также и семейное старшинство. Отец не думает, что он старше своего сына, а сын не почитает отца и живет, как хочет; старуха мать в юрте имеет не больше власти, чем девочка-подросток. Бошняк пишет, что ему не раз случалось видеть, как сын колотит и выгоняет из дому родную мать, и никто не смел сказать ему слова. Члены семьи мужского пола равны между собой; если вы угощаете гиляков водкой, то должны подносить также и самым маленьким. Члены же женского пола одинаково бесправны, будь то бабка, мать или грудная девочка; они третируются, как домашние животные, как вещь, которую можно выбросить вон, продать, толкнуть ногой, как собаку. Собак гиляки все-таки ласкают, но женщин никогда. Брак считается пустым делом, менее важным, чем, например, попойка, его не обставляют никакими религиозными или суеверными обрядами. Копье, лодку или собаку гиляк променивает на девушку, везет ее к себе в юрту и ложится с ней на медвежью шкуру - вот и всё. Многоженство допускается, но широкого развития оно не получило, хотя женщин, по-видимому, больше, чем мужчин. Презрение к женщине, как к низкому существу или вещи, доходит у гиляка до такой степени, что в сфере женского вопроса он не считает предосудительным даже рабство в прямом и грубом смысле этого слова. По свидетельству Шренка, гиляки часто привозят с собой аинских женщин в качестве рабынь; очевидно, женщина составляет у них такой же предмет торговли, как табак или даба. Шведский писатель Стриндберг, известный женоненавистник, желающий, чтобы женщина была только рабыней и служила прихотям мужчины, а сущности единомышленник гиляков; если б ему случилось приехать на Сев"ерный" Сахалин, то они долго бы его обнимали.

Ген. Кононович говорил мне, что он хочет обрусить сахалинских гиляков. Не знаю, для чего это нужно. Впрочем, обрусение началось еще задолго до приезда генерала. Началось оно с того, что у некоторых чиновников, получающих даже очень маленькое жалованье, стали появляться дорогие лисьи и собольи шубы, а в гиляцких юртах появилась русская водочная посуда; затем гиляки были приглашены к участию в поимке беглых, причем за каждого убитого или пойманного беглого положено было денежное вознаграждение. Ген. Кононович приказал нанимать гиляков в надзиратели; в одном из его приказов сказано, что это делается ввиду крайней необходимости в людях, хорошо знакомых с местностью, и для облегчения сношений местного начальства с инородцами; на словах же он сообщил мне, что это нововведение имеет целью также и обрусение. Сначала были утверждены в звании тюремных надзирателей гиляки Васька, Ибалка, Оркун и Павлинка (приказ № 308-й 1889 г.), затем Ибалку и Оркуна уволили "за продолжительную неявку за получением распоряжений" и утвердили Софронку (приказ № 426-й 1889 г.). Я видел этих надзирателей; у них бляхи и револьверы. Из них особенно популярен и чаще всех попадается на глаза гиляк Васька, ловкий, лукавый и пьяный человек. Однажды, придя в лавку колонизационного фонда, я встретил там целую толпу интеллигентов; у дверей стоял Васька; кто-то, указывая на полки с бутылками, сказал, что если всё это выпить, то можно быть пьяным, и Васька подобострастно ухмыльнулся и весь засиял радостью подхалима. Незадолго до моего приезда гиляк-надзиратель по долгу службы убил каторжного, местные мудрецы решали вопрос о том, как он стрелял - спереди или сзади, то есть отдавать гиляка под суд или нет.

Что близость к тюрьме не обрусит, а лишь вконец развратит гиляков, доказывать не нужно. Они далеки еще до того, чтобы понять наши потребности, и едва ли есть какая-нибудь возможность втолковать им, что каторжных ловят, лишают свободы, ранят и иногда убивают не из прихоти, а в интересах правосудия; они видят в этом лишь насилие, проявление зверства, а себя, вероятно, считают наемными убийцами. Если уж необходимо обрусить и нельзя обойтись без этого, то, я думаю, при выборе средств для этого надо брать в расчет прежде всего не наши, а их потребности. Вышеупомянутый приказ о разрешении принимать инородцев в окружной лазарет, выдача пособий мукой и крупой, как было в 1886 г., когда гиляки терпели почему-то голод, и приказ о том, чтоб у них не отбирали имущества за долг, и прощение самого долга (приказ 204-й 1890 г.), - подобные меры, быть может, скорее приведут к цели, чем выдача блях и револьверов.

Кроме гиляков, в Сев. Сахалине проживают еще в небольшом числе ороки, или орочи, тунгусского племени. Но так как в колонии о них едва слышно и в пределах их распространения нет еще русских селений, то я ограничусь одним только упоминанием о них.

XII

Мой отъезд на юг. - Жизнерадостная дама. - Западный берег. -
Течения. Маука. - Крильон. - Анива. - Корсаковский пост. - Новые
знакомства. Норд-ост. - Климат Южного Сахалина. - Корсаковская
тюрьма. - Пожарный обоз.

10 сентября я уже опять был на знакомом читателю "Байкале", чтобы на этот раз плыть в Южный Сахалин. Уезжал я с большим удовольствием, так как север мне уже наскучил и хотелось новых впечатлений. "Байкал" снялся с якоря в десятом часу вечера. Было

очень темно. Я стоял один на корме и, глядя назад, прощался с этим мрачным мирком, оберегаемым с моря Тремя Братьями, которые теперь едва обозначались в воздухе и были похожи впотьмах на трех черных монахов; несмотря на шум парохода, мне было слышно, как волны бились об эти рифы. Но вот Жонкиер и Братья остались далеко назади и исчезли впотьмах - навсегда для меня; шум бьющихся волн, в котором слышалась бессильная, злобная тоска, мало-помалу затих... Проплыли верст восемь - и на берегу заблестели огни: это была страшная Воеводская тюрьма, а еще немного - показались огни Дуэ. Но скоро и это всё исчезло, и остались лишь потемки да жуткое чувство, точно после дурного, зловещего сна.

Спустившись потом вниз, я застал там веселое общество. Кроме командира и его помощников, в кают-компании находилось еще несколько пассажиров: молодой японец, дама, интендантский чиновник и иеромонах Ираклий, сахалинский миссионер, ехавший следом за мною на юг, чтобы оттуда вместе отправиться в Россию. Наша спутница, жена моряка-офицера, бежала из Владивостока, испугавшись холеры, и теперь, немного успокоившись, возвращалась назад. У нее был завидный характер. Достаточно было самого пустого повода, чтобы она закатилась самым искренним, жизнерадостным смехом до упада, до слез; начнет рассказывать что-нибудь, картавя, и вдруг хохот, веселость бьет фонтаном, а глядя на даму, начинаю смеяться и я, за мною о. Ираклий, потом японец. "Ну!" говорит в конце концов командир, махнув рукой, и тоже заражается смехом. Вероятно, никогда в другое время в Татарском проливе, обыкновенно сердитом, не хохотали так много. На другой день утром на палубе сошлись для беседы иеромонах, дама, японец и я. И опять смех, и недоставало только, чтобы киты, высунув морды из воды, стали хохотать, глядя на нас.

И как нарочно, погода была теплая, тихая, веселая. Слева близко зеленел Сахалин, именно та его пустынная, девственная часть, которой еще не коснулась каторга; справа в ясном, совершенно прозрачном воздухе еле-еле мерещился Татарский берег. Здесь уже пролив более похож на море и вода не так мутна, как около Дуэ; здесь просторнее и легче дышится. По своему географическому положению нижняя треть Сахалина соответствует Франции, и если бы не холодные течения, то мы владели бы прелестным краем и жили бы в нем теперь, конечно, не одни только Шкандыбы и Безбожные. Холодные течения, идущие от северных островов, где даже в конце лета бывает ледоход, омывают Сахалин с обеих сторон, причем восточному берегу, как более открытому течениям и холодным ветрам, приходится принимать наибольшую долю страданий; природа его безусловно суровая, и флора его носит настоящий полярный характер. Западный же берег много счастливее, здесь влияние холодного течения смягчается теплым японским течением, известным под названием Куро-Сиво; не подлежит сомнению, что чем южнее, тем теплее, и на южной части западного берега наблюдается сравнительно богатая флора, но все-таки, увы, до Франции или Японии далеко.

Интересно, что в то время, как сахалинские колонизаторы вот уже 35 лет сеют пшеницу на тундре и проводят хорошие дороги к таким местам, где могут прозябать одни только низшие моллюски, самая теплая часть острова, а именно южная часть западного побережья, остается в совершенном пренебрежении. С парохода видны в бинокль и простым глазом хороший строевой лес и береговые скаты, покрытые ярко-зеленою и, должно быть, сочною травой, но ни жилья, ни одной живой души. Впрочем, раз - это было на вторые сутки нашего плаванья командир обратил мое внимание на небольшую группу изб и сарайных построек и сказал: "Это Маука". Тут, в Мауке, издавна производится добыча морской капусты, которую очень охотно покупают китайцы, и так как дело поставлено серьезно и уже дало хороший заработок многим русским и иностранцам, то это место очень популярно на Сахалине. Находится оно на 400 верст южнее Дуэ, на широте 47°, и отличается сравнительно хорошим климатом. Когда-то промысел находился в руках японцев; при Мицуле в Мауке было более 30 японских зданий, в которых постоянно жило 40 душ обоего пола, а весною приезжало сюда из Японии еще около 300 человек, работавших вместе с айносами, которые тогда составляли тут главную рабочую силу. Теперь же капустным промыслом владеет русский купец Семенов, сын которого постоянно живет в Мауке; делом заведует шотландец Демби, уже не молодой и, по-видимому, знающий человек. Он имеет собственный дом в Нагасаки в Японии, и когда я, познакомившись с ним, сказал ему, что, вероятно, буду осенью в Японии, то он любезно предложил мне остановиться у него в доме. У Семенова работают манзы, корейцы и русские. Наши поселенцы стали ходить сюда на заработки лишь с 1886 г., и, вероятно, по собственному почину, так как смотрители тюрем всегда больше интересовались кислою капустой, чем морскою. Первые попытки были не совсем удачны: русские мало были знакомы с чисто техническою стороной дела; теперь же они попривыкли, и хотя Демби не так доволен ими, как китайцами, но все-таки уже можно серьезно рассчитывать, что со временем будут находить себе здесь кусок хлеба сотни поселенцев. Маука причислена к Корсаковскому округу. В настоящее время здесь живут на поселении 38 душ: 33 м. и 5 ж. Все 33 ведут хозяйства. Из них трое уже имеют крестьянское звание. Женщины же все каторжные и живут в качестве сожительниц. Детей нет, церкви нет, и скука, должно быть, страшная, особенно зимою, когда уходят с промыслов рабочие. Здешнее гражданское начальство состоит из одного лишь надзирателя, а военное - из ефрейтора и трех рядовых.

Сравнение Сахалина со стерлядью особенно годится для его южной части, которая в самом деле похожа на рыбий хвост. Левая лопасть хвоста называется мысом Крильон, правая - мысом Анивским, а полукруглый залив между ними Анивой. Крильон, около которого пароход делает крутой поворот к северо-востоку, при солнечном освещении представляет из себя довольно привлекательное местечко, и стоящий на нем одиноко красный маяк похож на барскую дачу. Это большой мыс, покатый к морю, зеленый и гладкий, как хороший заливной луг. Поле далеко кругом покрыто бархатною травой, и в сантиментальном пейзаже недостает только стада, которое бродило бы в холодке у края леса. Но говорят, что травы здесь неважные и сельскохозяйственная культура едва ли возможна, так как Крильон большую часть лета бывает окутан солеными морскими туманами, которые действуют на растительность губительным образом.

Мы обогнули Крильон и вошли в залив Аниву 12 сентября перед полуднем; виден весь берег от одного мыса до другого, хотя залив имеет в диаметре около 80-90 верст. Почти в средине полукруглый берег образует небольшую выемку, которая называется бухтою или губою Лососей, и тут, у этой губы, находится Корсаковский пост, административный центр южного округа. Нашу спутницу, жизнерадостную даму, ожидала приятная случайность: на Корсаковском рейде стоял пароход Добровольного флота "Владивосток", только что пришедший из Камчатки, и на нем находился ее муж, офицер. Сколько по этому поводу было восклицаний, неудержимого смеха, суеты!

Пост имеет с моря приличный вид городка, не сибирского, а какого-то особенного типа, который я не берусь назвать; основан он был почти 40 лет назад, когда по южному берегу там и сям были разбросаны японские дома и сараи, и очень возможно, что это близкое соседство японских построек не обошлось без влияния на его внешность и должно было придать ей особые черты. Годом основания Корсаковского считается 1869 год, но это справедливо лишь по отношению к нему как к пункту ссыльной колонии; на самом же деле первый русский пост на берегу бухты Лососей был основан в 1853-54 гг. Лежит он в пади, которая и теперь носит японское название Хахка-Томари, и с моря видна только одна его главная улица, и кажется издали, что мостовая и два ряда домов круто спускаются вниз по берегу; но это только в перспективе, на самом же деле подъем не так крут. Новые деревянные постройки лоснятся и отсвечивают на солнце, белеет церковь, старой, простой и потому красивой архитектуры. На всех домах высокие шесты, вероятно, для флагов, и это придает городку неприятное выражение, как будто он ощетинился. Здесь так же, как и на северных рейдах, пароход останавливается в одной и даже двух верстах от берега, и пристань имеется только для парового катера и барж. К нашему пароходу сначала подошел катер с чиновниками, и тотчас же послышались радостные голоса: "Бой, пива! Бой, рюмку коньяку!" Потом подошел вельбот; гребли каторжные, наряженные матросами, и у руля сидел окружной начальник И.И. Белый, который, когда вельбот подходил к трапу, скомандовал по-военному: "Суши весла!" Через несколько минут я и г. Б. были уже знакомы; вместе потом мы съехали на берег, и я обедал у него. Из разговора с ним я узнал, между прочим, что он только что вернулся на "Владивостоке" с берега Охотского моря, из так называемой Тарайки, где каторжные строят теперь дорогу.

Квартира у него небольшая, но хорошая, барская. Он любит комфорт и хорошую кухню, и это заметно отражается на всем его округе; разъезжая впоследствии по округу, я находил в надзирательских или станках не только ножи, вилки и рюмки, но даже чистые салфетки и сторожей, которые умеют варить вкусный суп, а, главное, клопов и тараканов здесь не так безобразно много, как на севере. По рассказу г. Б., в Тарайке на дорожных работах он жил в большой палатке, с комфортом, имел при себе повара и на досуге читал французские романы. По происхождению он малоросс, по образованию - бывший студент-юрист. Он молод, не старше сорока лет, а это возраст, кстати сказать, средний для сахалинского чиновника. Времена изменились; теперь для русской каторги молодой чиновник более типичен, чем старый, и если бы, положим, художник изобразил, как наказывают плетьми бродягу, то на его картине место прежнего капитана-пропойцы, старика с сине-багровым носом, занимал бы интеллигентный молодой человек в новеньком вицмундире.

Мы разговорились; между тем наступил вечер, зажгли огонь. Я простился с гостеприимным г. Б. и отправился к секретарю полицейского управления, у которого мне была приготовлена квартира. Было темно и тихо, море глухо шумело, и звездное небо хмурилось, как будто видело, что в природе готовится что-то недоброе. Когда я прошел всю главную улицу почти до моря, пароходы еще стояли на рейде, и когда я повернул направо, послышались голоса и громкий смех, и в темноте показались ярко освещенные окна, и стало похоже, будто я в захолустном городке осеннею ночью пробираюсь к клубу. Это была квартира секретаря. По ветхим скрипучим ступеням я поднялся на террасу и вошел в дом. В зале, точно боги на облаках, в табачном дыму и в тумане, какой бывает в трактирах и сырых помещениях, двигались военные и штатские. С одним из них, г. фон Ф., инспектором сельского хозяйства, я уже был знаком, - раньше мы встречались в Александровске, - с остальными же я теперь виделся впервые, хотя все они отнеслись к моему появлению с таким благодушием, как будто были знакомы со мною уже давно. Меня подвели к столу, и я тоже должен был пить водку, то есть спирт, наполовину разведенный водой, и очень плохой коньяк, и есть жесткое мясо, которое жарил и подавал к столу ссыльнокаторжный Хоменко, хохол с черными усами. Из посторонних, кроме меня, на этой вечеринке присутствовал также директор Иркутской магнитно-метеорологической обсерватории Э.В. Штеллинг, прибывший на "Владивостоке" из Камчатки и Охотска, где он хлопотал об учреждении метеорологических станций. Тут же я познакомился с майором Ш., смотрителем Корсаковской ссыльнокаторжной тюрьмы, служившим раньше при ген. Грессере в петербургской полиции: это - высокий, полный мужчина, с тою солидною, импонирующею осанкой, какую мне до сих пор случалось наблюдать только у частных и участковых приставов. Рассказывая мне о своем коротком знакомстве со Многими известными писателями в Петербурге, майор называл их просто Миша, Ваня и, приглашая меня к себе завтракать и обедать, невзначай раза два сказал мне ты.

Когда во втором часу ушли гости и я лег в постель, послышались рев и свист. Это задул норд-ост. Значит, недаром с вечера хмурилось небо. Хоменко, придя со двора, доложил, что пароходы ушли, а между тем на море поднялась сильная буря. "Ну, небось вернутся! - сказал он и засмеялся. - Где им совладать?" В комнате стало холодно и сыро, было, вероятно, не больше шести-семи градусов. Бедный Ф., секретарь полицейского управления, молодой человек, никак не мог уснуть от насморка и кашля. Капитан К., живший вместе с ним на одной квартире, тоже не спал; он постучал из своей комнаты в стену и сказал мне:

- Я получаю "Неделю". Не желаете ли?

Утром было холодно и в постели, и в комнате, и на дворе. Когда я вышел наружу, шел холодный дождь, и сильный ветер гнул деревья, море ревело, а дождевые капли при особенно жестоких порывах ветра били в лицо и стучали по крышам, как мелкая дробь. "Владивосток" и "Байкал", в самом деле, не совладали со штормом, вернулись и теперь стояли на рейде, и их покрывала мгла. Я прогулялся по улицам, по берегу около пристани; трава была мокрая, с деревьев текло.

На пристани около сторожки лежит скелет молодого кита, когда-то счастливого, резвого, гулявшего на просторе северных морей, теперь же белые кости богатыря лежали в грязи и дождь точил их... Главная улица шоссирована и содержится в порядке, на ней тротуары, фонари и деревья, и метет ее каждый день клейменый старик. Тут только присутственные места и квартиры чиновников, и нет ни одного дома, в котором жили бы ссыльные. Дома большею частью новые и приятные на вид, и нет той тяжкой казенщины, как, напримˮерˮ, в Дуэ. Вообще же в Корсаковском посту, если говорить о всех его четырех улицах, старых построек больше, чем новых, и не редкость дома, построенные 20-30 лет назад. И старых зданий и старожилов среди служащих в Корсаковске относительно больше, чем на севере, а это, быть может, значит, что здешний юг более располагает к оседлой и покойной жизни, чем оба северных округа. Здесь, как я заметил, и патриархальности больше, и люди консервативнее, и обычаи, даже дурные, держатся крепче. Так, в сравнении с севером, здесь чаще прибегают к телесным наказаниям и бывает, что в один прием секут по 50 человек, и только на юге уцелел дурной обычай, введенный когда-то каким-то давно уже забытым полковником, а именно - когда вам, свободному человеку, встречается на улице или на берегу группа арестантов, то уже за 50 шагов вы слышите крик надзирателя: "Смир-р-рно! Шапки долой!" И мимо вас проходят угрюмые люди с обнаженными головами и глядят на вас исподлобья, точно если бы они сняли шапки не за 50, а за 20-30 шагов, то вы побили бы их палкой, как г. Z или г. N.

Я жалею, что не застал в живых старейшего сахалинского офицера, штабс-капитана Шишмарева, который долготою дней своих и как старожил мог бы поспорить даже с палевским Микрюковым. Он умер за несколько месяцев до моего приезда, и я видел только дом-особняк, в котором он жил. Поселился он на Сахалине еще в доисторические времена, когда не начиналась каторга, и это казалось до такой степени давно, что даже сочинили легенду о "происхождении Сахалина", в которой имя этого офицера тесно связано с геологическими переворотами: когда-то, в отдаленные времена, Сахалина не было вовсе, но вдруг, вследствие вулканических причин, поднялась подводная скала выше уровня моря, и на ней сидели два существа - сивуч и штабс-капитан Шишмарев. Говорят, что он ходил в вязаном сюртуке с погонами и инородцев в казенных бумагах называл так: "дикие обитатели лесов". Он принимал участие в нескольких экспедициях и, между прочим, плавал по Тыми с Поляковым, и из описания экспедиции видно, что они поссорились.

Жителей в Корсаковском посту 163: 93 м. и 70 ж., а со свободными, солдатами, их женами и детьми, и с арестантами, ночующими в тюрьме, наберется немного более тысячи.

Хозяйств 56, но всё это хозяйства не деревенские, а скорее городские, мещанские; с сельскохозяйственной точки зрения они представляются совершенно ничтожными. Земли пахотной всего 3 дес., а лугов, которыми пользуется также и тюрьма, 18 дес. Надо

видеть, как тесно жмутся усадьбы одна к другой и как живописно лепятся они по склонам и на дне оврага, образующего падь, чтобы понять, что тот, кто выбирал место для поста, вовсе не имел в виду, что тут, кроме солдат, будут еще жить сельские хозяева. На вопрос, чем они занимаются и чем живут, хозяева отвечали: работишка, торговлишка... Относительно сторонних заработков, как увидит ниже читатель, южный сахалинец поставлен далеко не в такое безвыходное положение, как северный; при желании он находит себе заработок, по крайней мере в весенние и летние месяцы, но корсаковцев это мало касается, так как на заработки они уходят очень редко и, как истые горожане, живут на неопределенные средства, - неопределенные в смысле их случайности и непостоянства. Один живет на деньги, которые он привез с собой из России, и таких большинство, другой - в писарях, третий - в дьячках, четвертый - держит лавочку, хотя по закону не имеет на это права, пятый - променивает арестантский хлам на японскую водку, которую продает, и проч. и проч. Женщины, даже свободного состояния, промышляют проституцией; не составляет исключения даже одна привилегированная, про которую говорят, что она кончила в институте. Здесь меньше голода и холода, чем на севере; каторжные, жены которых торгуют собой, курят турецкий табак по 50 к. за четвертку, и потому здешняя проституция кажется более злокачественной, чем на севере, хотя - не всё ли равно?
Семейно живут 41, причем 21 пара состоит в незаконном браке. Женщин свободного состояния только 10, то есть в 16 раз меньше, чем в Рыковском, и даже в 4 раза меньше, чем в такой щели, как Дуэ.
Среди ссыльных в Корсаковске попадаются интересные личности. Упомяну о бессрочном каторжном Пищикове, преступление которого дало материал Г.И. Успенскому для очерка "Один на один". Этот Пищиков засек нагайкой свою жену, интеллигентную женщину, беременную на девятом месяце, и истязание продолжалось шесть часов; сделал он это из ревности к добрачной жизни жены: во время последней войны она была увлечена пленным турком. Пищиков сам носил письма к этому турку, уговаривал его приходить на свидание и вообще помогал обеим сторонам. Потом, когда турок уехал, девушка полюбила Пищикова за его доброту; Пищиков женился на ней и имел от нее уже четырех детей, как вдруг под сердцем завозилось тяжелое, ревнивое чувство...
Это высокий, худощавый человек, благообразный, с большою бородой. Он служит писарем в полицейском управлении и потому ходит в вольном платье. Трудолюбив и очень вежлив, и, судя по выражению, весь ушел в себя и замкнулся. Я был у него на квартире, но не застал его дома. Занимает он в избе небольшую комнату; у него аккуратная чистая постель, покрытая красным шерстяным одеялом,

а около постели на стене в рамочке портрет какой-то дамы, вероятно, жены.

Интересна также семья Жакомини: отец, ходивший когда-то шкипером в Черном море, его жена и сын. Все трое в 1878 году были преданы в г. Николаеве военно-полевому суду за убийство и осуждены, как они сами уверяют, невинно. Старуха и сын уже отбыли каторгу, а старик Карп Николаевич, 66 лет, всё еще каторжный. Они держат лавочку, и в комнатах у них очень прилично, лучше даже, чем у ново-михайловского богача Потемкина. Старики Жакомини шли на Сахалин сухим путем, через Сибирь, а сын морем, и сын прибыл на место тремя годами раньше. Разница огромная. Если послушать старика, то становится страшно. Каких ужасов нагляделся и чего только он не вынес, пока его судили, мытарили по тюрьмам и потом три года тащили через Сибирь; на пути его дочь, девушка, которая пошла добровольно за отцом и матерью на каторгу, умерла от изнурения, а судно, которое везло его и старуху в Корсаковск, около Мауки потерпело аварию. Старик рассказывает всё это, а старуха плачет. "Ну, да что! - говорит старик, махнув рукой. - Значит, богу так угодно".

В культурном отношении Корсаковский пост заметно отстал от своих северных собратий. Так, в нем до сих пор еще нет телеграфа и метеорологической станции. О климате Южного Сахалина мы можем судить пока лишь по отрывочным случайным наблюдениям разных авторов, которые служили здесь или же, подобно мне, приезжали сюда ненадолго. По этим данным, в Корсаковском посту, если брать средние температуры, лето, осень и весна теплее, чем в Дуэ, почти на 2°, а зима мягче почти на 5°. Между тем на той же Аниве, но только немного восточное Корсаковского поста, в Муравьевском, температура уже значительно ниже и скорее подходит к дуйской, чем к корсаковской. А на 88 верст севернее Корсаковского поста, в Найбучи, командир "Всадника" утром 11 мая 1870 г. записал два градуса мороза; шел снег. Как видит читатель, здешний юг мало похож на юг: зима здесь такая же суровая, как в Олонецкой губернии, а лето как в Архангельске. Крузенштерн в половине мая видел на западном берегу Анивы снег. На севере Корсаковского округа, именно в Кусуннае, где добывают морскую капусту, наблюдалось в году 149 ненастных дней, а на юге, в Муравьевском посту, 130. Но тем не менее все-таки в южном округе климат мягче, чем в обоих северных, и жить здесь поэтому должно быть легче. На юге среди зимы бывает оттепель, чего ни разу не наблюдали около Дуэ и Рыковского; реки вскрываются раньше, и солнце выглядывает из-за облаков чаще.

Корсаковская тюрьма занимает самое возвышенное место в посту и, вероятно, самое здоровое. Там. где главная улица упирается в тюремный забор, находятся ворота, очень скромные на вид, и что это не простые. обывательские ворота, а вход в тюрьму, видно только по надписи да по тому еще, что каждый вечер тут толпятся каторжные, которых впускают в калитку поодиночке и при этом обыскивают. Тюремный двор расположен на наклонной плоскости, и уже с середины его, несмотря на забор и окружающие постройки, видны голубое море и далекий горизонт, и поэтому кажется, что здесь очень много воздуху. При осмотре тюрьмы прежде всего замечается стремление местной администрации к резкому обособлению каторжных от поселенцев. В Александровске тюремные мастерские и квартиры нескольких сот каторжных разбросаны по всему посту, здесь же в тюремном дворе помещаются все мастерские и даже пожарный сарай, и жить вне тюрьмы, за очень редкими исключениями, не позволяется даже каторжным разряда исправляющихся. Здесь пост сам по себе. а тюрьма сама по себе, и можно долго прожить в посту и не заметить, что в конце улицы находится тюрьма.

Казармы здесь старые, в камерах тяжелый воздух, отхожие места много хуже, чем в северных тюрьмах, хлебопекарня темная, карцеры для одиночного заключения темные, без вентиляций, холодные; я и сам несколько раз видел, как заключенные в них дрожали от холода и сырости. Здесь одно только лучше, чем на севере: просторная кандальная, и кандальных сравнительно меньше. Чище всех живут в казармах бывшие моряки; они и одеты чище. При мне в тюрьме ночевало только 450 человек, все же остальные находились в командировке, главным образом на дорожных работах. Всего в округе числилось каторжных 1205.

Здешний смотритель тюрьмы больше всего любит показывать приезжим пожарный обоз. Обоз в самом деле великолепен, и в этом отношении Корсаковск перещеголял многие большие города. Бочки, пожарные насосы, топоры в чехлах - всё это игрушечно и блестит, точно приготовлено для выставки. Ударили тревогу, из всех мастерских тотчас же повыскакивали каторжные без шапок, без верхнего платья, одним словом, кто в чем был, - в одну минуту впряглись и с громом покатили по главной улице к морю. Зрелище было эффектное, и майор Ш., творец этого образцового обоза, был очень доволен и всё спрашивал, нравится ли мне. Жаль только, что вместе с молодыми впряглись и побежали также старики, которых следовало бы щадить, хотя бы ради их слабого здоровья.

XIII

Поро-ан-Томари. - Муравьевский пост. - Первая, Вторая и Третья Падь. - Соловьевка. - Лютога. - Голый мыс. - Мицулька. -

Лиственничное. Хомутовка. - Большая Елань. - Владимировка. - Ферма или фирма. - Луговое. Поповские Юрты. - Березняки. - Кресты. - Большое и Малое Такоэ. Галкино-Враское. - Дубки. - Найбучи. - Море.

Обзор населенных мест Корсаковского округа я начну с селений, которые расположены по берегу Анивы. Первое, на четыре версты восточнее и южнее поста, называется по-японски Поро-ан-Томари. Основано оно было в 1882 г. на месте бывшей здесь когда-то аинской деревушки. Жителей 72: 53 м. и 19 ж. Хозяев 47, и из них 38 живут бобылями. Как ни кажется просторно вокруг селения, а всё же на каждого хозяина приходится только дес. пахотной земли и меньше чем дес. покосной; значит, добыть больше негде или очень трудно. Тем не менее все-таки, если бы Поро-ан-Томари было на севере, то в нем давно бы уже было 200 хозяев и при них 150 совладельцев; южная администрация в этом отношении более умеренна и предпочитает основывать новые селения, чем расширять старые.

Тут я записал девять стариков в возрасте от 65 до 85 лет. Один из них, Ян Рыцеборский, 75 лет, с физиономией солдата времен очаковских, до такой степени стар, что, вероятно, уже не помнит, виноват он или нет, и как-то странно было слышать, что всё это бессрочные каторжники, злодеи, которых барон А.Н. Корф, только во внимание к их преклонным летам, приказал перевести в поселенцы.

Костин, поселенец, спасается в землянке: сам не выходит наружу и никого к себе не пускает, и всё молится. Поселенца Горбунова зовут все "рабом божиим", потому что на воле он был странником; по профессии он маляр, но служит пастухом в Третьей Пади, быть может, из любви к одиночеству и созерцанию.

Верст на 40 восточнее есть еще, впрочем, уже только на карте, Муравьевский пост. Основан он был сравнительно давно, в 1853 г., на берегу бухты Лососей; когда же в 1854 г. прошли слухи о войне, то он был снят и возобновлен лишь через 12 лет на берегу залива Буссе, или Двенадцатифутовой гавани, - так называется неглубокое озеро, соединенное с морем протоком, куда могут входить только мелкосидящие суда. При Мицуле в нем жило около 300 солдат, которые сильно болели цингой. Целью основания поста было упрочение русского влияния на Южном Сахалине; после же трактата 1875 г. он был упразднен за ненадобностью и покинутые избы, как говорят, сожжены были беглыми.

К селениям, которые лежат западнее Корсаковского поста, ведет веселая дорога у самого моря; направо глинистые крутизны и осыпи, кучерявые от зелени, а налево шумящее море. На песке, где волны уже разбиваются в пену и, точно утомленные, катятся назад, коричневым бордюром лежит по всему побережью морская капуста, выброшенная морем. Она издает приторно слащавый, но не противный запах гниющей водоросли, и для южного моря этот запах так же типичен, как ежеминутный взлет диких морских уток, которые развлекают вас всё время, пока вы едете по берегу. Пароходы и парусные суда здесь редкие гости; ничего не видно ни возле, ни на горизонте, и потому море представляется пустынным. И изредка разве покажется неуклюжая сеноплавка, которая движется еле-еле, иногда на ней темный, некрасивый парус, или каторжный бредет по колена в воде и тащит за собою на веревке бревно, - вот и все картины.

Вот крутой берег прерывается длинною и глубокою долиной. Тут течет речка Унтанай, или Унта, и возле была когда-то казенная Унтовская ферма, которую каторжные называли Дранкой, - понятно, почему. В настоящее время здесь тюремные огороды и стоят только три поселенческие избы. Это - Первая Падь.

Затем следует Вторая Падь, в которой шесть дворов. Тут у одного зажиточного старика крестьянина из ссыльных живет в сожительницах старуха, девушка Ульяна. Когда-то, очень давно, она убила своего ребенка и зарыла его в землю, на суде же говорила, что ребенка она не убила, а закопала его живым, этак, думала, скорей оправдают; суд приговорил ее на 20 лет. Рассказывая мне об этом, Ульяна горько плакала, потом вытерла глаза и спросила: "Капустки кисленькой не купите ли?"

В Третьей Пади 17 дворов.

Во всех этих трех селениях жителей 46, в том числе женщин 17. Хозяев 26. Люди здесь всё основательные, зажиточные, имеют много скота и некоторые даже промышляют им. Главною причиной такого благосостояния следует признать, вероятно, климат и почвенные условия, но я думаю также, что если пригласить сюда чиновников из Александровска или Дуэ и попросить их распорядиться, то через год же во всех трех Падях будет не 26, а 300 хозяев, не считая совладельцев, и все они окажутся "домонерачители и самовольные" и будут сидеть без куска хлеба. Примера этих трех маленьких селений, я думаю, достаточно, чтобы наконец взять за правило, что в настоящее время, пока еще колония молода и не окрепла, чем меньше хозяев, тем лучше, и что чем длиннее улица, тем она беднее.

На четвертой версте от поста находится Соловьевка, основанная в 1882 году. Из всех сахалинских селений она занимает наиболее выгодное положение: она при море, и, кроме того, недалеко от нее находится устье рыбной речки Сусуи. Население держит коров и торгует молоком. Занимается также хлебопашеством. Жителей 74: 37 м. и 37 ж. Хозяев 26. Все они имеют пахотную и покосную землю, в среднем по одной десятине на душу. Земля хороша только около моря, по скатам берега, дальше же она плоха, из-под ели и пихты.

Есть еще одно селение на берегу Анивы, далеко в стороне, верст за 25 или, если плыть к нему морем, в 14 милях от поста. Оно называется Лютого, находится в пяти верстах от устья реки того же имени и основано в 1886 г. Сообщение с постом крайне неудобное; пешком по берегу или же на катере, а для поселенцев на сеноплавке. Жителей 53: 37 м. и 16 ж. Хозяев 33.

Что же касается береговой дороги, то она, минуя Соловьевку, около устья Сусуи круто поворачивает вправо и идет уже по направлению к северу. На карте Сусуя своими верховьями подходит к реке Найбе, впадающей в Охотское море, и вдоль этих обеих рек, почти по прямой линии от Анивы до восточного берега, протянулся длинный ряд селений, которые соединены непрерывною дорогой, имеющею в длину 88 верст. Этот ряд селений составляет главную суть южного округа, его физиономию, а дорога служит началом того самого магистрального почтового тракта, которым хотят соединить Сев"ерный" Сахалин с Южным.

Я утомился или обленился и уж на юге работал не так усердно, как на севере. Часто целые дни уходили у меня на прогулки и пикники, и уже не хотелось ходить по избам, и когда мне любезно предлагали помощь, то я не уклонялся от нее. В первый раз до Охотского моря и назад я проехался в обществе г. Белого, которому хотелось показать мне свой округ, а затем, когда я делал перепись, меня всякий раз сопровождал смотритель поселений Н.Н. Ярцев.

Селения южного округа имеют свои особенности, которых не может не заметить человек, только что приехавший с севера. Прежде всего здесь значительно меньше нищеты. Неоконченных, брошенных изб или забитых наглухо окон я не видел вовсе, и тесовая крыша здесь такое же заурядное и привычное для глаз явление, как на севере солома и корье. Дороги и мосты хуже, чем на севере, особенно между Малым Такоэ и Сиянцами, где в половодье и после сильных дождей бывает непроходимая слякоть. Сами жители выглядят моложе, здоровее и бодрее своих северных товарищей, и это так же, как и сравнительное благосостояние округа, быть может, объясняется тем, что главный контингент ссыльных, живущих на юге, составляют краткосрочные, то есть люди по преимуществу молодые и в меньшей степени изнуренные каторгой. Встречаются такие, которым еще только 20-25 лет, а они уже отбыли каторгу и сидят на участках, и немало крестьян из ссыльных в возрасте между 30 и 40 годами. В пользу южных селений говорит также и то обстоятельство, что здешние крестьяне не торопятся уезжать на материк: так, в только что описанной Соловьевке из 26 хозяев 16 имеют крестьянское звание. Женщин очень мало; есть селения, где нет ни одной женщины. Сравнительно с мужчинами они выглядят в большинстве больными и старухами, и приходится верить здешним чиновникам и поселенцам, которые жалуются, что с севера всякий раз присылают им одних только "завалященьких", а молодых и здоровых оставляют себе. Доктор З-кий говорил мне, что как-то, исполняя должность тюремного врача, он вздумал осмотреть партию вновь прибывших женщин, и все они оказались с женскими болезнями.

На юге в обиходе совсем не употребляется слово совладелец, или половинщик, так как здесь на каждый участок полагается только по одному хозяину, но так же, как и на севере, есть хозяева, которые лишь причислены к селению, но домов не имеют. Как в посту, гак и в селениях совсем нет евреев. В избах на стенах встречаются японские картинки; приходилось также видеть японскую серебряную монету.

Первое селение по Сусуе - Голый Мыс; существует оно лишь с прошлого года, и избы еще не достроены. Здесь 24 мужчины и ни одной женщины. Стоит селение на бугре, который и раньше назывался голым мысом. Речка здесь не близко от жилья - надо к ней спускаться; колодца нет.

Второе селение - Мицулька, названная так в честь М.С. Мицуля. Когда дороги еще не было, то на месте теперешней Мицульки стояла станция, на которой держали лошадей для чиновников, едущих по казенной надобности; конюхам и работникам позволено было строиться до срока, и они поселились около станции и завели собственные хозяйства. Дворов тут только 10, а жителей 25: 16 м. и 9 ж. После 1886 г. окружной начальник не позволял уже никому селиться в Мицульке, и хорошо делал, так как земля здесь неважная и лугов хватает только на десять дворов. Теперь в селении 17 коров и 13 лошадей, не считая мелкого скота, и в казенной ведомости показаны 64 курицы, но всего этого не станет вдвое больше, если удвоить число дворов.

Говоря об особенностях селений южного округа, я забыл упомянуть еще об одной: здесь часто отравляются борцом (Aconitum Napellus). В Мицульке у пос"еленца" Такового свинья отравилась борцом; он сжадничал и поел ее печенки, и едва не умер. Когда я был у него в избе, то он стоял через силу и говорил слабым голосом, но о печенке рассказывал со смехом, и по его всё еще опухшему, сине-багровому лицу можно было судить, как дорого обошлась ему эта печенка. Немного раньше его отравился борцом старик Коньков и умер, и дом его теперь пустует. Этот дом составляет одну из достопримечательностей Мицульки. Несколько лет тому назад бывший смотритель тюрьмы, Л., принявши какое-то вьющееся растение за виноград, доложил генералу Гинце, что в Южном Сахалине есть виноград, который с успехом можно культивировать. Генерал Гинце немедленно приказал узнать, нет ли среди арестантов человека, работавшего когда-либо на виноградниках. Такой скоро нашелся. Это был поселенец Раевский, мужчина, по преданию, очень высокого роста. Он объявил себя специалистом, ему поверили и на первом же отходящем пароходе отправили при бумаге из Александровского поста в Корсаковский. Тут его спросили: "Зачем приехал?" Он ответил: "Разводить виноград". Посмотрели на него, прочли бумагу и только плечами пожали. Виноградарь пошел бродить по округу, заломив шапку; так как он был командирован начальником острова, то не счел нужным явиться к смотрителю поселений. Произошло недоразумение. В Мицульке его высокий рост и достоинство, с каким он держал себя, показались подозрительными, его приняли за бродягу, связали и отправили в пост. Тут долго держали его в тюрьме и наводили справки, потом выпустили. В конце концов он поселился в Мицульке, здесь и умер, а Сахалин так и остался без виноградников. Дом Раевского пошел в казну за долг и был продан Конькову за 15 рублей. Старик Коньков, когда платил деньги за дом, лукаво подмигнул глазом и сказал окружному начальнику: "А вот, погодите, умру, и вы опять с этим домом хлопотать будете". И в самом деле, в скором времени отравился борцом, и теперь казне опять приходится возиться с домом.

В Мицульке живет сахалинская Гретхен, дочь поселенца Николаева, Таня, уроженка Псковской губернии, 16 лет. Она белокура, тонка, и черты у нее тонкие, мягкие, нежные. Ее уже просватали за надзирателя. Бывало, едешь через Мицульку, а она всё сидит у окна и думает. А о чем может думать молодая, красивая девушка, попавшая на Сахалин, и о чем она мечтает, - известно, должно быть, одному только богу.

В пяти верстах от Мицульки находится новое селение Лиственничное, и дорога здесь идет просекой через лиственничный лес. Называется оно также Христофоровкой, потому что когда-то гиляк Христофор ставил здесь на реке петли для соболей. Выбор этого места под селение нельзя назвать удачным, так как почва здесь дурная, негодная для культуры. Жителей 15. Женщин нет.

Немного дальше, на речке Христофоровке, несколько каторжных занимались когда-то разными поделками из дерева; им разрешено было построиться до срока. Но место, где они поселились, было признано неудобным, и в 1886 г. их четыре избы были перенесены на другое место, к северу от Лиственничного версты на четыре, что и послужило основанием для селения Хомутовки. Называется оно так потому, что поселенец из вольных, крестьянин Хомутов, занимался здесь когда-то охотой. Жителей 38: 25 м. и 13 ж. Хозяев 25. Это одно из самых неинтересных селений, хотя, впрочем, и оно может похвалиться достопримечательностью: в нем живет поселенец Броновский, известный всему югу как страстный и неутомимый вор.

Далее, через три версты, находится селение Большая Елань, основанное года два тому назад. Еланями здесь называются приречные долины, в которых растут ильма, дуб, боярка, бузина, ясень, береза. Обыкновенно они бывают защищены от холодных ветров, и в то время как на соседних горах и трясинах растительность поражает своею скудостью и мало отличается от полярной, здесь, в еланях, мы встречаем роскошные рощи и траву раза в два выше человеческого роста: в летние, не пасмурные дни земля здесь, как говорится, парит, во влажном воздухе становится душно, как в бане, и согретая почва гонит все злаки в солому, так что в один месяц, например, рожь достигает почти сажени вышины. Эти елани, напоминающие малороссу родные левады, где луга чередуются с садами и рощами, наиболее пригодны для поселений.

Жителей в Большой Елани 40: 32 м. и 8 ж. Хозяев 30. Когда поселенцы раскорчевывали землю под свои усадьбы, то им было приказано щадить старые деревья, где это возможно. И селение благодаря этому не кажется новым, потому что на улице и во дворах стоят старые, широколиственные ильмы - точно их деды посадили.

Из здешних поселенцев обращают на себя внимание братья Бабичи, из Киевской губ"ернии"; сначала они жили в одной избе, потом стали ссориться и просить начальство, чтобы их разделили. Один из Бабичей, жалуясь на своего родного брата, выразился так: "Я боюсь его, как змия".

Еще через пять верст - селение Владимировна, основанное в 1881 году и названное так в честь одного майора, по имени Владимира, заведовавшего каторжными работами. Поселенцы зовут его также Черною Речкой. Жителей 91: 55 м. и 36 ж. Хозяев 46, из них 19 живут бобылями и сами доят коров. Из 27 семей только 6 законные. Как сельскохозяйственная колония это селение стоит обоих северных округов, взятых вместе, а между тем из массы женщин, приходящих на Сахалин за мужьями, свободных и не испорченных тюрьмой, то есть наиболее ценных для колонии, здесь поселена только одна, да и та недавно заключена в тюрьму по подозрению в убийстве мужа. Несчастные женщины свободного состояния, которых северные чиновники томят в Дуэ "в казармах для семейных", пригодились бы здесь как нельзя кстати; во Владимировке одного рогатого скота больше 100 голов, 40 лошадей, хорошие покосы, но нет хозяек и, значит, нет настоящих хозяйств.

Во Владимировке, при казенном доме, где живет смотритель поселений г. Я. со своей женой-акушеркой, находится сельскохозяйственная ферма, которую поселенцы и солдаты называют фирмой. Г-н Я. интересуется естественными науками и особенно ботаникой, растения называет не иначе, как по-латыни, и когда у него подают за обедом, например, фасоль, то он говорит: "Это - faseolus". Своей черной собачонке он дал кличку Favus. Из всех сахалинских чиновников он наиболее сведущ в агрономии и относится к делу добросовестно и любовно, но на его образцовой ферме урожаи часто бывают хуже, чем у поселенцев, и это вызывает всеобщее недоумение и даже насмешки. По-моему, эта случайная разница в урожаях имеет такое же отношение к г. Я., как и ко всякому другому чиновнику. Ферма, на которой нет ни метеорологической станции, ни скота, хотя бы для навоза, ни порядочных построек, ни знающего человека, который от утра до вечера занимался бы только хозяйством, - это не ферма, а в самом деле одна лишь фирма, то есть пустая забава под фирмой образцового сельского хозяйства. Даже опытным полем нельзя назвать эту фирму, так как в ней только пять десятин и по качествам своим, как сказано в одной казенной бумаге, земля нарочно выбрана ниже среднего достоинства, "с целью показать населению примером, что при известном уходе и лучшей обработке можно и на ней добиться удовлетворительного результата".

Здесь, во Владимировке, произошла любовная история. Некий Вукол Попов, крестьянин, застал свою жену с отцом, размахнулся и убил старика. Его приговорили к каторжным работам, прислали в Корсаковский округ и тут определили на фирму, к г. Я., в кучера. Это был богатырского сложения человек, еще молодой и красивый, характера кроткого и сосредоточенного, - всё, бывало, молчит и о чем-то думает, - и с первого же времени хозяева стали доверять ему, и когда уезжали из дому, то знали, что Вукол и денег не вытащит из комода, и спирта в кладовой не выпьет. Жениться на Сахалине ему было нельзя, так как на родине оставалась у него жена и развода ему не давала. Таков приблизительно герой. Героиня - ссыльнокаторжная Елена Тертышная, сожительница поселенца Кошелева, баба вздорная, глупая и некрасивая. Она стала ссориться со своим сожителем, тот пожаловался, и окружной начальник в наказание назначил ее работницей на фирму. Тут увидел ее Вукол и влюбился. Она его тоже полюбила. Сожитель Кошелев, вероятно, заметил это, потому что стал усердно просить ее, чтоб она вернулась к нему.

- Ну, да, ладно, знаю вас! - говорила она. - Женись на мне, тогда пойду. Кошелев подал докладную записку о вступлении в брак с девицей Тертышной, и начальство разрешило ему этот брак. Между тем Вукол объяснялся Елене в любви, умоляя ее жить с ним; она тоже искренно клялась в любви и при этом говорила ему:

- Приходи так - я могу, а жить постоянно - нет; ты женатый, а мое дело женское, должна я о себе подумать, пристроиться за хорошего человека.

Когда Вукол узнал, что она просватана, то пришел в отчаяние и отравился борцом. Елену потом допрашивали, и она созналась: "Я с ним четыре ночи ночевала". Рассказывали, что недели за две до

смерти он, глядя на Елену, мывшую пол, говорил:
- Эх, бабы, бабы! На каторгу из-за бабы пошел и тут, должно, из-за бабы придется кончить!

Во Владимировке я познакомился с ссыльным Василием Смирновым, присланным за подделку кредитных бумажек. Он отбыл каторгу и поселенчество и занимается теперь охотой на соболей, что, по-видимому, доставляет ему большое удовольствие. Он рассказывал мне, что когда-то фальшивые бумажки давали ему по 300 рублей в день, но попался он после того уж, как бросил этот промысел и занялся честным трудом. О фальшивых бумажках рассуждает тоном специалиста; по его мнению, подделывать теперешние кредитки может даже баба. О прошлом говорит он спокойно, не без иронии, и очень гордится тем, что его когда-то на суде защищал г. Плевако.

Тотчас за Владимировкой начинается громадный луг в несколько сот десятин; он имеет вид полукруга, версты четыре в диаметре. У дороги, где он кончается, стоит селение Луговое, или Лужки, основанное в 1888 г. Здесь 69 мужчин и только 5 женщин.

Далее следует опять короткий промежуток в 4 версты, и мы въезжаем в Поповские Юрты, селение, основанное в 1884 г. Его хотели назвать Ново-Александровкой, но это название не привилось. Поехал о. Симеон Казанский, или, попросту, поп Семен, на собаках в Найбучи "постить" солдат, на обратном пути его захватила сумасшедшая вьюга, и он сильно захворал (другие же говорят, что он возвращался из Александровска). К счастью, лопались аинские рыбачьи юрты, он приютился в одной из них, а своего возницу послал во Владимировку, где тогда жили вольные поселенцы; эти приехали за ним и доставили его еле живого в Корсаковский пост. После этого аинские юрты стали называться поповскими; это название удержала за собою и местность.

Сами поселенцы зовут свое селение также Варшавой, так как в нем много католиков. Жителей 111: 95 м"ужчин" и 16 жен"щин". Из 42 хозяев семейно живут только 10.

Поповские Юрты стоят как раз на средине пути между Корсаковским постом и Найбучи. Тут кончается бассейн реки Сусуи, и после некрутого, едва заметного перевала через водораздельный хребет мы спускаемся в долину, орошаемую Найбой. Первое селение этого бассейна находится в 8 верстах от Юрт и называется Березники, потому что около когда-то было много березы. Из всех южных селений это самое большое. Тут жителей 159: 142 м. и 17 ж. Хозяев 140. Уже есть четыре улицы и площадь, на которой, как предполагают, со временем будут выстроены церковь, телеграфная станция и дом смотрителя поселений. Предполагают также, что если колонизация удастся, то в Березниках будет волость. Но это селение очень скучно на вид, и люди в нем скучные, и думают они не о волости, а только о том, как бы скорее отбыть срок и уехать на материк. Один поселенец на вопрос, женат ли он, ответил мне со скукой: "Был женат и убил жену". Другой, страдающий кровохарканием, узнав, что я врач, всё ходил за мной и спрашивал, не чахотка ли у него, и пытливо засматривал мне в глаза. Ему было страшно от мысли, что он не дождется крестьянских прав и умрет на Сахалине.

Далее через 5 верст следует селение Кресты, основанное в 1885 г. Тут когда-то были убиты двое бродяг и на месте их могил стояли кресты, которых теперь уже нет; или иначе: хвойный лес, который давно уже вырублен; пересекал здесь когда-то елань в виде креста. Оба объяснения поэтичны; очевидно, название Кресты дано самим населением.

Находятся Кресты на реке Такоэ, как раз при впадении в нее притока; почва - суглинок с хорошим налетом ила, урожаи бывают почти каждый год, лугов много, и люди, по счастью, оказались порядочными хозяевами; но в первые годы селение мало отличалось от Верхнего Армудана и едва не погибло. Дело в том, что посажено было здесь на участки сразу 30 человек; это было как раз то время, когда из Александровска долго не присылали инструментов, и поселенцы отправились к месту буквально с голыми руками. Из жалости им были даны из тюрьмы старые топоры, чтобы они могли нарубить себе лесу. Потом целых три года подряд им не выдавали скота, - по той же причине, по какой из Александровска не присылали инструментов.

Жителей 90: 63 м. и 27 ж. Хозяев 52.

Здесь есть лавочка, в которой торгует отставной фельдфебель, бывший ранее надзирателем в Тымовском округе; торгует он бакалейным товаром. Есть и медные браслеты и сардинки. Когда я пришел в лавочку, то фельдфебель принял меня, вероятно, за очень важного чиновника, потому что вдруг без всякой надобности доложил мне, что он был когда-то замешан в чем-то, но оправдан, и стал торопливо показывать мне разные одобрительные аттестации, показал, между прочим, и письмо какого-то г. Шнейдера, в конце которого, помнится, есть такая фраза: "А когда потеплеет, жарьте талые". Потом фельдфебель, желая доказать мне, что он уже никому не должен, принялся рыться в бумагах и искать какие-то расписки, и не нашел их, и я вышел из лавочки, унося с собою уверенность в его полной невинности и фунт простых мужицких конфект, за которые он, однако, содрал с меня полтинник.

Следующее после Крестов селение находится у реки с японским названием Такоэ, впадающей в Найбу. Долина этой реки называется Такойской, и знаменита она тем, что на ней когда-то жили вольные поселенцы. Селение Большое Такоэ существует официально с 1884 г., но основано было гораздо раньше. Хотели назвать его Власовским в честь г. Власова, но название это не удержалось. Жителей 71: 56 м. и 15 ж. Хозяев 47. Здесь живет постоянно классный фельдшер, которого поселенцы называют первоклассным. За неделю до моего приезда отравилась борцом его жена, молодая женщина.

Вблизи селения, а особенно по дороге к Крестам, встречаются превосходные строевые ели. Вообще много зелени, и притом сочной, яркой, точно умытой. Флора Такойской долины несравненно богаче, чем на севере, но северный пейзаж живее и чаще напоминал мне Россию. Правда, природа там печальна и сурова, но сурова она по-русски, здесь же она улыбается и грустит, должно быть, по-аински, и вызывает в русской душе неопределенное настроение.

В Такойской же долине, в 4 верст"ах" от Большого, находится Малое Такоэ на небольшой речушке,впадающей в Такоэ. Основано селение в 1885 г. Жителей 52: 37 м. и 15 ж. Хозяев 35. Из них живут семейно только 9, и нет ни одной венчанной пары.

Дальше, в 8 верстах, на месте, которое у японцев и аинцев называлось Сиянча и где когда-то стоял японский рыбный сарай, находится селение Галкино-Враское, или Сиянцы, основанное в 1884 г. Местоположение красивое при впадении Такоэ в Найбу, но очень неудобное. Весною и осенью, да и летом в дождливую погоду, Наиба, капризная, как все вообще горные реки, разливается и затопляет Сиянчу; сильное течение запирает вход для Такоэ, и эта тоже выходит из берегов; то же происходит и с мелкими речками, впадающими в Такоэ. Галкино-Враское представляет из себя тогда Венецию, и ездят по нем на аинских лодках; в избах, построенных на низине, пол бывает залит водой. Место для селения выбирал некий г. Иванов, понимающий в этом деле так же мало, как в гиляцком и аинском языках, переводчиком которых он официально считается; впрочем, в ту пору он был помощником смотрителя тюрьмы и исправлял должность нынешнего смотрителя поселений. Аинцы и поселенцы предупреждали его, что место тут топкое, но он не слушал их. Кто жаловался, тех секли. В одно из наводнений погиб бык, в другое - лошадь.

Впадение Такоэ в Найбу образует полуостров, на который ведет высокий мост. Тут очень красиво; место как раз соловьиное. В надзирательской светло и очень чисто; есть даже камин. С террасы вид на реку, во дворе садик. Сторожем здесь старик Савельев, каторжный, который, когда здесь ночуют чиновники, служит за лакея и повара. Как-то, прислуживая за обедом мне и одному чиновнику, он подал что-то не так, как нужно, и чиновник крикнул на него строго: "Дурак!" Я посмотрел тогда на этого безответного старика и, помнится, подумал, что русский интеллигент до сих пор только и сумел сделать из каторги, что самым пошлым образом свел ее к крепостному праву.

Жителей в Галкине-Враском 74: 50 м. и 24 ж. Хозяев 45, и из них 29 имеют крестьянское звание.

Последнее селение по тракту - Дубки, основанное в 1886 г. на месте бывшего здесь дубового леса. На пространстве 8 верст, между Сиянцами и Дубками, встречаются горелые леса и между ними луговины, на которых, говорят, растет капорский чай. Когда едешь, показывают, между прочим, речку, где поселенец Маловечкин ловил рыбу; теперь эта речка носит его имя. Жителей в Дубках 44: 31 м. и 13 ж. Хозяев 30. Местоположение считается хорошим по теории, что там, где растет дуб, почва должна быть хороша для пшеницы. Большая часть площади, которая занята теперь под пашней и покосом, недавно еще была болотом, но поселенцы, по совету г. Я., выкопали канаву до Найбы, в сажень глубины, и теперь стало хорошо.

Быть может, оттого, что это маленькое селение стоит с краю, как бы особняком, здесь значительно развиты картежная игра и пристанодержательство. В июне здешний поселенец Лифанов проигрался и отравился борцом.

От Дубков до устья Найбы остается только 4 версты, на пространстве которых селиться уже нельзя, так как у устья заболочина, а по берегу моря песок и растительность песчано-морская: шиповник с очень крупными ягодами, волосянец и проч. Дорога продолжается до моря, но можно проехать и по реке, на аинской лодке.

У устья стоял когда-то пост Найбучи. Он был основан в 1886 г. Мицуль застал здесь 18 построек, жилых и нежилых, часовню и магазин для провианта. Один корреспондент, бывший в Найбучи в 1871 г., пишет, что здесь было 20 солдат под командой юнкера; в одной из изб красивая высокая солдатка угостила его свежими яйцами и черным хлебом, хвалила здешнее житье и жаловалась только, что сахар очень дорог. Теперь и следа нет тех изб, и красивая высокая солдатка, когда оглянешься кругом на пустыню, представляется каким-то мифом. Тут строят новый дом, надзирательскую иди станцию, и только. Море на вид холодное, мутное, ревет, и высокие седые волны бьются о песок, как бы желая сказать в отчаянии: "Боже, зачем ты нас создал?" Это уже Великий, или Тихий, океан. На этом берегу Найбучи слышно, как на постройке стучат топорами каторжные, а на том берегу, далеком, воображаемом, Америка. Налево видны в тумане сахалинские мысы, направо тоже мысы... а кругом ни одной живой души, ни птицы, ни мухи, и кажется непонятным, для кого здесь ревут волны, кто их слушает здесь по ночам, что им нужно и, наконец, для кого они будут реветь, когда я уйду. Тут, на берегу, овладевают не мысли, а именно думы; жутко и в то же время хочется без конца стоять, смотреть на однообразное движение волн и слушать их грозный рев.

XIV

Тарайка. - Вольные поселенцы. - Их неудачи. - Айно, границы их
распространения, численный состав, наружность, пища, одежда,
жилища, их нравы. - Японцы. - Кусун-Котан. - Японское консульство.

В местности, которая называется Тарайкою, на одном из самых
южных притоков Пороная, впадающего в залив Терпения, находится
селение Сиска. Вся Тарайка причисляется к южному округу,
разумеется, с большою натяжкой, так как от нее до Корсаковска
будет верст 400, и климат здесь отвратительный, хуже чем в Дуэ. Тот
проектированный округ, о котором я говорил в XI главе, будет
называться Тарайкинским. и в него войдут все селения по Поронаю, в
том числе и Сиска; пока же здесь селят южан. В казенной ведомости
показано жителей только 7: 6 м. и 1 ж. В Сиске я не был, но вот
выдержка из чужого дневника: "Как селение, так и местность самая
безотрадная; прежде всего, отсутствие хорошей воды, дров; жители
пользуются из колодцев, в которых во время дождей вода красная,
тундровая. Берег, где расположено селение, песчаный, вокруг везде
тундра... В общем вся местность производит тяжелое, удручающее
впечатление".
Теперь, чтобы покончить с Южным Сахалином, остается мне сказать
несколько слов еще о тех людях, которые жили когда-либо здесь и
теперь живут независимо от ссыльной колонии. Начну с попыток к
вольной колонизации. В 1868 г. одною из канцелярий Восточной
Сибири было решено поселить на юге Сахалина до 25 семейств; при
этом имелись в виду крестьяне свободного состояния, переселенцы,
уже селившиеся по Амуру, но так неудачно, что устройство их
поселений один из авторов называет плачевным, а их самих
горемыками. Это были хохлы, уроженцы Черниговской губ., которые
раньше, до прихода на Амур, уже селились в Тобольской губ"ернии",
но тоже неудачно. Администрация, предлагавшая им переселиться на
Сахалин, давала обещания в высшей степени заманчивые. Обещали
безвозмездно в течение двух лет довольствовать их мукой, и крупой,
снабдить каждую семью заимообразно земледельческими орудиями,
скотом, семенами и деньгами, с уплатою долга через пять лет, и
освободить их на 20 лет от податей и рекрутской повинности.
Переселиться изъявили желание 10 амурских семейств и, кроме того,
11 семейств из Балаганского уезда, Иркутской губ., всего 101 душа. В
1869 г., в августе, их отправили на транспорте "Манджур" в
Муравьевский пост, чтобы отсюда перевезти вокруг Анивского мыса
Охотским морем в пост Найбучи, от которого до Такойской долины,

где предполагалось положить начало вольной колонии, было только 30 верст. Но наступила уже осень, свободного судна не было, и тот же "Манджур" доставил их вместе с их скарбом в Корсаковский пост, откуда они рассчитывали пробраться в Такойскую долину сухим путем. Дороги тогда не было вовсе. Прапорщик Дьяконов, по выражению Мицуля, "двинулся" с 15 рядовыми делать неширокую просеку. Но двигался он, вероятно, очень медленно, потому что 16 семейств не стали дожидаться окончания просеки и отправились в Такойскую долину прямо через тайгу на вьючных волах и телегах; на пути выпал глубокий снег, и они должны были часть телег бросить, а часть положить на полозья. Прибывши в долину 20 ноября, они немедленно стали строить себе бараки и землянки, чтоб укрыться от холода. За неделю до Рождества пришли остальные 6 семейств, но поместиться им было негде, строиться поздно, и они отправились искать пристанища в Найбучи, оттуда в Кусуннайский пост, где и перезимовали в солдатских казармах; весною же вернулись в Такойскую долину.

"Но тут-то и начала сказываться вся неряшливость и неумелость чиновничества", - пишет один из авторов. Обещали разных хозяйственных предметов на 1000 рублей и по 4 головы разного скота на каждую семью, но когда отправляли переселенцев на "Манджуре" из Николаевска, то не было ни жерновов, ни рабочих волов, лошадям не нашлось места на судне, и сохи оказались без сошников. Зимою сошники были привезены на собаках, но только 9 штук, и когда впоследствии переселенцы обратились к начальству за сошниками, то просьба их "не обратила на себя должного внимания". Быков прислали осенью 1869 г. в Кусуннай, но изнуренных, полуживых, и в Кусуннае вовсе не было заготовлено сена, и из 41 околело за зиму 25 быков. Лошади остались зимовать в Николаевске, но так как кормы были дороги, то их продали с аукциона и на вырученные деньги купили новых в Забайкалье, но эти лошади оказались хуже прежних, и крестьяне забраковали нескольких. Семена отличались дурною всхожестью, яровая рожь была перемешана в мешках с озимою, так что хозяева потеряли скоро к семенам всякое доверие, и хотя и брали их из казны, но скармливали скоту или съедали сами. Так как жерновов не было, то зерен не мололи, а только запаривали их и ели, как кашу.

После ряда неурожаев, в 1875 г. случилось наводнение, которое окончательно отняло у переселенцев охоту заниматься на Сахалине сельским хозяйством. Стали опять переселяться. На берегу Анивы, почти на полдороге от Корсаковского поста к Муравьевскому, в так называемой Чибисани, образовался выселок в 20 дворов. Потом стали просить позволения переселиться в Южно-Уссурийский край; ожидали они разрешения, как особой милости, с нетерпением, десять лет, а пока кормились охотой на соболя и рыбною ловлей. Только лишь в 1886 г. они отбыли в Уссурийский край. "Дома свои бросают, - пишет корреспондент, - едут с весьма тощими карманами; берут кое-какой скарб да по одной лошади" ("Владивосток", 1886 г., № 22). В настоящее время между селениями Большое и Малое Такоэ, несколько в стороне от дороги, находится пожарище; тут стояло когда-то вольное селение Воскресенское; избы, оставленные хозяевами, были сожжены бродягами. В Чибисани же, говорят, до сих пор еще сохранились в целости избы, часовня и даже дом, в котором помещалась школа. Я там не был.

Из вольных поселенцев осталось на острове только трое: Хомутов, о котором я уже упоминал, и две женщины, родившиеся в Чибисани. Про Хомутова говорят, что он "шатается где-то" и живет, кажется, в Муравьевском посту. Его редко видят. Он охотится на соболей и ловит в бухте Буссе осетров. Что касается женщин, то одна из них, Софья, замужем за крестьянином из ссыльных Барановским и живет в Мицульке, другая, Анисья, за поселенцем Леоновым, живет в Третьей Пади. Хомутов скоро умрет, Софья и Анисья уедут с мужьями на материк, и таким образом о вольных поселенцах скоро останется одно только воспоминание.

Итак, вольную колонизацию на юге Сахалина следует признать неудавшеюся. Виноваты ли в этом естественные условия, которые на первых же порах встретили крестьян так сурово и недружелюбно, или же всё дело испортили неумелость и неряшливость чиновников, решить трудно, так как опыт был непродолжителен, и к тому же еще приходилось производить эксперимент над людьми, по-видимому, неусидчивыми, приобретшими в своих долгих скитаниях по Сибири вкус к кочевой жизни. Трудно сказать, к чему бы привел опыт, если б он был повторен. Собственно для ссыльной колонии неудавшийся опыт пока может быть поучителен в двух отношениях: во-первых, вольные поселенцы сельским хозяйством занимались недолго и в последние десять лет до переезда на материк промышляли только рыбною ловлей и охотой; и в настоящее время Хомутов, несмотря на свой преклонный возраст, находит для себя более подходящим и выгодным ловить осетров и стрелять соболей, чем сеять пшеницу и сажать капусту; во-вторых, удержать на юге Сахалина свободного человека, когда ему изо дня в день толкуют, что только в двух днях пути от Корсаковска находится теплый и богатый Южно-Уссурийский край, - удержать свободного человека, если, к тому же, он здоров и полон жизни, невозможно.

Коренное население Южного Сахалина, здешние инородцы, на вопрос, кто они, не называют ни племени, ни нации, а отвечают просто: айно. Это значит человек. В этнографической карте Шренка площадь распространения айно, или айну, обозначена желтою краской, и эта краска сплошь покрывает японский остров Матсмай и южную часть Сахалина до залива Терпения. Живут они также еще на Курильских островах и называются поэтому у русских курилами. Численный состав айно, живущих на Сахалине, не определен точно, но не подлежит сомнению все-таки, что племя это исчезает, и притом с необыкновенною быстротой. Врач Добротворский, 25 лет назад служивший на Южном Сахалине, говорит, что было время, когда около одной лишь бухты Буссе было 8 больших аинских селений и число жителей в одном из них доходило до 200; около Найбы он видел следы многих селений. Для своего времени он гадательно приводит три цифры, взятые из разных источников: 2885, 2418, 2050, и последнюю считает наиболее достоверной. По свидетельству одного автора, его современника, от Корсаковского поста в обе стороны по берегу шли аинские селения. Я же около поста не застал уже ни одного селения и видел несколько аинских юрт только около Большого Такоэ и Сиянцы. В "Ведомости о числе проживающих инородцев за 1889 г. по Корсаковскому округу" численный состав айно определяется так: 581 мужчин и 569 женщин.

Причинами исчезания айно Добротворский считает опустошительные войны, будто бы происходившие когда-то на Сахалине, незначительную рождаемость вследствие неплодовитости аинок, а главное болезни. У них всегда наблюдались сифилис, цинга; бывала, вероятно, и оспа.

Но все эти причины, обусловливающие обыкновенно хроническое вымирание инородцев, не дают объяснения, почему айно исчезают так быстро, почти на наших глазах; ведь в последние 25-30 лет не было ни войн, ни значительных эпидемии, а между тем в этот промежуток времени племя уменьшилось больше чем наполовину. Мне кажется, вернее будет предположить, что это быстрое исчезание, похожее на таяние, происходит не от одного вымирания, но также и от переселения айно на соседние острова.

До занятия Южного Сахалина русскими айно находились у японцев почти в крепостной зависимости, и поработить их было тем легче, что они кротки, безответны, а главное, были голодны и не могли обходиться без рису.

Занявши Южный Сахалин, русские освободили их и до последнего времени охраняли их свободу, защищая от обид и избегая вмешиваться в их внутреннюю жизнь. Беглые каторжники в 1885 г. перерезали несколько аинских семейств; рассказывают также, будто был высечен розгами какой-то аинец-каюр, который отказывался везти почту, и бывали покушения на целомудрие аинок, но о подобного рода притеснениях и обидах говорят как об отдельных и в высшей степени редких случаях. К сожалению, русские вместе со свободой не принесли рису; с уходом японцев никто уже не ловил рыбы, заработки прекратились, и айно стали испытывать голод. Кормиться, подобно гилякам, одною рыбой и мясом они уже не могли, - нужен был рис, и вот, несмотря на свое нерасположение к японцам, побуждаемые голодом, напали они, как говорят, выселяться на Матсмай. В одной корреспонденции ("Голос", 1876 г., № 16) я прочел, будто бы депутация от айно приходила в Корсаковский пост и просила дать работы или по крайней мере семян для разводки картофеля и научить их возделывать под картофель землю; в работе будто бы было отказано, и семена картофеля обещали прислать, но обещания не исполнили, и айно, бедствуя, продолжали переселяться на Матсмай. В другой корреспонденции, относящейся к 1885 г. ("Владивосток", № 38), говорится тоже, что айно делали какие-то заявления, которые, по-видимому, не были уважены, и что они сильно желают выбраться с Сахалина на Матсмай.

Айно смуглы, как цыгане; у них большие окладистые бороды, усы и черные волосы, густые и жесткие; глаза у них темные, выразительные, кроткие. Роста они среднего и сложения крепкого, коренастого, черты лица крупны, грубоваты, но в них, по выражению моряка В. Римского-Корсакова, нет ни монгольской приплющины, ни китайского узкоглазия. Находят, что бородатые айно очень похожи на русских мужиков. В самом деле, когда, айно надевает свой халат вроде нашей чуйки и подпоясывается, то становится похожим на купеческого кучера.

Тело айно покрыто темными волосами, которые на груди иногда растут густо, пучками, но до мохнатости еще далеко, между тем борода и волосатость, составляющая такую редкость у дикарей, поражали путешественников, которые по возвращении домой описывали айно, как мохнатых. И наши казаки, в прошлом столетии бравшие с них ясак на Курильских островах, тоже называли их мохнатыми.

Айно живут в близком соседстве с народами, у которых растительность на лице отличается скудостью, и немудрено поэтому, что их широкие бороды ставят этнографов в немалое затруднение; наука до сих пор еще не отыскала для айно настоящего места в расовой системе. Айно относят то к монгольскому, то к кавказскому племени; один англичанин нашел даже, что это потомки евреев, заброшенных во времена оны на японские острова. В настоящее время наиболее вероятными представляются два мнения: одно, что айно принадлежат к особой расе, населявшей некогда все восточноазиатские острова, другое же, принадлежащее нашему Шренку, что это народ палеоазиатский, издавна вытесненный монгольскими племенами с материка Азии на его островную окраину, и что путь этого народа из Азии на острова лежал через Корею. Во всяком случае, айно двигались с юга на север, из тепла в холод, меняя постоянно лучшие условия на худшие. Они не воинственны, не терпят насилия; покорять, порабощать или вытеснять их было нетрудно. Из Азии их вытеснили монголы, из Ниппона и Матсмая - японцы, на Сахалине гиляки не пустили их выше Тарайки, на Курильских островах они встретились с казаками и таким образом в конце концов очутились в положении безвыходном. В настоящее время айно, обыкновенно без шапки, босой и в портах, подсученных выше колен, встречаясь с вами по дороге, делает вам реверанс и при этом взглядывает ласково, но грустно и болезненно, как неудачник, и как будто хочет извиниться, что борода у него выросла большая, а он всё еще не сделал себе карьеры.

Подробности об айно см.у Шренка, Добротворского и А. Полонского. То,что было сказано о пище и одежде у гиляков, относится и к айно, с тою лишь прибавкой, что недостаток риса, любовь к которому айно унаследовали от прадедов, живших когда-то на южных островах, составляет для них серьезное лишение; русского хлеба они не любят. Пища у них отличается большим разнообразием, чем у гиляков; кроме мяса и рыбы, они едят разные растения, моллюсков и то, что итальянские нищие называют вообще frutti di mare. Едят они понемногу, но часто, почти каждый час; прожорливости, свойственной всем северным дикарям, у них не замечается. Так как грудным детям приходится с молока переходить прямо на рыбу и китовый жир, то их отнимают от груди поздно. Римский-Корсаков видел, как аинку сосал ребенок лет трех, который отлично уже двигался сам и даже имел на ременном поясе ножик, как большой. На одежде и жилищах чувствуется сильное влияние юга - не сахалинского, а настоящего юга. Летом айно ходят в рубахах, сотканных из травы или луба, а раньше, когда были не так бедны, носили шёлковые халаты. Шапок они не носят, лето и всю осень до снега ходят босиком. В юртах у них дымно и смрадно, но все-таки гораздо светлее, опрятнее и, так сказать, культурнее, чем у гиляков. Около юрт обыкновенно стоят сушильни с рыбой, распространяющей далеко вокруг промозглый, удушливый запах; воют и грызутся собаки; тут же иногда можно увидеть небольшой сруб-клетку, в котором сидит молодой медведь: его убьют и съедят зимой на так называемом медвежьем празднике. Я видел однажды утром, как аинская девочка-подросток кормила медведя, просовывая ему на лопаточке сушеную рыбу, смоченную в воде. Сами юрты сложены из накатника и тесу; крыша, из тонких жердей, покрыта сухою травой. Внутри у стен тянутся нары, выше их полки с разной утварью; тут, кроме шкур, пузырей с жиром, сетей, посуды и проч., вы найдете корзины, циновки и даже музыкальный инструмент. На наре обыкновенно сидит хозяин и, не переставая, курит трубочку, и если вы задаете ему вопросы, то отвечает неохотно и коротко, хотя и вежливо. Посреди юрты стоит очаг, на котором горят дрова; дым уходит через отверстие в крыше. Над огнем висит на крюке большой черный котел; в нем кипит уха, серая, пенистая, которую, я думаю, европеец не стал бы есть ни за какие деньги. Около котла сидят чудовища. Насколько солидны и благообразны айно-мужчины, настолько непривлекательны их жены и матери. Наружность аинских женщин авторы называют безобразной и даже отвратительной. Цвет смугло-желтый, пергаментный, глаза узкие, черты крупные; невьющиеся жесткие волосы висят через лицо патлами, точно солома на старом сарае, платье неопрятное, безобразное, и при всем том необыкновенная худощавость и старческое выражение. Замужние красят себе губы во что-то синее, и от этого лица их совершенно утрачивают образ и подобие человеческие, и когда мне приходилось видеть их и наблюдать ту серьезность, почти суровость, с какою они мешают ложками в котлах. и снимают грязную пену, то мне казалось, что я вижу настоящих ведьм. Но девочки и девушки не производят такого отталкивающего впечатления.

Айно никогда не умываются, ложатся спать не раздеваясь.

Почти все, писавшие об айно, отзывались об их нравах с самой хорошей стороны. Общий голос таков, что это народ кроткий, скромный, добродушный, доверчивый, сообщительный, вежливый, уважающий собственность, на охоте смелый и, по выражению д-ра Rollen'a, спутника Лаперуза, даже интеллигентный. Бескорыстие, откровенность, вера в дружбу и щедрость составляют их обычные качества. Они правдивы и не терпят обманов. Крузенштерн пришел от них в совершенный восторг; перечислив их прекрасные душевные качества, он заключает; "Такие подлинно редкие качества, коими обязаны они не возвышенному образованию, но одной только природе, возбудили во мне то чувствование, что я народ сей почитаю лучшим из всех прочих, которые доныне мне известны". А Рудановский пишет: "Более мирного и скромного населения, какое мы встретили в южной части Сахалина, быть не может". Всякое насилие возбуждает в них отвращение и ужас. А. Полонский рассказывает следующий печальный эпизод, почерпнутый им из архивов. Дело происходило давно, в прошлом столетии. Казацкому сотнику Черному, приводившему курильских айно в русское подданство, вздумалось наказать некоторых розгами: "При одном виде приготовлений к наказанию айно пришли в ужас, а когда двум женщинам стали вязать руки назад, чтобы удобнее расправиться с ними, некоторые из айно убежали на неприступный утес, а один айно с 20 женщинами и детьми ушел на байдаре в море... Не успевших убежать женщин высекли, а мужчин шесть человек взяли с собою на байдары, а чтобы воспрепятствовать побегу, им связали руки назад, но так немилостиво, что один из них умер. Когда его, распухшего и как будто с обваренными руками, бросили с камнем в море, Черный в назидание прочим его товарищам проговорил: "У нас по-русски так водится"".

В заключение несколько слов об японцах, играющих такую видную роль в истории Южного Сахалина. Известно, что южная треть Сахалина принадлежит безусловно России лишь с 1875 года, раньше же ее относили к японским владениям. В "Руководстве к практической навигации и мореходной астрономии" кн. Е. Голицына 1854 г., - в книге, которою моряки пользуются до сегодня, - к Японии отнесен даже Северный Сахалин с мысами Марии и Елизаветы. Многие, в том числе Невельской, сомневались, что Южный Сахалин принадлежит Японии, да и сами японцы, по-видимому, не были уверены в этом до тех пор, пока русские странным поведением не внушили им, что Южный Сахалин в самом деле японская земля. Впервые японцы появились на юге Сахалина лишь в начале этого столетия, но не раньше. В 1853 г. Н.В. Буссе записал свой разговор со стариками айно, которые помнили время независимости своей и говорили: "Сахалин - земля аинов, японской земли на Сахалине нет". В 1806 г., в год подвигов Хвостова, на берегу Анивы было только одно японское селение и постройки в нем все были из новых досок, так что было очевидно, что японцы поселились тут очень недавно. Крузенштерн был в Аниве в апреле, когда шла сельдь, и от необычайного множества рыбы, китов и тюленей вода, казалось, кипела, между тем сетей и неводов у японцев не было, и они черпали рыбу ведрами, и, значит, о богатых рыбных ловлях, которые были поставлены на такую широкую ногу впоследствии, тогда и помину не было. По всей вероятности, эти первые японские колонисты были беглые преступники или же побывавшие на чужой земле и за это изгнанные из отечества.

В начале же этого столетия впервые обратила внимание на Сахалин и наша дипломатия. Посол Резанов, уполномоченный заключить торговый союз с Японией, должен был также еще "приобрести остров Сахалин, не зависимый ни от китайцев, ни от японцев". Вел он себя крайне бестактно. "В рассуждении нетерпимости японцами христианской веры" он запретил экипажу креститься и приказал отобрать у всех без изъятия кресты, образа, молитвенники и "всё, что только изображает христианство и имеет на себе крестное знамение". Если верить Крузенштерну, то Резанову на аудиенции было отказано даже в стуле, не позволили ему иметь при себе шпагу и "в рассуждении нетерпимости" он был даже без обуви. И это посол, русский вельможа! Кажется, трудно меньше проявить достоинства. Потерпевши полное фиаско, Резанов захотел мстить японцам. Он приказал морскому офицеру Хвостову попугать сахалинских японцев, и приказ этот был отдан не совсем в обычном порядке, как-то криво: в запечатанном конверте, с непременным условием вскрыть и прочитать лишь по прибытии на место.

Итак, Резанов и Хвостов впервые признали, что Южный Сахалин принадлежит японцам. Но японцы не заняли своих новых владений, а лишь послали землемера Мамиа-Ринзо исследовать, что это за остров. Вообще во всей этой сахалинской истории японцы, люди ловкие, подвижные и хитрые, вели себя как-то нерешительно и вяло, что можно объяснить только тем, что у них было так же мало уверенности в своем праве, как и у русских.

По-видимому, у японцев, после того как они познакомились с островом, возникла мысль о колонии, быть может даже сельскохозяйственной, но попытки в этом направлении, если они были, могли повести только к разочарованию, так как работники из японцев, по словам инж. Лопатина, переносили с трудом или вовсе не могли выносить зимы. На Сахалин приезжали только японские промышленники, редко с женами, жили здесь, как на бивуаках, и зимовать оставалась только небольшая часть, несколько десятков, остальные же возвращались на джонках домой; они ничего не сеяли, не держали огородов и рогатого скота, а всё необходимое для жизни привозили с собой из Японии. Единственное, что привлекало их на Южный Сахалин, была рыба; она приносила им большой доход, так как ловилась в изобилии, и айно, на которых лежала вся тяжесть труда, обходились им почти даром. Доход с промыслов простирался сначала до 50, а потом до 300 тыс. рублей ежегодно, и немудрено поэтому, что хозяева-японцы носили по семи шёлковых халатов. В первое время японцы имели свои фактории только на берегу Анивы и в Мауке, и главный их пункт находился в пади Кусун-Котан, где теперь живет японский консул. Позднее они прорубили просеку от Анивы до Такойской долины; тут, около нынешнего Галкина-Враского, находились у них магазины; просека не заросла до настоящего времени и называется японской. Доходили японцы и до Тарайки, где ловили периодическую рыбу в Поронае и основали селение Сиску. Суда их доходили даже до Ныйского залива; то судно с красивою оснасткой, которое Поляков застал в 1881 году в Тро, было японское.

Сахалин интересовал японцев исключительно только с экономической стороны, как американцев Тюлений остров. После же того, как в 1853 году русские основали Муравьевский пост, японцы стали проявлять и политическую деятельность. Соображение, что они могут потерять хорошие доходы и даровых рабочих, заставило их внимательно следить за русскими, и они уже старались усилить свое влияние на острове в противовес русскому влиянию. Но опять-таки, вероятно, за отсутствием уверенности в своем праве, эта борьба с русскими была нерешительна до смешного, и японцы держали себя, как дети. Они ограничивались только тем, что распускали среди айно сплетни про русских и хвастали, что они перережут всех русских, и стоило русским в какой-нибудь местности основать пост, как в скорости в той же местности, но только на другом берегу речки, появлялся японский пикет, и, при всем своем желании казаться страшными, японцы все-таки оставались мирными и милыми людьми; посылали русским солдатам осетров, и когда те обращались к ним за неводом, то они охотно исполняли просьбу.

В 1867 г. заключен был договор, по которому Сахалин стал принадлежать обоим государствам на праве общего владения; русские и японцы признали друг за другом одинаковое право распоряжаться на острове, - значит, ни те, ни другие не считали остров своим. По трактату же 1875 г., Сахалин окончательно вошел в состав Российской империи, а Япония получила в вознаграждение все наши Курильские острова.

Рядом с падью, в которой находится Корсаковский пост, есть еще падь, сохранившая свое название с того времени, когда здесь было японское селение Кусун-Котан. От японских построек не уцелело здесь ни одной; есть, впрочем, лавочка, в которой торгует японская семья бакалейными и мелочными товарами, я покупал тут жесткие японские груши, - но эта лавочка уже позднейшего происхождения. В пади на самом видном месте стоит белый дом, на котором иногда развевается флаг - красный круг на белом фоне. Это японское консульство.

Как-то утром, когда дул норд-ост, а в квартире моей было так холодно, что я кутался в одеяло, ко мне пришли с визитом японский консул г. Кузе и его секретарь г. Сугиама. Первым долгом я стал извиняться, что у меня очень холодно.

- О нет, - отвечали мои гости, - у вас чрезвычайно тепло!

И они на лицах и в тоне голоса старались показать, что у меня не только очень тепло, но даже жарко и что моя квартира - во всех отношениях рай земной. Оба они кровные японцы с монгольским типом лица, среднего роста. Консулу около сорока лет, бороды у него нет, усы едва заметны, сложения он плотного; секретарь же лет на десять моложе, носит синие очки, по всем видимостям, фтизик - жертва сахалинского климата. Есть еще другой секретарь, г. Сузуки; он ниже среднего роста, у него большие усы, концы которых опущены книзу, на китайский манер, глаза узкие, косые, - с японской точки зрения неотразимый красавец. Как-то, рассказывая про одного японского министра, г. Кузе выразился так: "Он красивый и мужественный, как Сузуки". Вне дома они ходят в европейском платье, говорят по-русски очень хорошо; бывая в консульстве, я нередко заставал их за русскими или французскими книжками; книг у них полон шкап. Люди они европейски образованные, изысканно вежливые, деликатные и радушные. Для здешних чиновников японское консульство - хороший, теплый угол, где можно забыться от тюрьмы, каторги и служебных дрязг и, стало быть, отдохнуть.

Консул служит посредником между японцами, приезжающими на промыслы, и местного администрацией. В высокоторжественные дни он и его секретари, в полной парадной форме, из пади Кусун-Котан идут в пост к начальнику округа и поздравляют его с праздником; г. Белый платит им тем же: ежегодно первого декабря он со своими сослуживцами отправляется в Кусун-Котан и поздравляет там консула с днем рождения японского императора. При этом пьют шампанское. Когда консул бывает на военных судах, то ему салютуют семь раз. Случилось, что при мне были получены ордена, Анна и Станислав третьей степени, пожалованные гг. Кузе и Сузуки. Г-н Белый, майор Ш. и секретарь полицейского управления г. Ф., в мундирах, торжественные, отправились в Кусун-Котан вручать ордена; и я поехал с ними. Японцы были очень тронуты и орденами, и торжественностью, до которой они такие охотники; подали шампанское. Г-н Сузуки не скрывал своего восторга и оглядывал орден со всех сторон блестящими глазами, как ребенок игрушку; на его "красивом и мужественном" лице я читал борьбу: ему хотелось поскорее побежать к себе и показать орден своей молоденькой жене (он недавно женился), и в то же время вежливость требовала, чтобы он оставался с гостями.

Кончивши обзор населенных мест Сахалина, перехожу теперь к частностям, важным и неважным, из которых в настоящее время слагается жизнь колонии.

XV

Хозяева-каторжные. - Перечисление в поселенцы. - Выбор мест под новые селения. - Домообзаводство. - Половинщики. - Перечисление в крестьяне. Переселение крестьян из ссыльных на материк. - Жизнь в селениях. - Близость тюрьмы. - Состав населения по месту рождения и по сословиям. - Сельские власти.

Когда наказание, помимо своих прямых целей - мщения, устрашения или исправления, задается еще другими, например колонизационными целями, то оно по необходимости должно постоянно приспособляться к потребностям колонии и идти на уступки. Тюрьма - антагонист колонии, и интересы обеих находятся в обратном отношении. Жизнь в общих камерах порабощает и с течением времени перерождает арестанта; инстинкты оседлого человека, домовитого хозяина, семьянина заглушаются в нем привычками стадной жизни, он теряет здоровье, старится, слабеет морально, и чем позже он покидает тюрьму, тем больше причин опасаться, что из него выйдет не деятельный, полезный член колонии, а лишь бремя для нее. И потому-то колонизационная практика потребовала прежде всего сокращения сроков тюремного заключения и принудительных работ, и в этом смысле наш "Устав о ссыльных" делает значительные уступки. Так, для каторжных отряда исправляющихся десять месяцев считаются за год, и если каторжные второго и третьего разряда, то есть осужденные на сроки от 4 до 12 лет, назначаются на рудничные работы, то каждый год, проведенный ими на этих работах, засчитывается за полтора года. Каторжным по переходе в разряд исправляющихся закон разрешает жить вне тюрьмы, строить себе дома, вступать в брак и иметь деньги. Но действительная жизнь в этом направлении пошла еще дальше "Устава". Чтобы облегчить переход из каторжного состояния в более самостоятельное, приамурский генерал-губернатор в 1888 г. разрешил освобождать трудолюбивых и доброго поведения каторжных до срока; объявляя об этом приказе (№ 302), ген. Кононович обещает увольнять от работ за два и даже за три года до окончания полного срока работ. И без всяких статей и приказов, а по необходимости, потому что это полезно для колонии, вне тюрьмы, в собственных домах и на вольных квартирах, живут все без исключения ссыльнокаторжные женщины, многие испытуемые и даже бессрочные, если у них есть семьи или если они хорошие мастера, землемеры, каюры и т.п. Многим позволяется жить вне тюрьмы просто "по-человечности" или из рассуждения, что если такой-то будет жить не в тюрьме, а в избе, то от этого не произойдет ничего худого, или если бессрочному Z. разрешается жить на вольной квартире только потому, что он приехал с женой и детьми, то не разрешить этого краткосрочному N. было бы уже несправедливо.

К 1 января 1890 г. во всех трех сахалинских округах состояло каторжных обоего пола 5905. Из них осужденных на сроки до 8 лет было 2124 (36%), от 8 до 12 - 1567 (26,5%), от 12 до 15 - 747 (12.7%), от 15 до 20 - 731 (12,3%), бессрочных 386 (6,5%) и рецидивистов, осужденных на сроки от 20 до 50 лет 175 (3%). Краткосрочные, осужденные на сроки до 12 лет, составляют 62,5%, то есть немного больше половины всего числа. Средний возраст только что осужденного каторжного мне не известен, но, судя по возрастному составу ссыльного населения в настоящее время, он должен быть не меньше 35 лет; если к этому прибавить среднюю продолжительность каторги 8-10 лет и если принять еще во внимание, что на каторге человек старится гораздо раньше, чем при обыкновенных условиях, то станет очевидным, что при буквальном исполнении судебного приговора и при соблюдении "Устава", со строгим заключением в тюрьме, с работами под военным конвоем и проч., не только долгосрочные, но и добрая половина краткосрочных поступала бы в колонию с уже утраченными колонизаторскими способностями.

При мне каторжных-хозяев обоего пола, сидевших на участках, было 424; каторжных обоего пола, проживавших в колонии в качестве жен, сожителей, сожительниц, работников, жильцов и проч., записано мною 908. Всего жило вне тюрьмы в собственных избах и на вольных квартирах 1332, что составляло 23% всего числа каторжных. Как хозяева, каторжные в колонии почти ничем не отличаются от хозяев-поселенцев. Каторжные, состоящие при хозяйствах в качестве работников, делают то же, что наши деревенские работники. Отдача арестанта в работники к хорошему хозяину-мужику, тоже ссыльному, составляет пока единственный вид каторги, выработанный русскою практикой и, несомненно, более симпатичный, чем австралийское батрачество. Жильцы-каторжные лишь ночуют на квартирах, но на раскомандировки и работы должны являться так же аккуратно, как и их товарищи, живущие в тюрьме. Мастеровые, например сапожники и столяры, часто отбывают свой каторжный урок у себя на квартире.

Оттого, что четверть всего состава ссыльнокаторжных живет вне тюрьмы, особенных беспорядков не замечается, и я охотно признал бы, что упорядочить нашу каторгу нелегко именно потому, что остальные три четверти живут в тюрьмах. Говорить о преимуществе изб перед общими камерами мы можем, конечно, только с вероятностью, так как точных наблюдений по этой части у нас пока нет вовсе. Никто еще не доказал, что среди каторжников, живущих в избах, случаи преступлений и побегов наблюдаются реже, чем у живущих в тюрьме, и что труд первых производительнее, чем вторых, но весьма вероятно, что тюремная статистика, которая рано или поздно должна будет заняться этим вопросом, сделает свой окончательный вывод в пользу изб. Пока несомненно одно, что колония была бы в выигрыше, если бы каждый каторжный, без различия сроков, по прибытии на Сахалин тотчас же приступал бы к постройке избы для себя и для своей семьи и начинал бы свою колонизаторскую деятельность возможно раньше, пока он еще относительно молод и здоров; да и справедливость ничего бы не проиграла от этого, так как, поступая с первого же дня в колонию, преступник самое тяжелое переживал бы до перехода в поселенческое состояние, а не после.

Когда кончается срок, каторжного освобождают от работ и переводят в поселенцы. Задержек при этом не бывает. Новый поселенец, если у него есть деньги и протекция у начальства, остается в Александровске или в том селении, которое ему нравится, и покупает или строит тут дом, если еще не обзавелся им, когда был на каторге; для такого сельское хозяйство и труд не обязательны.

Если же он принадлежит к серой массе, составляющей большинство, то обыкновенно садится на участок в том селении, где прикажет начальство, и если в этом селении тесно и нет уже земли, годной под участки, то его сажают уже на готовое хозяйство, в совладельцы или половинщики, или же его посылают селиться на новое место. Выбор мест под новые селения, требующий опыта и некоторых специальных знаний, возложен на местную администрацию, то есть на окружных начальников, смотрителей тюрем и смотрителей поселений. Каких-нибудь определенных законов и инструкций на этот счет нет, и всё дело поставлено в зависимость от такого случайного обстоятельства, как тот или другой состав служащих: находятся ли они на службе уже давно и знакомы с ссыльным населением и с местностью, как, например, г. Бутаков на севере и гг. Белый и Ярцев на юге, или же это недавно поступившие, в лучшем случае филологи, юристы и пехотные поручики и в худшем - совершенно необразованные люди, раньше нигде не служившие, в большинстве молодые, не знающие жизни горожане. Я уже писал о чиновнике, который не поверил инородцам и поселенцам, когда те предупреждали его, что весною и во время сильных дождей место, которое он выбрал для селения, заливается водой. При мне один чиновник со свитой поехал за 15-20 верст осматривать новое место и вернулся домой в тот же день, успевши в два-три часа подробно осмотреть место и одобрить его; он говорил, что прогулка вышла очень милая.

Старшие и более опытные чиновники уходят на поиски новых мест редко и неохотно, так как всегда бывают заняты другими делами, а младшие неопытны и равнодушны; администрация проявляет медлительность, дело затягивается, и в результате получается переполнение уже существующих селений. И поневоле в конце концов приходится обращаться за помощью к каторжным и солдатам-надзирателям, которые, по слухам, иногда удачно выбирали места. В 1888 г. в одном из своих приказов (№ 280) генерал Кононович, ввиду того что ни в Тымовском, ни в Александровском округах нет уже места для отвода участков, между тем как число нуждающихся в них быстро возрастает, предложил "немедленно организовать партии из благонадежных ссыльнокаторжных под надзором вполне расторопных, более опытных в этом деле и грамотных надзирателей или даже чиновников, и таковые отправлять к отысканию мест, годных под поселения". Эти партии бродят по совершенно не исследованной местности, на которую никогда еще не ступала нога топографа; места отыскивают, но неизвестно, как высоко лежат они над уровнем моря, какая тут почва, какая вода и проч.; о пригодности их к заселению и сельскохозяйственной культуре администрация может судить только гадательно, и потому обыкновенно ставится окончательное решение в пользу того или другого места прямо наудачу, на авось, и при этом не спрашивают мнения ни у врача, ни у топографа, которого на Сахалине нет, а землемер является на новое место, когда уже земля раскорчевана и на ней живут.

Генерал-губернатор после объезда селений, передавая мне свои впечатления, выразился так: "Каторга начинается не на каторге, а на поселении". Если тяжесть наказания измерять количеством труда и физических лишений, то на Сахалине часто поселенцы несут более суровое наказание, чем каторжные. На новое место, обыкновенно болотистое и покрытое лесом, поселенец является, имея с собой только плотничий топор, пилу и лопату. Он рубит лес, корчует, роет канавы, чтобы осушить место, и всё время, пока идут эти подготовительные работы, живет под открытым небом, на сырой земле. Прелести сахалинского климата с его пасмурностью, почти ежедневными дождями и низкою температурой нигде не чувствуются так резко, как на этих работах, когда человек в продолжение нескольких недель ни на одну минуту не может отделаться от чувства пронизывающей сырости и озноба. Это настоящая febris sachaliniensis с головною болью и ломотою во всем теле, зависящая не от инфекции, а от климатических влияний. Сначала строят селение и потом уже дорогу к нему, а не наоборот, и благодаря этому совершенно непроизводительно расходуется масса сил и здоровья на переноску тяжестей из поста, от которого к новому месту не бывает даже тропинок; поселенец, навьюченный инструментом, продовольствием и проч., идет дремучею тайгой, то по колена в воде, то карабкаясь на горы валежника, то путаясь в жестких кустах багульника. 307 статья "Устава о ссыльных" говорит, что поселяющимся вне острога отпускается лес для постройки домов; здесь эта статья понимается так, что поселенец сам должен нарубить себе лесу и заготовить его. В прежнее время на помощь поселенцам отпускались каторжные и выдавались деньги на наем плотников и покупку материалов, но этот порядок был оставлен на том основании, что "в результате, как рассказывал мне один чиновник, получались лодыри; каторжные работают, а поселенцы в это время в орлянку играют". Теперь поселенцы устраиваются общими силами, помогая друг другу. Плотник ставит сруб, печник мажет печь, пильщики готовят доски. У кого нет сил и уменья работать, но есть деньжонки, тот нанимает своих же товарищей. Крепкие и выносливые люди несут самую тяжелую работу, слабосильные же или отвыкшие в тюрьме от крестьянства, если не играют в орлянку или в карты или если не прячутся от холода, то занимаются какою-нибудь сравнительно легкою работой. Многие изнемогают, падают духом и покидают свои недостроенные дома.

Манзы и кавказцы, не умеющие строить русских изб, обыкновенно бегут в первый же год. Почти половина хозяев на Сахалине не имеет домов, и это следует объяснить, как мне кажется, прежде всего трудностями, с которыми поселенец встречается при первоначальном обзаведении. Бездомовные хозяева, по данным, которые я беру из отчета инспектора сельского хозяйства, в 1889 г. в Тымовском округе составляли 50% всего числа, в Корсаковском - 42%, в Александровском же округе, где устройство хозяйств обставлено меньшими трудностями и поселенцы чаще покупают дома, чем строят, только 20%. Когда кончен сруб, хозяину выдаются в ссуду стекла и железо. Об этой ссуде начальник острова говорит в одном из своих приказов: "К величайшему сожалению, эта ссуда, как и многое другое, долго заставляет себя ждать, парализуя охоту к домообзаводству... В прошедшем году осенью, во время объезда поселений Корсаковского округа, мне приходилось видеть дома, ожидающие стекол, гвоздей и железа к задвижкам в печах, ныне я тоже застал эти дома в подобном ожидании" (приказ № 318, 1889г.).

Не находят нужным исследовать новое место, даже когда уже заселяют его. Посылают на новое место 50-100 хозяев, затем ежегодно прибавляют десятки новых, а между тем никому не известно, на какое количество людей хватит там удобной земли, и вот причина, почему обыкновенно вскорости после заселения начинают уже обнаруживаться теснота, излишек людей. Этого не замечается только в Корсаковском округе, посты же и селения обоих северных округов все до одного переполнены людьми. Даже такой, несомненно, заботливый человек, как А.М. Бутаков, начальник Тымовского округа, сажает людей на участки как-нибудь, не соображаясь насчет будущего, и ни в одном округе нет такого множества совладельцев или сверхкомплектных хозяев, как именно у него. Похоже, как будто сама администрация не верит в сельскохозяйственную колонию и мало-помалу успокоилась на мысли, что земля нужна поселенцу ненадолго, всего на шесть лет, так как, получив крестьянские права, он непременно покинет остров, и что при таких условиях вопрос об участках может иметь одно лишь формальное значение.

Из записанных мною 3552 хозяев 638, или 18%, составляют совладельцы, а если исключить Корсаковский округ, где на участки сажают только по одному хозяину, то процент этот будет значительно выше. В Тымовском округе чем моложе селение, тем выше в нем процент половинщиков; в Воскресенском, например, хозяев 97, а половинщиков 77; это значит, что находить новые места и отводить участки поселенцам с каждым годом становится всё труднее.

Устройство хозяйства и правильное ведение его ставится поселенцу в непременную обязанность. За леность, нерадение и нежелание устраиваться хозяйством его обращают в общественные, то есть каторжные работы на один год и переводят из избы в тюрьму. Статья 402 "Устава" разрешает приамурскому генерал-губернатору "содержать на казенном довольствии тех из сахалинских поселенцев, кои, по признанию местных властей, не имеют к тому собственных средств". В настоящее время большинство сахалинских поселенцев в продолжение первых двух и редко трех лет по освобождении из каторжных работ получают от казны одежное и пищевое довольствие в размере обычного арестантского пайка. Оказывать такую помощь поселенцам побуждают администрацию соображения гуманного и практического свойства. В самом деле, трудно ведь допустить, чтобы поселенец мог в одно и то же время строить себе избу, готовить землю под пашню и вместе с тем ежедневно добывать себе кусок хлеба. Но не редкость встретить в приказах, что такой-то поселенец смещается с довольствия за нерадение, за леность, за то, что "он не приступил к постройке дома", и т.п.

По истечении десяти лет пребывания в поселенческом состоянии поселенцам предоставляется перечисляться в крестьяне. Это новое звание сопряжено с большими правами. Крестьянин из ссыльных может оставить Сахалин и водвориться, где пожелает, по всей Сибири, кроме областей Семиреченской, Акмолинской и Семипалатинской, приписываться к крестьянским обществам, С их согласия, и жить в городах для занятия ремеслами и промышленностью; он судится и подвергается наказаниям уже на основании законов общих, а не "Устава о ссыльных"; он получает и отправляет корреспонденцию тоже на общих основаниях, без предварительной цензуры, установленной для каторжных и поселенцев. Но в этом его новом состоянии все-таки еще остается главный элемент ссылки: он не имеет права вернуться на родину.

Получение крестьянских прав через десять лет в "Уставе" не обставлено никакими особенными условиями. Кроме случаев, предусмотренных в примечании к 375 ст"атье", единственное условие тут - десятилетний срок, независимо от того, был ли поселенец хозяином-хлебопашцем или подмастерьем. Инспектор тюрем Приамурского края г. Каморский, когда у нас зашла речь об этом, подтвердил мне, что держать ссыльного в поселенческом состоянии дольше десяти лет или обставлять какими-либо условиями получение крестьянских прав по истечении этого срока администрация не имеет права. Между тем на Сахалине мне приходилось встречать стариков, которые пробыли в поселенцах дольше десяти лет, но крестьянского звания еще не получили. Показаний их, впрочем, я не успел проверить по статейным спискам и потому не могу судить, насколько они справедливы. Старики могут ошибаться в счете или просто лгать, хотя, при распущенности и бестолковости писарей и неумелости младших чиновников, от сахалинских канцелярий можно ожидать всяких капризов. Для тех поселенцев, которые "вели себя совершенно одобрительно, занимались полезным трудом и приобрели оседлость", десятилетний срок может быть сокращен до шести лет. 377 статьей, разрешающей эту льготу, начальник острова и окружные начальники пользуются. в широких размерах; по крайней мере почти все крестьяне, которых я знаю, получили это звание через шесть лет. Но, к сожалению, "полезный труд" и "оседлость", которыми в "Уставе" обусловлено получение льготы, во всех трех округах понимаются различно. В Тымовском округе, например, поселенца не произведут в крестьяне, пока он должен в казну и пока у него изба не покрыта тесом. В Александровске поселенец сельским хозяйством не занимается, инструменты и семена ему не нужны и поэтому долгов он делает меньше; ему и права получить легче. Ставят непременным условием, чтобы поселенец был хозяином, между ссыльными же чаще, чем в какой-либо другой среде, встречаются люди, которые по натуре неспособны быть хозяевами и чувствуют себя на своем месте, когда служат в работниках. На вопрос, может ли воспользоваться льготой и вообще получить крестьянские права поселенец, который не имеет своего хозяйства, потому что служит поваром у чиновника или подмастерьем у сапожника, в Корсаковском округе ответили мне утвердительно, а в обоих северных неопределенно. При таких условиях, конечно, о каких-либо нормах не может быть и речи, и если новый окружной начальник потребует от поселенцев железных крыш и уменья петь на клиросе, то доказать ему, что это произвол, будет трудно.

Когда я был в Сиянцах, смотритель поселений приказал 25 поселенцам собраться около надзирательской и объявил им, что постановлением начальника острова они перечислены в крестьянское сословие. Постановление было подписано генералом 27 января, а объявлено поселенцам 26 сентября. Радостное известие было принято всеми 25 поселенцами молча; ни один не перекрестился, не поблагодарил, а все стояли с серьезными лицами и молчали, как будто всем им взгрустнулось от мысли, что на этом свете всё, даже страдания, имеет конец. Когда я и г. Ярцев заговорили с ними о том, кто из них останется на Сахалине, а кто уедет, то ни один из 25 не выразил желания остаться. Все говорили, что их тянет на материк и уехали бы с удовольствием тотчас же, но средств нет, надо обдумать. И пошли разговоры о том, что мало одних денег на дорогу, небось материк тоже деньги любит: придется хлопотать о принятии в общество и угощать, покупать землишку и строиться, то да се - гляди, рублей полтораста понадобится. А где их взять? В

Рыковском, несмотря на его сравнительно большие размеры, я застал только 39 крестьян, и все они были далеки от намерения пускать здесь корни; все собирались на материк. Один из них, по фамилии Беспалов, строит на своем участке большой двухэтажный дом с балконом, похожий на дачу, и все смотрят на постройку с недоумением и не понимают, зачем это; то, что богатый человек, имеющий взрослых сыновей, быть может, останется навсегда в Рыковском в то время, как отлично мог бы устроиться где-нибудь на Зее, производит впечатление странного каприза, чудачества. В Дубках один крестьянин-картежник на вопрос, поедет ли он на материк, ответил мне, глядя надменно в потолок: "Постараюсь уехать".

Гонят крестьян из Сахалина сознание необеспеченности, скука, постоянный страх за детей... Главная же причина - это страстное желание хотя перед смертью подышать на свободе и пожить настоящею, не арестантскою жизнью. А Уссурийский край и Амур, о котором говорят все, как о земле обетованной, так близки: проплыть на пароходе три-четыре дня, а там - свобода, тепло, урожаи... Те, которые уже переселились на материк и устроились там, пишут своим сахалинским знакомым, что на материке подают им руку и водка за бутылку стоит только 50 коп. Как-то, гуляя в Александровске на пристани, я зашел в катерный сарай и увидел там старика 60-70 лет и старуху с узлами и с мешками, очевидно собравшихся в дорогу. Разговорились. Старик недавно получил крестьянские права и теперь уезжал с женою на материк, сначала во Владивосток, а потом "куда бог даст". Денег, по их словам, у них не было. Пароход должен был отойти через сутки, но они уже прибрели на пристань и теперь со своим скарбом прятались в катерном сарае в ожидании парохода, будто боялись, чтобы их не вернули назад. О материке они говорили с любовью, с благоговением и с уверенностью, что там-то и есть настоящая счастливая жизнь. На Александровском кладбище я видел черный крест с изображением божией матери и с такою надписью: "Здесь покоится прах Девицы Афимьи Курниковой, скончалась в 1888 Году: мая 21 дня. Лет ей Отроду 18-ть. Крест сей поставлен в Знак памяти и Отъезда родителей на материк 1889 года июня дня".

Крестьянина не отпускают на материк, если он неблагонадежного поведения и должен в казну. Если он состоит в сожительстве с ссыльною женщиной и имеет от нее детей, то билет на отлучку выдается ему только в том случае, если он обеспечит своим имуществом дальнейшее существование своей сожительницы и незаконно прижитых с нею детей (приказ № 92, 1889 г.). На материке крестьянин приписывается к облюбованной им волости; губернатор, в ведении которого находится волость, дает знать начальнику острова, и последний в приказе предлагает полицейскому управлению исключить крестьянина такого-то и членов его семьи из списков - и формально одним "несчастным" становится меньше. Барон А.Н. Корф говорил мне, что если крестьянин дурно ведет себя на материке, то он административным порядком высылается на Сахалин уже навсегда.

По слухам, сахалинцы живут на материке хорошо. Письма их я читал, но видеть, как они живут на новых местах, мне не приходилось. Впрочем, я видел одного, но не в деревне, а в городе. Как-то во Владивостоке я и иеромонах Ираклий, сахалинский миссионер и священник, выходили вместе из магазина, и какой-то человек в белом фартуке и высоких блестящих сапогах, должно быть дворник или артельщик, увидев о. Ираклия, очень обрадовался и подошел под благословение; оказалось, что это духовное чадо о. Ираклия, крестьянин из ссыльных. О. Ираклий узнал его, вспомнил имя его и фамилию. "Ну, как живешь тут?" - спросил он. "Слава богу, хорошо!" - ответил тот с оживлением.

Крестьяне, пока еще не отбыли на материк, живут в постах или селениях и ведут хозяйства при тех же неблагоприятных условиях, как поселенцы и каторжные. Они всё еще продолжают зависеть от тюремного начальства и снимать шапки за 50 шагов, если живут на юге; с ними обходятся лучше и не секут их, но всё же это не крестьяне в настоящем смысле, а арестанты. Они живут возле тюрьмы и видят ее каждый день, а ссыльнокаторжная тюрьма и мирное земледельческое существование немыслимы рядом. Некоторые авторы видели в Рыковском хороводы и слышали здесь гармонику и разудалые песни; я же ничего подобного не видел и не слышал и не могу себе представить девушек, ведущих хороводы около тюрьмы. Даже если бы мне случилось услышать, кроме звона цепей и крика надзирателей, еще разудалую песню, то я почел бы это за дурной знак, так как добрый и милосердный человек около тюрьмы не запоет. Крестьян и поселенцев и их свободных жен и детей гнетет тюремный режим; тюремное положение, подобно военному, с его исключительными строгостями и неизбежною начальственною опекой, держит их в постоянном напряжении и страхе; тюремная администрация отбирает у них для тюрьмы луга, лучшие места для рыбных ловель, лучший лес; беглые, тюремные ростовщики и воры обижают их; тюремный палач, гуляющий по улице, пугает их; надзиратели развращают их жен и дочерей, а главное, тюрьма каждую минуту напоминает им об их прошлом и о том, кто они и где они.

Здешние сельские жители еще не составляют обществ. Взрослых уроженцев Сахалина, для которых остров был бы родиной, еще нет, старожилов очень мало, большинство составляют новички;

население меняется каждый год; одни прибывают, другие выбывают; и во многих селениях, как я говорил уже, жители производят впечатление не сельского общества, а случайного сброда. Они называют себя братьями, потому что страдали вместе, но общего у них все-таки мало и они чужды друг другу. Они веруют не одинаково и говорят на разных языках. Старики презирают эту пестроту и со смехом говорят, что какое может быть общество, если в одном и том же селении живут русские, хохлы, татары, поляки, евреи, чухонцы, киргизы, грузины, цыгане?.. О том, как неравномерно распределен по селениям нерусский элемент, мне уже приходилось упоминать.

Неблагоприятно отзывается на росте каждого селения также еще пестрота иного рода: в колонию поступает много старых, слабых, больных физически и психически, преступных, неспособных к труду, практически не подготовленных, которые на родине жили в городе и не занимались сельским хозяйством. 1 января 1890 г., по данным, взятым мною из казенных ведомостей, на всем Сахалине, в тюрьмах и колонии, дворян было 91 и городских сословий, т.е. почетных граждан, купцов, мещан и иностранных подданных, 924, что вместе составляло 10% всего числа ссыльных.

В каждом селении есть староста, который избирается из домохозяев, непременно из поселенцев и крестьян, и утверждается смотрителем поселений. В старосты попадают обыкновенно люди степенные, смышленые и грамотные; должность их еще не определилась вполне, но они стараются походить на русских старост: решают разные мелкие дела, назначают подводы по наряду, вступаются за своих, когда нужно, и проч., а у рыковского старосты есть даже своя печать. Некоторые получают жалованье.

В каждом селении живет также надзиратель, чаще всего нижний чин местной команды, безграмотный, который докладывает проезжим чиновникам, что всё обстоит благополучно, и наблюдает за поведением поселенцев и за тем, чтоб они без спросу не отлучались и занимались сельским хозяйством. Он ближайший начальник селения, часто единственный судья, и его донесения по начальству это документы, имеющие немаловажное значение при оценке, насколько поселенец преуспел в одобрительном поведении, домообзаводстве и оседлости. Вот образчик надзирательского донесения:

СПИСОК

жителей селения Верхнего Дрмудана, кои дурнова поведения: Фамилии и имена Отметка почему именно 1 Издугин Ананий Вор 2 Киселев Петр Васильев Тоже 3 Глыбин Иван Тоже 1 Галынский Семен Домонерачитель и самовольный 2 Казанкин Иван Тоже

Состав ссыльного населения по полам. - Женский вопрос.
Каторжные женщины и поселки. - Сожители и сожительницы. -
Женщины свободного состояния.

В ссыльной колонии на 100 мужчин приходится 53 женщины. Это отношение правильно только для населения, живущего в избах. Есть же еще мужчины, ночующие в тюрьмах, и холостые солдаты, для которых "необходимым предметом для удовлетворения естественных потребностей", как выразился когда-то один из здешних начальников, служат всё те же ссыльные или прикосновенные к ссылке женщины. Но если при определении состава населения колонии по полам и по семейному положению следует брать в расчет и этот разряд людей, то не иначе, как с оговоркой. Они, пока живут в тюрьмах или казармах, смотрят на колонию лишь с точки зрения потребностей; их визиты в колонию играют роль вредного внешнего влияния, понижающего рождаемость и повышающего болезненность, и притом случайного, которое может быть больше или меньше, смотря по тому, на каком расстоянии от селения находится тюрьма или казарма; это то же, что в жизни русской деревни золоторотцы, работающие по соседству на железной дороге. Если взять огулом всех мужчин, включая тюрьму и казармы, то 53 сократится приблизительно наполовину и мы получим отношение 100 : 25.

Как ни малы цифры 53 и 25, но для молодой ссыльной колонии, развивающейся к тому же при самых неблагоприятных условиях, их нельзя признать слишком низкими. В Сибири женщины среди каторжных и поселенцев составляют менее 10%, а если обратиться к нерусской депортационной практике, то встретим там колонистов, уже почтенных фермеров, которые до такой степени не были избалованы в этом отношении, что с восторгом встречали проституток, привозимых из метрополии, и платили судовщикам 100 фунтов табаку за каждую. Так называемый женский вопрос на Сахалине поставлен безобразно, но менее гадко, чем в западноевропейских ссыльных колониях в первое время их развития. На остров поступают не одни только преступницы и проститутки. Благодаря главному тюремному управлению и Добровольному флоту, которым вполне удалось установить скорое и удобное сообщение между Европейскою Россией и Сахалином, задача жен и дочерей, желающих следовать за мужьями и родителями в ссылку, значительно упростилась. Не так еще давно одна добровольно следовавшая жена приходилась на 30 преступников, в настоящее же время присутствие женщин свободного состояния стало типическим для колонии, и уже трудно вообразить, например, Рыковское или Ново-Михайловку без этих трагических фигур, которые "ехали жизнь мужей поправить и свою потеряли". Это, быть может, единственный пункт, по которому наш Сахалин в истории ссылки займет не последнее место.

Начну с каторжных женщин. К 1 января 1890 г. во всех трех округах преступницы составляли 11,5% всего числа каторжных. С колонизационной точки зрения эти женщины имеют одно важное преимущество: они поступают в колонию в сравнительно молодом возрасте; это в большинстве женщины с темпераментом, осужденные за преступления романического и семейного характера: "за мужа пришла", "за свекровь пришла"... Это всё больше убийцы, жертвы любви и семейного деспотизма. Даже те из них, которые пришли за поджог или подделку денежных знаков, несут, в сущности, кару за любовь, так как были увлекаемы в преступление своими любовниками.

Любовный элемент играет в их печальном существовании роковую роль и до суда, и после суда. Когда их везут на пароходе в ссылку, то между ними начинает бродить слух, что на Сахалине их против воли выдадут замуж. И это волнует их. Был случай, когда они обратились к судовому начальству с просьбой походатайствовать, чтобы их не выдавали насильно.

Лет 15-20 назад каторжные женщины по прибытии на Сахалин тотчас же поступали в дом терпимости. "На юге Сахалина, - писал Власов в своем отчете, женщины за неимением особого помещения помещаются в здании пекарни... Начальник острова Депрерадович распорядился обратить женское отделение тюрьмы в дом терпимости". О каких-либо работах не могло быть и речи, так как "только провинившиеся или не заслужившие мужской благосклонности" попадали на работу в кухне, остальные же служили "потребностям" и пили мертвую, и в конце концов женщины, по словам Власова, были развращаемы до такой степени, что в состоянии какого-то ошеломления "продавали своих детей за штоф спирта".

Теперь, когда прибывает партия женщин в Александровск, то ее прежде всего торжественно ведут с пристани в тюрьму. Женщины, согнувшись под тяжестью узлов и котомок, плетутся по шоссе, вялые, еще не пришедшие в себя от морской болезни, а за ними, как на ярмарке за комедиантами, идут целые толпы баб, мужиков, ребятишек и лиц, причастных к канцеляриям. Картина, похожая на ход сельдей в Аниве, когда вслед за рыбой идут целые полчища китов, тюленей и дельфинов, желающих полакомиться икряною селедкой. Мужики-поселенцы идут за толпой с честными, простыми мыслями: им нужна хозяйка. Бабы смотрят, нет ли в новой партии землячек. Писарям же и надзирателям нужны "девочки". Это обыкновенно происходит перед вечером. Женщин запирают на ночь в камере, заранее для того приготовленной, и потом всю ночь в тюрьме и в посту идут разговоры о новой партии, о прелестях семейной жизни, о невозможности вести хозяйство без бабы и т.п. В первые же сутки, пока еще пароход не ушел в Корсаковск, происходит распределение вновь прибывших женщин по округам. Распределяют александровские чиновники, и потому округ их получает львиную долю в смысле и количества и качества; немного поменьше и похуже получает ближайший округ - Тымовский. На севере происходит тщательный выбор; тут, как на фильтре, остаются самые молодые и красивые, так что счастье жить в южном округе выпадает на долю только почти старух и таких, которые "не заслуживают мужской благосклонности". При распределении вовсе не думают о сельскохозяйственной колонии, и потому на Сахалине, как я уже говорил, женщины распределены по округам крайне неравномерно, и притом чем хуже округ, чем меньше надежды на успехи колонизации, тем больше в нем женщин: в худшем, Александровском, на 100 мужчин приходится 69 женщин, в среднем, Тымовском 47, и в лучшем, Корсаковском - только 36.

Из женщин, выбранных для Александровского округа, часть назначается в прислуги к чиновникам.

После тюрем, арестантского вагона и пароходного трюма в первое время чистые и светлые чиновницкие комнаты кажутся женщине волшебным замком, а сам барин - добрым или злым гением, имеющим над нею неограниченную власть; скоро, впрочем, она свыкается со своим новым положением, но долго еще потом слышатся в ее речи тюрьма и пароходный трюм: "не могу знать", "кушайте, ваше высокоблагородие", "точно так". Другая часть женщин поступает в гаремы писарей и надзирателей, третья же, большая, в избы поселенцев, причем женщин получают только те, кто побогаче и имеет протекцию. Женщину может получить и каторжный, даже из разряда испытуемых, если он человек денежный и пользуется влиянием в тюремном мирке.

В Корсаковском посту вновь прибывших женщин тоже помещают в особый барак. Начальник округа и смотритель поселений вместе решают, кто из поселенцев и крестьян достоин получить бабу. Преимущество дается уже устроившимся, домовитым и хорошего поведения. Этим немногим избранникам посылается приказ, чтобы они в такой-то день и час приходили в пост, в тюрьму, за получением женщин. И вот в назначенный день по всему длинному тракту от Найбучи до поста там и сям встречаются идущие к югу, как их здесь не без иронии величают, Женихи или молодые. Вид у них какой-то особенный, в самом деле жениховский; один нарядился в красную

кумачовую рубаху, другой в какой-то необыкновенной плантаторской шляпе, третий в новых блестящих сапогах с высокими каблуками, купленных неизвестно где и при каких обстоятельствах. Когда все они приходят в пост, их впускают в женский барак и оставляют тут вместе с женщинами. В первые четверть-полчаса платится необходимая дань смущению и чувству неловкости; женихи бродят около нар и молча и сурово поглядывают на женщин, те сидят потупившись. Каждый выбирает; без кислых гримас, без усмешек, а совершенно серьезно, относясь "по человечеству" и к некрасоте, и к старости, и к арестантскому виду; он присматривается и хочет угадать по лицам: какая из них хорошая хозяйка? Вот какая-нибудь молодая или пожилая "показалась" ему; он садится рядом и заводит с нею душевный разговор. Она спрашивает, есть ли у него самовар, чем крыта у него изба, тесом или соломой. Он отвечает на это, что у него есть самовар, лошадь, телка по второму году и изба крыта тесом. Только уж после хозяйственного экзамена, когда оба чувствуют, что дело кончено, она решается задать вопрос:
- А обижать вы меня не будете?
Разговор кончается. Женщина приписывается к поселенцу такому-то, в селение такое-то - и гражданский брак совершен. Поселенец отправляется со своею сожительницей к себе домой и для финала, чтобы не ударить лицом в грязь, нанимает подводу, часто на последние деньги. Дома сожительница первым делом ставит самовар, и соседи, глядя на дым, с завистью толкуют, что у такого-то есть уже баба.

Каторжных работ для женщин на острове нет. Правда, женщины иногда моют полы в канцеляриях, работают на огородах, шьют мешки, но постоянного и определенного, в смысле тяжких принудительных работ, ничего нет и, вероятно, никогда не будет. Каторжных женщин тюрьма совершенно уступила колонии. Когда их везут на остров, то думают не о наказании или исправлении, а только об их способности рожать детей и вести сельское хозяйство. Каторжных женщин раздают поселенцам под видом работниц, на основании ст. 345 "Устава о ссыльных", которая разрешает незамужним ссыльным женщинам "пропитываться услугою в ближайших селениях старожилов, пока не выйдут замуж". Но эта статья существует только как прикрышка от закона, запрещающего блуд и прелюбодеяние, так как каторжная или поселка, живущая у поселенца, не батрачка прежде всего, а сожительница его, незаконная жена с ведома и согласия администрации; в казенных ведомостях и приказах жизнь ее под одною крышей с поселенцем отмечается как "совместное устройство хозяйства" или "совместное домообзаводство", он и она вместе называются "свободною семьей". Можно сказать, что, за исключением небольшого числа привилегированных и тех, которые прибывают на остров с мужьями, все каторжные женщины поступают в сожительницы. Это следует считать за правило. Мне рассказывали, что когда одна женщина во Владимировке не захотела идти в сожительницы и заявила, что она пришла сюда на каторгу, чтобы работать, а не для чего-нибудь другого, то ее слова будто бы привели всех в недоумение.

Местная практика выработала особенный взгляд на каторжную женщину, существовавший, вероятно, во всех ссыльных колониях: не то она человек, хозяйка, не то существо, стоящее даже ниже домашнего животного. Поселенцы селения Сиска подали окружному начальнику такое прошение: "Просим покорнейше ваше высокоблагородие отпустить нам рогатого скота для млеко-питания в вышеупомянутую местность и женского пола для устройства внутреннего хозяйства". Начальник острова, беседуя в моем присутствии с поселенцами селения Ускова и давая им разные обещания, сказал, между прочим:

- И насчет женщин вас не оставлю.

- Нехорошо, что женщин присылают сюда из России не весной, а осенью, говорил мне один чиновник. - Зимою бабе нечего делать, она не помощница мужику, а только лишний рот. Потому-то хорошие хозяева берут их осенью неохотно.

Так рассуждают осенью о рабочих лошадях, когда предвидятся зимою дорогие кормы. Человеческое достоинство, а также женственность и стыдливость каторжной женщины не принимаются в расчет ни в каком случае; как бы подразумевается, что всё это выжжено в ней ее позором или утеряно ею, пока она таскалась по тюрьмам и этапам. По крайней мере когда ее наказывают телесно, то не стесняются соображением, что ей может быть стыдно. Но унижение ее личности все-таки никогда не доходило до того, чтобы ее насильно выдавали замуж или принуждали к сожительству. Слухи о насилиях в этом отношении такие же пустые сказки, как виселица на берегу моря или работа в подземелье.

К сожительству не служат помехой ни старость женщины, ни различие вероисповеданий, ни бродяжеское состояние. Сожительниц, имеющих 50 и более лет, я встречал не только у молодых поселенцев, но даже у надзирателей, которым едва минуло 25. Бывает, что приходят на каторгу старуха мать и взрослая дочь; обе поступают в сожительницы к поселенцам, и обе начинают рожать как бы вперегонку. Католики, лютеране и даже татары и евреи нередко живут с русскими. В Александровске в одной избе я встретил русскую бабу в большой компании киргиз и кавказцев, которым она прислуживала за столом, и записал ее сожительницей татарина, или, как она называла его, чеченца. В Александровске всем известный здесь татарин Кербалай живет с русскою Лопушиной и имеет от нее троих детей. Бродяги тоже устраиваются на семейную ногу, и один из них, бродяга Иван, 35 лет, в Дербинском, даже заявил мне с улыбкой, что у него две сожительницы: "Одна здесь, другая по билету в Николаевске". Иной поселенец живет с женщиной, не помнящей родства, уже лет десять, как с женой, а всё еще не знает ее настоящего имени и откуда она родом.

На вопрос, как им живется, поселенец и его сожительница обыкновенно отвечают: "Хорошо живем". А некоторые каторжные женщины говорили мне, что дома в России от мужей своих они терпели только озорства, побои да попреки куском хлеба, а здесь, на каторге, они впервые увидели свет. "Слава богу, живу теперь с хорошим человеком, он меня жалеет". Ссыльные жалеют своих сожительниц и дорожат ими.

- Здесь, за недостатком женщин, мужик сам и пашет, и стряпает, и корову доит, и белье починяет, - говорил мне барон А.Н. Корф, - и уж если к нему попадет женщина, то он крепко держится за нее. Посмотрите, как он наряжает ее. Женщина у ссыльных пользуется почетом.

- Что, впрочем, не мешает ей ходить с синяками, - прибавил от себя ген. Кононович, присутствовавший при разговоре.

Бывают и ссоры, и драки, и дело доходит до синяков, но всё же поселенец учит свою сожительницу с опаской, так как сила на ее стороне: он знает, что она у него незаконная и во всякое время может бросить его и уйти к другому. Понятно, что ссыльные жалеют своих женщин не из одной только этой опаски. Как ни просто складываются на Сахалине незаконные семьи, но и им бывает не чужда любовь в самом ее чистом, привлекательном виде. В Дуэ я видел сумасшедшую, страдающую эпилепсией каторжную, которая живет в избе своего сожителя, тоже каторжного; он ходит за ней, как усердная сиделка, и когда я заметил ему, что, вероятно, ему тяжело жить в одной комнате с этою женщиной, то он ответил мне весело: "Ничево-о, ваше высокоблагородие, по человечности!" В Ново-Михайловке у одного поселенца сожительница давно уже лишилась ног и день и ночь лежит среди комнаты на лохмотьях, и он ходит за ней, и когда я стал уверять его, что для него же было бы удобнее, если бы она лежала в больнице, то и он тоже заговорил о человечности.

С хорошими и заурядными семьями вперемежку встречается и тот разряд свободных семей, которому отчасти обязан такою дурною репутацией ссылочный "женский вопрос". В первую же минуту эти семьи отталкивают своею искусственностью и фальшью и дают почувствовать, что тут, в атмосфере, испорченной тюрьмою и неволей, семья давно уже сгнила, а на месте ее выросло что-то другое. Много мужчин и женщин живут вместе, потому что так надо, так принято в ссылке; сожительства стали в колонии традиционным порядком, и эти люди, как слабые, безвольные натуры, подчинились этому порядку, хотя никто не принуждал их к тому. Хохлушка лет 50 в Ново-Михайловке, пришедшая сюда с сыном, тоже каторжным, из-за невестки, которая была найдена мертвой в колодце, оставившая дома старика мужа и детей, живет здесь с сожителем, и, по-видимому, это самой ей гадко, и ей стыдно говорить об этом с посторонним человеком. Своего сожителя она презирает и все-таки живет с ним и спит вместе: так надо в ссылке. Члены подобных семей чужды друг другу до такой степени, что как бы долго они ни жили под одною крышей, хотя бы 5-10 лет, не знают, сколько друг другу лет, какой губернии, как по отчеству... На вопрос, сколько ее сожителю лет, баба, глядя вяло и лениво в сторону, отвечает обыкновенно: "А чёрт его знает!" Пока сожитель на работе или играет где-нибудь в карты, сожительница валяется в постели, праздная, голодная; если кто-нибудь из соседей войдет в избу, то она нехотя приподнимется и расскажет, зевая, что она "за мужа пришла", невинно пострадала: "Его, чёрта, хлопцы убили, а меня в каторгу". Сожитель возвращается домой: делать нечего, говорить с бабой не о чем; самовар бы поставить, да сахару и чаю нет... При виде валяющейся сожительницы чувство скуки и праздности, несмотря на голод и досаду, овладевает им, он вздыхает и тоже - бултых в постель. Если женщины из таких семей промышляют проституцией, то сожители их обыкновенно поощряют это занятие. В проститутке, добывающей кусок хлеба, сожитель видит полезное домашнее животное и уважает ее, то есть сам ставит для нее самовар и молчит, когда она бранится. Она часто меняет сожителей, выбирая тех, кто побогаче или у кого есть водка, или меняет просто от скуки, для разнообразия.

Каторжная женщина получает арестантский пай, который она съедает вместе с сожителем; иногда этот бабий пай служит единственным источником пропитания семьи. Так как сожительница формально считается работницей, то поселенец платит за нее в казну, как за работницу; он обязуется свезти пудов двадцать груза из одного округа в другой или доставить в пост десяток бревен. Эта формальность, впрочем, обязательна только для поселенцев-мужиков и не требуется от ссыльных, которые живут в постах и ничего не делают. Отбывши срок, каторжная женщина перечисляется в поселенческое состояние и уже перестает получать кормовое и одежное довольствие; таким образом, на Сахалине перевод в поселки совсем не служит облегчением участи: каторжницам, получающим от казны пай, живется легче, чем поселкам, и чем дольше срок каторги, тем лучше для женщины, а если она бессрочная, то это значит, что она обеспечена куском хлеба бессрочно. Крестьянские права поселка получает обыкновенно на льготных основаниях, через шесть лет.

Женщин свободного состояния, добровольно пришедших за мужьями, в настоящее время в колонии больше, чем каторжных женщин, а ко всему числу ссыльных женщин они относятся как 2 : 3. Я записал 697 женщин свободного состояния; каторжных женщин, поселок и крестьянок было 1041, - значит, свободные в колонии составляют 40% всего наличного состава взрослых женщин. Покидать родину и идти в ссылку за преступными мужьями побуждают женщин разнообразные причины. Одни идут из любви и жалости; другие из крепкого убеждения, что разлучить мужа и жену может один только бог; третьи бегут из дому от стыда; в темной деревенской среде позор мужей всё еще падает на жен: когда, например, жена осужденного полощет на реке белье, то другие бабы обзывают ее каторжанкой; четвертые завлекаются на Сахалин мужьями, как в ловушку, путем обмана. Еще в трюме парохода многие арестанты пишут домой, что на Сахалине и тепло, и земли много, и хлеб дешевый, и начальство доброе; из тюрьмы они пишут то же самое, иногда по нескольку лет, придумывая всё новые соблазны, и расчет их на темноту и легковерие жен, как показали факты, часто оправдывается. Наконец, пятые идут потому, что всё еще продолжают находиться под сильным нравственным влиянием мужей; такие, быть может, сами принимали участие в преступлении или пользовались плодами его и не попали под суд только случайно, по недостатку улик. Наиболее часты две первые причины: сострадание и жалость до самопожертвования и непоколебимая сила убеждения среди жен, добровольно пришедших за мужьями, кроме русских, есть также татарки, еврейки, цыганки, польки и немки.

Когда женщины свободного состояния прибывают на Сахалин, то их встречают здесь не особенно приветливо. Вот характерный эпизод. 19 октября 1889 г. на пароходе Добровольного флота "Владивосток" прибыло в Александровск 300 женщин свободного состояния, подростков и детей. Плыли они из Владивостока 3-4 суток на холоде, без горячей пищи, и среди них, как передавал мне доктор, было найдено 26 больных скарлатиной, оспой и корью. Пароход пришел поздно вечером. Командир, опасаясь, вероятно, дурной погоды, потребовал, чтобы приняли пассажиров и груз непременно ночью. Выгружали с 12 до 2 часов ночи. Женщин и детей заперли на пристани в катерном сарае и в амбаре, построенном для склада товаров, а больных - в сарае, который приспособлен для карантинного содержания больных. Вещи пассажиров свалили в беспорядке в баржу. К утру прошел слух, что баржу ночью сорвало волнением и унесло в море. Поднялся плач. У одной женщины вместе с вещами пропало 300 руб. Составили протокол и обвинили во всем бурю, между тем на другой же день стали находить в тюрьме у каторжных пропавшие вещи.

Свободная женщина, в первое время по прибытии на Сахалин, имеет ошеломленный вид. Остров и каторжная обстановка поражают ее. Она с отчаянием говорит, что, едучи к мужу, не обманывала себя и ожидала только худого, но действительность оказалась страшнее всяких ожиданий. Едва она поговорила с теми женщинами, которые прибыли раньше ее, и поглядела на их житье-бытье, как у нее уже является уверенность, что она и дети ее погибли. Хотя до окончания срока осталось еще более 10-15 лет, но она уже бредит о материке и слышать не хочет про здешнее хозяйство, которое кажется ей ничтожным, не стоящим внимания. Она плачет день и ночь с причитываниями, поминая своих покинутых родных, как усопших, а муж, сознавая свою великую вину перед ней, молчит угрюмо, но, наконец, выйдя из себя, начинает бить ее и бранить за то, что она приехала сюда.

Если свободная женщина приехала без денег или привезла их так мало, что хватило только на покупку избы, и если ей и мужу ничего не присылают из дому, то скоро наступает голод. Заработков нет, милостыню просить негде, и ей с детьми приходится кормиться тою же арестантскою порцией, которую получает из тюрьмы ее муж-каторжник и которой едва хватает на одного Взрослого. Изо дня в день мысль работает всё в одном направлении: чего бы поесть и чем бы покормить детей. От постоянной проголоди, от взаимных попреков куском хлеба и от уверенности, что лучше не будет, с течением времени душа черствеет, женщина решает, что на Сахалине деликатными чувствами сыт не будешь, и идет добывать пятаки и гривенники, как выразилась одна, "своим телом". Муж тоже очерствел, ему не до чистоты, и всё это кажется неважным. Едва дочерям минуло 14-15 лет, как и их тоже пускают в оборот; матери торгуют ими дома или же отдают их в сожительницы к богатым поселенцам и надзирателям. И всё это совершается с тем большею легкостью, что свободная женщина проводит здесь время в полнейшей праздности. В постах делать совсем нечего, а в селениях, особенно в северных округах, хозяйства в самом деле ничтожны.

Кроме нужды и праздности, у свободной женщины есть еще третий источник всяких бед - это муж. Он может пропить или проиграть в карты свой пай, женино и даже детское платье. Он может впасть в новое преступление или удариться в бега. Поселенец Тымовского округа Бышевец при мне содержался в карцере в Дуэ его обвиняли в покушении на убийство; жена его и дети жили поблизости в казармах для семейных, а дом и хозяйство были брошены. В Мало-Тымове бежал поселенец Кучеренко, оставив жену и детей. Если муж не из таких, которые убивают или бегают, то все-таки каждый день жене приходится бояться, как бы его не наказали, не взвели бы на него напраслины, как бы он не надорвался, не заболел, не умер.

Годы уходят, близится старость; муж отбыл уже каторгу и поселенческий срок и хлопочет о крестьянских правах. Прошлое предается забвению, прощается, и с отъездом на материк мерещится вдали новая, разумная, счастливая жизнь. Бывает и иначе. Жена умирает от чахотки, а муж уезжает на материк, старый и одинокий; или же она остается вдовой и не знает, что ей делать, куда ехать. В Дербинском жена свободного состояния Александра Тимофеева ушла от своего мужа молокана к пастуху Акиму, живет в тесной, грязной лачужке и уже родила пастуху дочь, а муж взял к себе другую женщину, сожительницу. Женщины свободного состояния Шуликина и Федина в Александровске тоже ушли от мужей в сожительницы. Ненила Карпенко овдовела и живет теперь с поселенцем. Каторжный Алтухов ушел бродяжить, а его жена Екатерина, свободная, состоит в незаконном браке.

XVII

Состав населения по возрастам. - Семейное положение ссыльных. - Браки. Рождаемость. - Сахалинские дети.

Цифры, относящиеся к возрастному составу ссыльного населения, если бы даже они отличались идеальною точностью и несравненно большею полнотой, чем собранные мною, то все-таки давали бы почти ничего. Во-первых, они случайны, так как обусловлены не естественными или экономическими условиями, а юридическими теориями, существующим уложением о наказаниях, волей лиц, составляющих тюремное ведомство. С изменением взгляда на ссылку вообще и на сахалинскую в частности, изменится и возрастный состав населения; то же случится, когда станут присылать в колонию вдвое больше женщин или когда с проведением Сибирской железной дороги начнется свободная иммиграция. Во-вторых, на ссыльном острове, при исключительном строе жизни, эти цифры имеют совсем не то значение, что при обыкновенных условиях в Череповецком или Московском уезде. Например, ничтожный процент стариков на Сахалине означает не какие-либо неблагополучные условия, вроде высокой смертности, а то лишь, что ссыльные в большинстве успевают отбыть наказание и уехать на материк до наступления старости.

В настоящее время в колонии занимают первое место возрасты от 25 до 35 (24,3%) и от 35 до 45 (24,1%). Возрасты от 20 до 55 лет, которые д-р Грязнов называет рабочими, дают в колонии 64,6%, то есть почти в полтора раза больше, чем в России вообще. Увы, высокий процент и даже избыток рабочих или производительных возрастов на Сахалине совсем не служит показателем экономического благосостояния; тут он указывает лишь на избыток рабочих рук, благодаря чему, несмотря даже на громадное число голодных, праздных и неспособных, на Сахалине строятся города и проводятся превосходные дороги. Не дешево стоящие сооружения и рядом с этим необеспеченность и нищенство производительных возрастов наводят на мысль о некотором сходстве настоящего колонии с теми временами, когда так же искусственно создавался излишек рабочих рук, возводились храмы и цирки, а производительные возрасты терпели крайнюю, изнурительную нужду.

Дети, то есть возрасты от 0 до 15 лет, дают тоже высокую цифру - 24,9%. Сравнительно с однородными русскими цифрами она мала, для ссыльной же колонии, где семейная жизнь находится в таких неблагоприятных условиях, она высока. Плодовитость сахалинских женщин и невысокая детская смертность, как увидит ниже читатель, скоро поднимут процент детей еще выше, быть может, даже до русской нормы. Это хорошо, потому что, помимо всяких колонизационных соображений, близость детей оказывает ссыльным нравственную поддержку и живее, чем что-либо другое, напоминает им родную русскую деревню; к тому же заботы о детях спасают ссыльных женщин от праздности; это и худо, потому что непроизводительные возрасты, требуя от населения затрат и сами не давая ничего, осложняют экономические затруднения; они усиливают нужду, и в этом отношении колония поставлена даже в более неблагодарные условия, чем русская деревня: сахалинские дети, ставши подростками или взрослыми, уезжают на материк и, таким образом, затраты, понесенные колонией, не возвращаются.

Возрасты, составляющие надежду и основу если не созревшей уже, то созревающей колонии, на Сахалине дают самый ничтожный процент. Лиц от 15 до 20 лет во всей колонии только 185: м. 89 и ж. 96, то есть около 2%. Из них только 27 человек настоящие дети колонии, так как родились на Сахалине или на пути следования в ссылку, остальные же все - пришлый элемент. Но и эти родившиеся на Сахалине ждут только отъезда родителей или мужей на материк, чтобы уехать вместе с ними. Почти все 27 - это дети зажиточных крестьян, уже отбывших наказание и остающихся пока на острове ради округления капиталов. Таковы, например, Рачковы в селении Александровском. Даже Мария Барановская, дочь вольного поселенца, родившаяся в Чибисани, - ей теперь 18 лет, - не останется на Сахалине и уедет на материк с мужем. Из тех, которые родились на Сахалине 20 лет назад и которым пошел уже 21 год, не осталось на острове уже ни одного. Всех вообще в колонии двадцатилетков 27: из них 13 присланы сюда на каторгу, 7 прибыли добровольно за мужьями и 7 - сыновья ссыльных, молодые люди, уже знающие дорогу во Владивосток и на Амур.

На Сахалине 860 законных семей и 782 свободных, и эти цифры достаточно определяют семейное положение ссыльных, живущих в колонии. Вообще говоря, благами семейной жизни пользуется почти половина всего взрослого населения. Женщины в колонии все заняты, следовательно, другую половину, то есть около трех тысяч душ, живущих одиноко, составляют одни мужчины. Впрочем, это отношение, как случайное, подвержено постоянным колебаниям. Так, когда вследствие высочайшего манифеста из тюрьмы выпускается на участки сразу около тысячи новых поселенцев, то процент бессемейных в колонии повышается; когда же, как это случилось вскоре после моего отъезда, сахалинским поселенцам разрешено было работать на Уссурийском участке Сибирской железной дороги, то процент этот понизился. Как бы то ни было, развитие семейного начала среди ссыльных считается чрезвычайно слабым, и как на главную причину, почему колония до сих пор не удалась, указывают именно на большое число бессемейных. Теперь на очереди вопрос, почему в колонии получили такое широкое развитие незаконные или свободные сожительства и почему при взгляде на цифры, относящиеся к семейному положению ссыльных, получается такое впечатление, как будто ссыльные упорно уклоняются от законного брака? Ведь если бы не жены свободного состояния, добровольно пришедшие за мужьями, то свободных семей в колонии было бы в 4 раза больше, чем законных. Такое положение дела генерал-губернатор, диктуя мне в тетрадку, называл "вопиющим" и обвинял при этом, конечно, не ссыльных. Как люди в большинстве патриархальные и религиозные, ссыльные предпочитают законный брак. Незаконные супруги часто просят у начальства дозволения перевенчаться, но по большинству этих прошений приходится отказывать по причинам, не зависящим ни от местной администрации, ни от самих ссыльных. Дело в том, что хотя с лишением всех прав состояния поражаются супружеские права осужденного и он уже не существует для семьи, как бы умер, но тем не менее все-таки его брачные права в ссылке определяются не обстоятельствами, вытекающими из его дальнейшей жизни, а волею супруга не осужденного, оставшегося на родине. Необходимо, чтобы этот супруг согласился на расторжение брака и дал развод, и тогда только осужденный может вступить в новый брак. Оставшиеся же супруги обыкновенно не дают этого согласия: одни из религиозного убеждения, что развод есть грех, другие - потому, что считают расторжение браков ненужным, праздным делом, прихотью, особенно когда обоим супругам уже близко к сорока. "В его ли годы жениться, - рассуждает жена, получив от мужа письмо насчет развода. - О душе бы, старый пес, подумал". Третьи отказывают потому, что боятся начинать такое в высшей степени сложное, хлопотливое и не дешевое дело, как развод, или просто потому, что не знают, куда обратиться с прошением и с чего начать. В том, что ссыльные не вступают в законный брак, часто бывают виноваты также несовершенства статейных списков, создающие в каждом отдельном случае целый ряд всяких формальностей, томительных, во вкусе старинной волокиты, ведущих к тому лишь, что ссыльный, истратившись на писарей, гербовые марки и телеграммы, в конце концов безнадежно машет рукой и решает, что законной семьи у него не быть. У многих ссыльных совсем нет статейных списков; попадаются такие списки, в которых совсем не показано семейное положение ссыльного или же показано неясно или неверно; между тем, кроме статейного списка, у ссыльного нет никаких других документов, на которые он мог бы ссылаться в случае надобности.

Сведения о числе браков, совершаемых в колонии, можно добыть из метрических книг; но так как законный брак здесь составляет роскошь, доступную не для всякого, то эти сведения далеко не определяют истинной потребности населения в брачной жизни; здесь венчаются не когда нужно, а когда можно. Средний возраст брачущихся здесь совершенно праздная цифра: заключать по ней о преобладании поздних или ранних браков и делать отсюда какие-либо выводы невозможно, так как семейная жизнь у большинства ссыльных начинается задолго до совершения церковного обряда, и венчаются обыкновенно пары, уже имеющие детей. Из метрических книг пока видно лишь, что за последние десять лет наибольшее число браков было совершено в январе; на этот месяц падает почти треть всех браков. Осеннее повышение в сравнении с январским слишком ничтожно, так что о сходстве с нашими земледельческими уездами не может быть и речи. Браки, совершавшиеся при нормальных условиях, когда женились дети ссыльных, свободные, все до одного были ранние; женихи были в возрасте от 18 до 20, а невесты от 15 до 19 лет. Но в возрасте от 15 до 20 лет девушек свободного состояния больше, чем мужчин, которые обыкновенно оставляют остров до наступления брачного возраста; и, вероятно, за недостатком молодых женихов и отчасти из экономических соображений было совершено много неравных браков; молодые свободные девушки, почти девочки, были выдаваемы родителями за пожилых поселенцев и крестьян. Унтер-офицеры, ефрейторы, военные фельдшера, писаря и надзиратели женились часто, но осчастливливали только 15-16-тилетних.

Свадьбы играются скромно и скучно; в Тымовском округе, говорят, бывают иногда веселые свадьбы, шумные, и особенно шумят хохлы. В Александровске, где есть типография, в обычае у ссыльных рассылать перед свадьбой печатные пригласительные билеты. Наборщики-каторжные соскучились над приказами и бывают рады щегольнуть своим искусством, и их билеты по внешности и тексту мало отличаются от московских. На каждую свадьбу из казны отпускается бутылка спирту.

Рождаемость в колонии сами ссыльные считают чрезмерно высокой, и это дает повод к постоянным насмешкам над женщинами и к разным глубокомысленным замечаниям. Говорят, что на Сахалине самый климат располагает женщин к беременности; рожают старухи и даже такие, которые в России были бесплодны и не надеялись уже иметь когда-либо детей. Женщины точно торопятся населить Сахалин и часто рожают двойней. Одна роженица во Владимировке, пожилая женщина, имеющая уже взрослую дочь, наслышавшись разговоров о двойнях, ожидала, что у нее тоже родятся двое, и была огорчена, когда родился только один. "Поищите еще", - попросила она акушерку. Но роды двойнями случаются здесь не чаще, чем в русских уездах. За десятилетний период до 1 января 1890 г. в колонии родилось 2275 детей обоего пола, а так называемых плодущих родов было только 26. Все эти несколько преувеличенные толки о чрезмерной плодовитости женщин, о двойнях и т.п. указывают на то, с каким интересом ссыльное население относится к рождаемости и какое она имеет здесь важное значение.

Оттого, что численный состав населения подвержен колебаниям вследствие постоянных приливов и отливов, притом случайных, как на рынке, определение коэффициента общей рождаемости в колонии за несколько лет можно считать недосягаемою роскошью; он уловим тем труднее, что цифровой материал, собранный мною и другими, имеет очень скромный объем; численный состав населения за прошлые годы неизвестен, и приведение его в известность, когда я знакомился с канцелярским материалом, представлялось мне египетскою работой, обещавшею притом самые сомнительные результаты. Можно определить коэффициент лишь приблизительно и только для настоящего времени. В 1889 г. во всех четырех приходах родилось 352 детей обоего пола; при обыкновенных условиях в России такое количество детей рождается ежегодно в местах с населением в семь тысяч душ;именно семь тысяч с прибавкою нескольких сотен жило в колонии в 1889 г. Здешний коэффициент рождаемости, очевидно, лишь немного выше, чем вообще в России (49,8) и в русских уездах, например. Череповецком (45,4). Можно признать, что рождаемость на Сахалине в 1889 г. была относительно так же велика, как вообще в России, и если была разница в коэффициентах, то небольшая, не имеющая, вероятно, особенного значения. А так как из двух местностей с одинаковыми коэффициентами общей рождаемости плодовитость женщин в той выше, в которой их относительно меньше, то, очевидно, можно признать также еще, что плодовитость женщин на Сахалине значительно выше, чем в России вообще.

Голод, тоска по родине, порочные наклонности, неволя - вся сумма неблагоприятных условий ссылки не исключает у ссыльных производительной способности; стало быть, наличность ее не означает благополучия. Причиной повышенной плодовитости женщин и такой же рождаемости служит, во-первых, праздность ссыльных, живущих в колонии, вынужденное домоседство мужей и сожителей, вследствие отсутствия у них отхожих промыслов и заработков, и монотонность жизни, при которой удовлетворение половых инстинктов является часто единственным возможным развлечением, и, во-вторых, то обстоятельство, что большинство женщин принадлежит здесь к производительным возрастам. Кроме этих ближайших причин, существуют, вероятно, еще отдаленные, пока недоступные непосредственному наблюдению. Быть может, на сильную рождаемость следует смотреть, как на средство, какое природа дает населению для борьбы с вредными, разрушительными влияниями и прежде всего с такими врагами естественного порядка, как малочисленность населения и недостаток женщин. Чем большая опасность угрожает населению, тем больше родится, и в этом смысле неблагоприятные условия могут быть названы причиною высокой рождаемости.

Из 2275 рождений за десятилетний период maximum приходится на осенние месяцы (29,2%), minimum на весенние (20,8%), и зимою (26,2%) рождалось больше, чем летом (23,6%). Наибольшее число зачатий и рождений происходило до сих пор в полугодие с августа до февраля, и в этом отношении время с короткими днями и длинными ночами было наиболее благоприятным, чем пасмурная и дождливая весна и такое же лето.

В настоящее время на Сахалине всего детей 2122, включая сюда и тех подростков, которым в 1890 г. исполнилось 15 лет. Из них прибыло из России с родителями 644, родилось на Сахалине и по пути следования в ссылку 1473; детей, месторождение которых мне неизвестно, 5. Первых меньше почти в три раза; в большинстве они прибыли на остров уже в тех возрастах, когда дети сознают: они помнят и любят родину; вторые же, сахалинские уроженцы, никогда не видели ничего лучше Сахалина и должны тяготеть к нему, как к своей настоящей родине. Вообще, обе группы значительно разнятся одна от другой. Так, в первой группе незаконнорожденных только 1,7%, во второй же 37,2%. Представители первой группы называют себя свободными; в громадном большинстве они были рождены или зачаты до суда и сохраняют поэтому все права своего состояния. Дети же, рожденные в ссылке, не называют себя никак; со временем они припишутся к податным сословиям и будут называться крестьянами или мещанами, теперь же их социальное положение определяется так: незаконный сын ссыльнокаторжной, дочь поселенца, незаконная дочь поселки и т.д. Когда одна дворянка, жена ссыльного, узнала, что ее ребенка записали в метрическую книгу сыном поселенца, то, говорят, горько заплакала.

Детей грудных и моложе 4-х лет почти нет совсем в первой группе: здесь перевес на стороне так называемых школьных возрастов. Во второй же группе, у сахалинских уроженцев, наоборот, преобладают самые ранние возрасты, и притом чем старше дети, тем меньше сверстников, и если бы мы изобразили детские возрасты этой группы графически, то получили бы резкое крутое падение кривой. В этой группе детей моложе одного года 203, от 9 до 10 лет - 45, от 15 до 16 только 11. Из двадцатилетков, родившихся на Сахалине, как я говорил уже, не осталось ни одного. Таким образом, недостаток подростков и юношей пополняется пришлыми, которые пока одни только дают из своей среды молодых женихов и невест. Невысокий процент детей старших возрастов среди сахалинских уроженцев объясняется и детскою смертностью и тем, что в прошлые годы было на острове меньше женщин и потому меньше рождалось детей, но больше всего виновата тут эмиграция. Взрослые, уезжая на материк, не оставляют детей, а увозят их с собой. Родители сахалинского уроженца обыкновенно начинают отбывать наказание еще задолго до появления его на свет, и пока он родится, растет и достигает 10-летнего возраста, они в большинстве уже успевают получить крестьянские права и уехать на материк. Положение же пришлого совсем иное. Когда его родителей присылают на Сахалин, то ему бывает уже 5-8-10 лет; пока они отбывают каторгу и поселение, он выходит из детского возраста, и пока потом родители хлопочут о крестьянских правах, становится уже работником, и прежде чем совсем уехать на материк, успевает несколько раз побывать на заработках во Владивостоке и в Николаевске. Во всяком случае, в колонии не остаются ни пришлые, ни местные уроженцы, и поэтому все сахалинские посты и селения до настоящего времени вернее было бы называть не колонией, а местами временного водворения.

Рождение каждого нового человека в семье встречается неприветливо; над колыбелью ребенка не поют песен и слышатся одни только зловещие причитывания. Отцы и матери говорят, что детей нечем кормить, что они на Сахалине ничему хорошему не научатся, и "самое лучшее, если бы господь милосердный прибрал их поскорее". Если ребенок плачет или шалит, то ему кричат со злобой: "Замолчи, чтоб ты издох!" Но все-таки, что бы ни говорили и как бы ни причитывали, самые полезные, самые нужные и самые приятные люди на Сахалине - это дети, и сами ссыльные хорошо понимают это и дорого ценят их. В огрубевшую, нравственно истасканную сахалинскую семью они вносят элемент нежности, чистоты, кротости, радости. Несмотря на свою непорочность, они больше всего на свете любят порочную мать и разбойника отца, и если ссыльного, отвыкшего в тюрьме от ласки, трогает ласковость собаки, то какую цену должна иметь для него любовь ребенка! Я уже говорил, что присутствие детей оказывает ссыльным нравственную поддержку, теперь же еще прибавлю, что дети часто составляют то единственное, что привязывает еще ссыльных мужчин и женщин к жизни, спасает от отчаяния, от окончательного падения. Мне однажды пришлось записывать двух женщин свободного состояния, прибывших добровольно за мужьями и живших на одной квартире; одна из них, бездетная, пока я был в избе, всё время роптала на судьбу, смеялась над собой, обзывала себя дурой и окаянной за то, что пошла на Сахалин, судорожно сжимала кулаки, и всё это в присутствии мужа, который находился тут же и виновато смотрел на меня, а другая, как здесь часто говорят, детная, имеющая несколько душ детей, молчала, и я подумал, что положение первой, бездетной, должно быть ужасно. Помнится, записывая в одной избе татарского мальчика трех лет, в ермолке, с широким расстоянием между глазами, я сказал ему несколько ласковых слов, и вдруг равнодушное лицо его отца, казанского татарина, прояснилось, и он весело закивал головой, как бы соглашаясь со мной, что его сын очень хороший мальчик, и мне показалось, что этот татарин счастлив.

Под какими влияниями воспитываются сахалинские дети и какие впечатления определяют их душевную деятельность, читателю понятно из всего вышеописанного. Что в России, в городах и деревнях, страшно, то здесь обыкновенно. Дети провожают равнодушными глазами партию арестантов, закованных в кандалы; когда кандальные везут тачку с песком, то дети цепляются сзади и хохочут. Играют они в солдаты и в арестанты. Мальчик, выйдя на улицу, кричит своим товарищам: "равняйсь!", "отставить!" Или же он кладет в мешок свои игрушки и кусок хлеба и говорит матери: "Я иду бродяжить". - "Гляди-кось, часом солдат подстрелит", - шутит мать; он идет на улицу и бродяжит там, а товарищи, изображающие солдат, ловят его. Сахалинские дети говорят о бродягах, розгах, плетях, знают, что такое палач, кандальные, сожитель. Обходя избы в Верхнем Армудане, я в одной не застал старших; дома был только мальчик лет 10, беловолосый, сутулый, босой; бледное лицо покрыто крупными веснушками и кажется мраморным.

- Как по отчеству твоего отца? - спросил я.
- Не знаю, - ответил он.
- Как же так? Живешь с отцом и не знаешь, как его зовут? Стыдно.
- Он у меня не настоящий отец.
- Как так - ненастоящий?
- Он у мамки сожитель.

- Твоя мать замужняя или вдова?
- Вдова. Она за мужа пришла.
- Что значит - за мужа пришла?
- Убила.
- Ты своего отца помнишь?
- Не помню. Я незаконный. Меня мамка на Каре родила.

Сахалинские дети бледны, худы, вялы; они одеты в рубища и всегда хотят есть. Как увидит ниже читатель, умирают они почти исключительно от болезней пищеварительного канала. Жизнь впроголодь, питание иногда по целым месяцам одною только брюквой, а у достаточных - одною соленою рыбой, низкая температура и сырость убивают детский организм чаще всего медленно, изнуряющим образом, мало-помалу перерождая все его ткани; если бы не эмиграция, то через два-три поколения, вероятно, пришлось бы иметь дело в колонии со всеми видами болезней, зависящих от глубокого расстройства питания. В настоящее время дети беднейших поселенцев и каторжных получают от казны так называемые "кормовые": детям от одного года до 15 лет выдается по 1, а круглым сиротам, калекам, уродам и близнецам по 3 рубля в месяц. Право ребенка на эту помощь определяется личным усмотрением чиновников, которые слово "беднейший" понимают каждый по-своему; полученные 1 или 3 рубля тратятся по усмотрению отцов и матерей. Эту денежную помощь, зависящую от стольких усмотрений и благодаря бедности и недобросовестности родителей редко достигающую своего назначения, давно бы уже следовало отменить. Она не уменьшает бедности, а только маскирует ее, заставляя людей непосвященных думать, что на Сахалине дети обеспечены.

XVIII

Занятия ссыльных. - Сельское хозяйство. - Охота. - Рыболовство. Периодическая рыба: кета и сельдь. - Тюремные ловли. - Мастерства.

Мысль о приурочении труда ссыльнокаторжных и поселенцев к сельскому хозяйству, как я уже говорил, возникла в самом начале сахалинской ссылки. Эта мысль сама по себе очень заманчива: земледельческий труд, по-видимому, содержит все элементы, необходимые для того, чтобы занять ссыльного, приохотить его к земле и даже исправить. К тому же этот труд пригоден для громадного большинства ссыльных, так как наша каторга - учреждение по преимуществу мужицкое, и из каторжных и поселенцев только одна десятая часть не принадлежит к земледельческому классу. И эта мысль имела успех; по крайней мере до последнего времени главным занятием ссыльных на Сахалине считалось сельское хозяйство и колония не переставала называться сельскохозяйственной.

На Сахалине за всё время Существования колонии ежегодно пахали и сеяли; перерыва не было, и с увеличением населения ежегодно расширялась и площадь посевов. Труд здешнего землепашца был не только принудительным, но и тяжким, и если основными признаками каторжного труда считать принуждение и напряжение физических сил, определяемое словом "тяжкий", то в этом смысле трудно было подыскать более подходящее занятие для преступников, как земледелие на Сахалине; до сих пор оно удовлетворяло самым суровым карательным целям.

Но было ли оно производительно, удовлетворяло ли также колонизационным целям, об этом с самого начала сахалинской ссылки до последнего времени были выражаемы самые разнообразные и чаще всего крайние мнения. Одни находили Сахалин плодороднейшим островом и называли его так в своих отчетах и корреспонденциях и даже, как говорят, посылали восторженные телеграммы о том, что ссыльные наконец в состоянии сами прокормить себя и уже не нуждаются в затратах со стороны государства, другие же относились к сахалинскому земледелию скептически и решительно заявляли, что сельскохозяйственная культура на острове немыслима. Такое разногласие происходило оттого, что о сахалинском земледелии судили большею частью люди, которым истинное положение дела было незнакомо. Колония была основана на острове еще не исследованном; с научной точки зрения представлял он совершенную terrain incognitam, и об его естественных условиях и о возможности на нем сельскохозяйственной культуры судили, только по таким признакам, как географическая широта, близкое соседство Японии, присутствие на острове бамбука, пробкового дерева и т.п. Для случайных корреспондентов, судивших чаще всего по первым впечатлениям, имели решающее значение хорошая или дурная погода, хлеб и масло, которыми их угощали в избах, и то, попадали ли они сначала в такое мрачное место, как Дуэ, или в такое на вид жизнерадостное, как Сиянцы. Чиновники, которым вверена была сельскохозяйственная колония, в громадном большинстве до своего поступления на службу не были ни помещиками, ни крестьянами и с сельским хозяйством не были знакомы вовсе; для своих ведомостей они всякий раз пользовались только теми сведениями, которые собирали для них надзиратели. Местные же агрономы были малосведущи в своей специальности и ничего не делали, или же отчеты их отличались заведомою тенденциозностью, или же, попадая в колонию прямо со школьной скамьи, они на первых порах ограничивались одною лишь теоретическою и формальною стороной дела и для своих отчетов пользовались всё теми же сведениями, которые собирали для канцелярий нижние чины. Казалось бы, самые верные сведения можно было получать от людей, которые сами пашут и сеют, но и этот источник оказался ненадежным. Из страха, чтобы их не лишили пособий, не перестали давать зерно в ссуду, не оставили бы их на Сахалине на всю жизнь, ссыльные обыкновенно показывали количество разработанной земли и урожаи ниже действительности. Зажиточные ссыльные, которые не нуждаются в пособиях, тоже не говорили правды, но эти уже не из страха, а из тех самых побуждений, которые заставляли Полония соглашаться, что облако в одно и то же время похоже и на верблюда и на хорька. Они зорко следили за модой и направлением мыслей, и если местная администрация не верила в сельское хозяйство, то они тоже не верили; если же в канцеляриях делалось модным противоположное направление, то и они тоже начинали уверять, что на Сахалине, слава богу, жить можно, урожаи хорошие, и только одна беда - народ нынче избаловался и т.п., и при этом, чтобы угодить начальству, они прибегали к грубой лжи и всякого рода уловкам. Например, они выбирали в поле самые крупные колосья и приносили их к Мицулю, и последний добродушно верил и делал заключение об отличном урожае. Приезжим показывали картофель величиной с голову, полупудовые редьки, арбузы, и приезжие, глядя на эти чудовища, верили, что на Сахалине пшеница родится сам-40.

При мне сельскохозяйственный вопрос на Сахалине находился в каком-то особенном фазисе, когда трудно было понять что-нибудь. Генерал-губернатор, начальник острова и окружные начальники не верили в производительность труда сахалинских земледельцев; для ник уже не подлежало сомнению, что попытка приурочить труд ссыльных к сельскому хозяйству потерпела полную неудачу и что продолжать настаивать на том, чтобы колония во что бы ни стало была сельскохозяйственной, значило тратить непроизводительно казенные деньги и подвергать людей напрасным мучениям. Вот слова генерал-губернатора, которые я записал под его диктовку: "Сельскохозяйственная колония преступников на острове неосуществима. Надо дать людям заработок, сельское же хозяйство должно быть лишь подспорьем к нему".

Младшие чиновники высказывали то же самое и в присутствии своего начальства безбоязненно критиковали прошлое острова. Сами ссыльные на вопрос, как идут дела, отвечали нервно, безнадежно, с горькою усмешкой. И, несмотря на такое определенное и единодушное отношение к сельскому хозяйству, все-таки ссыльные продолжают пахать и сеять, администрация продолжает выдавать им в ссуду зерно, и начальник острова, меньше всех Верующий в сахалинское земледелие, издает приказы, в которых, "в видах приурочения ссыльных к заботам о сельском хозяйстве", подтверждает, что перечисление в крестьянское сословие поселенцев, которые не подают основательной надежды на успех своих хозяйских дел на отведенных им участках, "не может состояться никогда" (№ 276, 1890 г.). Психология таких противоречий совсем непонятна.

Количество разработанной земли до сих пор было показываемо в отчетах дутыми и подобранными цифрами (приказ № 366, 1888 г.), и никто не скажет с точностью, сколько в среднем приходится земли на каждого владельца. Инспектор сельского хозяйства определяет количество земли в среднем на участок по 1555 кв. саж., или около 2/3 дес., а в частности для лучшего, то есть Корсаковского, округа - в 935 кв. саж. Помимо того что цифры эти могут быть неверны, значение их умаляется еще тем, что земля распределена между владельцами крайне неравномерно: приехавшие из России с деньгами или нажившие себе состояние кулачеством имеют по 3-5 и даже 8 десятин пахотной земли, и есть немало хозяев, особенно в Корсаковском округе, у которых всего по нескольку квадратных сажен. По-видимому, количество пахотной земли абсолютно увеличивается каждый год, средний же размер участка не растет и как бы грозит остаться величиной постоянной.

Сеют казенное зерно, получаемое каждый раз в ссуду. В лучшем, то есть Корсаковском, округе в 1889 г. "на всю пропорцию посеянного зерна 2060 пуд. имелось собственных семян только 165 пуд., а из 610 человек, которые посеяли это количество, имели свое зерно только 56 человек" (приказ № 318, 1889 г.). По данным инспектора сельского хозяйства, на каждого взрослого жителя средним числом высевается зернового хлеба только 3 пуда 18 фунт., и меньше всего в южном округе. Интересно при этом заметить, что в округе с более благоприятными климатическими условиями сельское хозяйство ведется менее успешно, чем в северных округах, и это, однако, не мешает ему быть на самом деле лучшим округом.

В двух северных округах ни разу не была наблюдаема сумма тепла, достаточная для полного вызревания овса и пшеницы, и только два года дали сумму тепла, достаточную для созревания ячменя. Весна и начало лета бывают почти всегда холодные; в 1889 г. морозы были в июле и августе, и дурная осенняя погода началась с 24 июля и продолжалась до конца октября. С холодом бороться можно, и акклиматизация хлебных растений на Сахалине представляла бы благодарнейшую задачу, если бы не исключительно высокая влажность, борьба с которой едва ли будет когда-либо возможна. В период колошения, цветения и налива, и в особенности созревания, количество выпадающих на острове осадков несоразмерно велико, отчего поля дают не вполне вызревшее, водянистое, морщинистое и легковесное зерно. Или же благодаря обильным дождям хлеб пропадает, сгнивая или прорастая в снопах в поле. Время уборки хлебов, особенно яровых, здесь почти всегда совпадает с самою дождливою погодой и, случается, весь урожай остается в поле благодаря дождям, непрерывно идущим с августа до глубокой осени. В отчете инспектора сельского хозяйства приводится таблица урожаев за последние пять лет, составленная по данным, которые начальник острова называет "праздными вымыслами"; из этой таблицы можно заключить приблизительно, что средний урожай зерновых хлебов на Сахалине составляет сам-три. Это находит подтверждение и в другой цифре: в 1889 г. из собранного урожая зернового хлеба на каждого взрослого приходилось в среднем около 11 пуд.. то есть в три раза больше того, что было посеяно. Зерно получалось от урожаев плохое. Осмотрев однажды образцы зернового хлеба, доставленного поселенцами, желающими обменять на муку, начальник острова нашел, что одни из них вовсе непригодны для посева, а другие содержат в примеси значительное количество зерна недозрелого и прохваченного морозами (приказ № 41, 1889 г.).

При таких тощих урожаях сахалинский хозяин, чтобы быть сытым, должен иметь не менее 4 дес. плодородной земли, ценить свой труд ни во что и ничего не платить работникам; когда же в недалеком будущем однопольная система без пара и удобрения истощит почву и ссыльные "сознают необходимость перейти к более рациональным приемам обработки полей и к новой системе севооборота", то земли и труда понадобится еще больше и хлебопашество поневоле будет брошено, как непроизводительное и убыточное.

Та отрасль сельского хозяйства, успех которой зависит не столько от естественных условий, сколько от личных усилий и знаний самого хозяина, огородничество, по-видимому, дает на Сахалине хорошие результаты. За успех местной огородной культуры говорит уже то обстоятельство, что иногда целые семьи в продолжение всей зимы питаются одною только брюквой. В июле, когда одна дама в Александровске жаловалась мне, что у нее в садике еще не взошли цветы, в Корсаковке в одной избе я видел решето, полное огурцов. Из отчета инспектора сельского хозяйства видно, что из урожая 1889 г. в Тымовском округе приходилось на каждого взрослого 4 1/10 пуд. капусты и около 2 пуд. разных корнеплодных овощей, в Корсаковском по 4 пуда капусты и по 4 пуд. корнеплодов. В том же году картофеля приходилось на каждого взрослого в Александровском округе по 50 пуд., в Тымовском по 16 пуд. и в Корсаковском по 34 пуд. Картофель вообще дает хорошие урожаи, и это подтверждается не только цифрами, но и личным впечатлением;

я не видел закромов или мешков с зерном, не видел, чтобы ссыльные ели пшеничный хлеб, хотя пшеницы здесь сеется больше, чем ржи. но зато в каждой избе я видел картофель и слышал жалобы на то, что зимою много картофеля сгнило. С развитием на Сахалине городской жизни растет мало-помалу и потребность в рынке; в Александровске уже определилось место, где бабы продают овощи, и на улицах не редкость встретить ссыльных, торгующих огурцами и всякою зеленью. В некоторых местах на юге, например в Первой Пади, огородничество уже составляет серьезный промысел.

Хлебопашество считается главным занятием ссыльных. К второстепенным, дающим сторонние заработки, относятся охота и рыболовство. С точки зрения охотника, фауна позвоночных животных на Сахалине роскошна. Из зверей, наиболее ценных для промышленника, в особенно громадном количестве водятся здесь соболь, лисица и медведь. Соболь распространен по всему острову. Говорят, будто за последнее время, вследствие порубок и лесных пожаров, соболь удалился от населенных мест в более дальние леса. Не знаю, насколько это справедливо; при мне во Владимировке, около самого селения, надзиратель застрелил из револьвера соболя, который переходил по бревну через ручей, и те ссыльные-охотники, с которыми мне приходилось говорить, охотятся обыкновенно неподалеку от селений. Лисица и медведь тоже живут на всем острове. В прежнее время медведь не обижал людей и домашних животных и считался смирным, но с тех пор, как ссыльные стали селиться по верховьям рек и вырубать тут леса и преградили ему путь к рыбе, которая составляла его главную пищу, в сахалинских метрических книгах и в "ведомости происшествий" стала появляться новая причина смерти - "задран медведем", и в настоящее время медведь уже третируется, как грозное явление природы, с которым приходится бороться не на шутку. Встречаются также олень и кабарга, выдра, росомаха, рысь, редко волк и еще реже горностай и тигр. Несмотря на такое богатство дичи, охота как промысел в колонии почти не существует.

Ссыльные-кулаки, наживающие здесь состояния торговлей, промышляют обыкновенно и мехами, которые они приобретают у инородцев за бесценок и в обмен на спирт, но уж это относится не к охоте, а к промышленности иного рода. Охотники из ссыльных здесь все наперечет, их очень немного. В большинстве это не промышленники, а охотники по страсти, любители, охотящиеся с плохими ружьями и без собаки, только ради забавы. Убитую дичь они сбывают за бесценок или пропивают. В Корсаковске один поселенец, продавая мне убитого им лебедя, запросил "три рубля или бутылку водки". Надо думать, что охота в ссыльной колонии никогда не примет размеров промысла, именно потому, что она ссыльная. Чтобы промышлять охотой, надо быть свободным, отважным и здоровым, ссыльные же, в громадном большинстве, люди слабохарактерные, нерешительные, неврастеники; они на родине не были охотниками и не умеют обращаться с ружьем, и их угнетенным душам до такой степени чуждо это вольное занятие, что поселенец в нужде скорее предпочтет, под страхом наказания, зарезать теленка, взятого из казны в долг, чем пойти стрелять глухарей или зайцев. Да и едва ли может быть желательно широкое развитие этого промысла в колонии, куда для исправления присылаются главным образом убийцы. Нельзя позволить бывшему убийце часто убивать животных и совершать те зверские операции, без которых не обходится почти ни одна охота, - например, закалывать раненого оленя, прикусывать горло подстреленной куропатке и т.п.

Главное богатство Сахалина и его будущность, быть может, завидная и счастливая, не в пушном звере и не в угле, как думают, а в периодической рыбе. Часть, а быть может, и вся масса веществ, уносимая реками в океан, ежегодно возвращается материку обратно в виде периодической рыбы. Кета, или кита, рыба из лососевых, имеющая размеры, цвет и вкус нашей семги, населяющая северную часть Великого океана, в известный период своей жизни входит в некоторые реки Северной Америки и Сибири и с неудержимою силой, в количестве буквально бесчисленном, мчится вверх против течения, доходя до самых верхних, горных потоков. На Сахалине это бывает в конце июля или в первой трети августа. Масса рыбы, наблюдаемая в это время, бывает так велика и ход ее до такой степени стремителен и необычаен, что кто сам не наблюдал этого замечательного явления, тот не может иметь о нем настоящего понятия. О быстроте хода и о тесноте можно бывает судить по поверхности реки, которая, кажется, кипит, вода принимает рыбий вкус, весла вязнут и, задевая за рыбу, подкидывают ее. В устья рек кета входит здоровая и сильная, но затем безостановочная борьба с быстрым течением, теснота, голод, трение и ушибы о карчи и камни истощают ее, она худеет, тело ее покрывается кровоподтеками, мясо становится дряблым и белым, зубы оскаливаются; рыба меняет свою физиономию совершенно, так что люди непосвященные принимают ее за другую породу и называют не кетой, а зубаткой. Она ослабевает мало-помалу и уже не может сопротивляться течению и уходит в затоны или же стоит за карчей, уткнувшись мордой в берег; здесь ее можно брать прямо руками, и даже медведь достает ее из воды лапой. В конце концов, изнуренная половым стремлением и голодом, она погибает, и уже в среднем течении реки начинают встречаться во множестве уснувшие экземпляры, а берега в верхнем течении бывают усеяны мертвою рыбой, издающею зловоние. Все эти страдания, переживаемые рыбой в период любви, называются "кочеванием до смерти", потому что неизбежно ведут к смерти, и ни одна из рыб не возвращается в океан, а все погибают в реках. "Неодолимые порывы эротического влечения до издыхания, - говорит Миддендорф, - цвет идеи кочевания; и такие идеалы в тупоумной влажно-холодной рыбе!"

Не менее замечателен ход сельди, которая периодически появляется по прибрежьям моря весною, обыкновенно во второй половине апреля. Сельдь идет громадными стадами, "в невероятном количестве", по выражению очевидцев. Приближение сельди всякий раз узнается по следующим характерным признакам: круговая полоса белой пены, захватывающая на море большое пространство, стаи чаек и альбатросов, киты, пускающие фонтаны, и стада сивучей. Картина чудесная! Китов, следующих в Аниве за сельдью, такое множество, что корабль Крузенштерна был окружен ими и на берег должно было ездить "с осторожностью". Во время хода сельди море представляется кипящим.

Нет возможности даже приблизительно определить, какое количество рыбы может быть поймано каждый раз во время ее хода в сахалинских реках и у побережьев. Тут годилась бы всякая очень большая цифра.

Во всяком случае, без преувеличения можно сказать, что при широкой и правильной организации рыбных ловель и при тех рынках, какие давно уже существуют в Японии и Китае, ловля периодической рыбы на Сахалине могла бы приносить миллионные доходы. Когда еще на юге Сахалина распоряжались японцы и рыбные ловли в их руках едва начинали развиваться, то уж рыба приносила около полумиллиона рублей ежегодно. По расчету Мицуля, добывание ворвани в южной части Сахалина требовало 611 котлов и до 15000 саж. дров, и одна лишь сельдь давала 295 806 руб. в год.

С занятием Южного Сахалина русскими рыбные ловли перешли в стадий упадка, в котором находятся до сего дня. "Где недавно кипела жизнь, давая пищу инородцам-аинцам и солидные барыши промышленникам, - писал в 1880 г. Л. Дейтер, - там теперь почти пустыня". Рыбные ловли, производимые теперь в обоих северных округах нашими ссыльными, ничтожны, иначе их и назвать нельзя. Я был на Тыми, когда уже в верховьях шла кета и на зеленых берегах там и сям попадались одинокие фигуры рыболовов, вытаскивавших крючками на длинных палках полуживую рыбу. В последние годы администрация, ищущая заработков для поселенцев, стала делать им заказы на соленую рыбу. Поселенцы получают соль по льготной цене и в долг, тюрьма затем покупает у них рыбу по дорогой Цене, чтобы поощрить их, но об этом их новом ничтожном заработке стоит упомянуть только потому, что тюремные щи из рыбы местного поселенческого приготовления, по отзывам арестантов, отличаются особо отвратительным вкусом и нестерпимым запахом. Ловить и заготовлять рыбу поселенцы не умеют, и никто их этому не учит; тюрьма в районе теперешних ловель забрала себе лучшие места, им же предоставила пороги и мели, где они рвут свои дешевые самоделковые сети о карчи и камни. Когда я был в Дербинском, там каторжные ловили для тюрьмы рыбу. Начальник острова ген. Кононович приказал собраться поселенцам и, обратись к ним с речью, упрекнул их, что в прошлом году они продали в тюрьму рыбу, которую нельзя было есть. "Каторжный - ваш брат, а мой сын, - сказал он им. Обманывая казну, вы этим самым наносите вред вашему брату и моему сыну". Поселенцы согласились с ним, но по их лицам видно было, что и в будущем году брат и сын будут есть вонючую рыбу. Даже если поселенцы как-нибудь научатся заготовлять рыбу, то все-таки этот новый заработок не даст населению ничего, так как санитарный надзор рано или поздно должен будет запретить употребление в пищу рыбы, пойманной в верховьях.

На тюремных рыбных ловлях в Дербинском я присутствовал 25 августа. Надолго затянувшийся дождь наводил на всю природу уныние; было трудно ходить по скользкому берегу. Сначала мы зашли в сарай, где 16 каторжных под руководством Василенки, бывшего таганрогского рыбалки, солили рыбу. Было уже посолено 150 бочек, около 2000 пудов. Впечатление такое, что если бы Василенко не попал на каторгу, то никто бы тут не знал, как надо обращаться с рыбой. Из сарая спуск к берегу, на котором шесть каторжных очень острыми ножами пластают рыбу, выбрасывая ее внутренности в реку; вода красная, мутная. Тяжелый запах рыбы и грязи, смешанной с рыбьей кровью. В стороне группа каторжных - все мокрые и босиком или в чирках - закидывает небольшой невод. При мне вытащили два раза, и в оба раза невод был полон. Вся кета имеет крайне подозрительный вид. У всех оскалены зубы, сгорбились спины и тела покрыты пятнами. Почти у каждой рыбы брюхо окрашено в бурый или зеленый цвет, выделяются жидкие испражнения. Выброшенная на берег рыба засыпает очень скоро, если она уже не заснула в воде или пока билась, в неводе. Те немногие экземпляры, на которых не было пятен, назывались серебрянками; их бережно откладывали в сторону, но не для тюремного котла, а "на балычки".

Здесь нетвердо знают естественную историю рыбы, заходящей периодически в реки, и еще нет убеждения, что ее следует ловить только в устьях и в нижнем течении, так как выше она становится уже негодной. Плывя по Амуру, я слышал от местных старожилов жалобы, что у устья-де вылавливают настоящую кету, а до них доходит только зубатка; и на пароходе шли разговоры о том, что пора упорядочить рыбные ловли, то есть запретить их в нижнем течении. В то время как в верховьях Тыми тюрьма и поселенцы ловили тощую, полуживую рыбу, в устье ее контрабандным образом промышляли японцы, загородив частоколом реку, а в нижнем течении гиляки ловили для своих собак рыбу несравненно более здоровую и вкусную, чем та, которая заготовлялась в Тымовском округе для людей. Японцы нагружали джонки и даже большие суда, и то красивое судно, которое Поляков в 1881 г. встретил у устья Тыми, вероятно, приходило сюда и этим летом.

Чтобы рыболовство получило значение серьезного промысла, надо придвинуть колонию ближе к устью Тыми или Пороная. Но это не единственное условие. Необходимо также, чтобы с ссыльным населением не конкурировал свободный элемент, так как нет такого промысла, в котором, при столкновении интересов, свободные не брали бы верха над ссыльными. Между тем с поселенцами конкурируют японцы, производящие ловлю контрабандным образом или за пошлины, и чиновники, забирающие лучшие места для тюремных ловель, и уже близко время, когда с проведением сибирской дороги и развитием судоходства слухи о невероятных богатствах рыбы и пушного зверя привлекут на остров свободный элемент; начнется иммиграция, организуются настоящие рыбные ловли, в которых ссыльный будет принимать участие не как хозяин-промышленник, а лишь как батрак, затем, судя по аналогии, начнутся жалобы на то, что труд ссыльных во многих отношениях уступает труду свободных, даже манз и корейцев; с точки зрения экономической, ссыльное население будет признано бременем для острова, и с увеличением иммиграции и развитием оседлой и промышленной жизни на острове само государство найдет более справедливым и выгодным стать на сторону свободного элемента и прекратить ссылку. Итак, рыба составит богатство Сахалина, но не ссыльной колонии.

О добыче морской капусты я говорил уже при описании селения Мауки. На этом промысле в период времени с 1 марта по 1 августа поселенец зарабатывает от 150 до 200 рублей; треть заработка идет на харчи, а две трети ссыльный приносит домой. Это хороший заработок, но, к сожалению, он пока возможен только для поселенцев Корсаковского округа. Плату за труды рабочие получают задельную, и потому размер самого заработка находится в прямой зависимости от навыка, усердия и добросовестности, - качества, которыми обладает далеко не всякий ссыльный, потому и не всякий ходит в Мауку.

Среди ссыльных много плотников, столяров, портных и проч., но большинство их сидит без дела или занимается хлебопашеством. Один каторжный слесарь делает берданки и уже четыре продал на материк, другой - делает оригинальные цепочки из стали, третий - лепит из гипса; но все эти берданки, цепочки и очень дорогие шкатулки так же мало рисуют экономическое положение колонии, как и то, что один поселенец на юге собирает по берегу китовую кость, а другой добывает трепангу. Все это случайно. Те изящные и дорогие поделки из дерева, которые были на тюремной выставке, показывают только, что на каторгу попадают иногда очень хорошие столяры; но они не имеют никакого отношения к тюрьме, так как не тюрьма находит им сбыт и не тюрьма обучает каторжных мастерствам; до последнего времени она пользовалась трудом уже готовых мастеров. Предложение труда мастеров значительно превышает спрос. "Тут даже фальшивых бумажек сбывать негде", - сказал мне один каторжный. Плотники работают по 20 коп. в день на своих харчах, а портные шьют за водку.

Если теперь подвести итог доходам, какие получает в среднем ссыльный от продажи зерна в казну, охоты, рыболовства и проч., то получится довольно жалкая цифра: 29 руб. 21 коп. Между тем каждое хозяйство должно в казну в среднем 31 р. 51 к. Так как в сумму дохода вошли также кормовые и пособия от казны и деньги, полученные по почте, и так как доход ссыльного составляется главным образом из заработков, которые дает ему казна, платя ему подчас умышленно высокую цену, то добрая половина дохода оказывается фикцией и долг в казну на самом деле выше, чем он показан.

XIX

Пища ссыльных. - Что и как едят арестанты. - Одежда. - Церковь. - Школа. Грамотность.

Сахалинский ссыльный, пока состоит на казенном довольствии, получает ежедневно: 3 ф. печеного хлеба, 40 зол. мяса, около 15 зол. крупы и разных приварочных продуктов на 1 копейку; в постный же день мясо заменяется 1 фунтом рыбы. Для определения, насколько эта дача согласуется с истинными потребностями ссыльного, далеко не достаточно общепринятого кабинетного приема, заключающегося в сравнительной и притом чисто внешней оценке цифровых данных, относящихся к пищевому довольствию разных групп населения за границей и в России. Если в саксонских и прусских тюрьмах заключенные получают мясо только три раза в неделю, каждый раз в количестве, не достигающем и 1/5 фунта, и если тамбовский крестьянин съедает 4 ф. хлеба в день, то это не значит, что сахалинский ссыльный получает много мяса и мало хлеба, а значит только, что германские тюрьмоведы боятся быть заподозренными в ложной филантропии и что пища тамбовского мужика отличается большим содержанием хлеба. Очень важно в практическом отношении, чтобы оценка пищевых порционов какой-либо группы населения начиналась не с количественного, а качественного их анализа, и при этом изучались бы естественные и бытовые условия, при которых эта группа живет; без строгой же индивидуализации решение вопроса будет односторонне и убедительно, пожалуй, для одних только формалистов.

Однажды я и инспектор сельского хозяйства г. фон Фрикен возвращались из Красного Яра в Александровск: я в тарантасе, он верхом. Было жарко, а в тайге душно. Арестанты, работавшие на дороге между постом и Красным Яром без шапок и в мокрых от поту рубахах, когда я поравнялся с ними, неожиданно, приняв меня, вероятно, за чиновника, остановили моих лошадей и обратились ко мне с жалобой на то, что им выдают хлеб, которого нет возможности есть. Когда я сказал, что лучше бы им обратиться к начальству, то мне ответили:

- Мы говорили старшему надзирателю Давыдову, а он нам: вы - бунтовщики.

Хлеб был в самом деле ужасный. При взломе он отсвечивал на солнце мельчайшими капельками воды, прилипал к пальцам и имел вид грязной, осклизлой массы, которую неприятно было держать в руках. Мне было поднесено несколько порций, и весь хлеб был одинаково недопечен, из дурно смолотой муки и, очевидно, с невероятным припеком. Пекли его в Ново-Михайловке под наблюдением старшего надзирателя Давыдова.

3 фунта хлеба, входящие в пищевой пай, очень часто, вследствие злоупотреблений припеком, содержат муки гораздо меньше, чем следует по табели. Хлебопеки-каторжные в только что упомянутой Ново-Михайловке свою порцию хлеба продавали, а сами питались избытком, который получался от припека. В Александровской тюрьме те, которые довольствуются из котла, получают порядочный хлеб, живущим же по квартирам выдается хлеб похуже, а работающим вне поста - еще хуже; другими словами, хорош только тот хлеб, который может попасться на глаза начальнику округа или смотрителю. Чтобы увеличить припек, хлебопеки и надзиратели, прикосновенные к пищевому довольствию, пускаются на разные ухищрения, выработанные еще сибирскою практикой, из которых, например, обваривание муки кипятком - одно из самых невинных; чтобы увеличить вес хлеба, когда-то в Тымовском округе муку мешали с просеянной глиной. Злоупотребления подобного рода совершаются тем легче, что чиновники не могут целый день сидеть в пекарне и сторожить или осматривать каждую порцию, а жалоб со стороны арестантов почти никогда не бывает.

Независимо от того, хорош хлеб или плох, съедается обыкновенно не весь паек. Арестант ест его с расчетом, так как, по обычаю, давно уже установившемуся в наших тюрьмах и в ссылке, казенный хлеб служит чем-то вроде ходячей разменной монеты. Хлебом арестант платит тому, кто убирает камеру, кто работает вместо него, кто мирволит его слабостям; хлебом он платит за иголки, нитки и мыло; чтобы разнообразить свою скудную, крайне однообразную, всегда соленую пищу, он копит хлеб и потом меняет в майдане на молоко, белую булку, сахар, водку... Кавказские уроженцы в большинстве болеют от черного хлеба и стараются поэтому спускать его. И таким образом, если следуемые по табели три фунта кажутся вполне достаточными в количественном отношении, то, при знакомстве с качеством хлеба и с бытовыми условиями тюрьмы, это достоинство пайка становится призрачным, и цифры уже теряют свою силу. Мясо употребляется в пищу только соленое, рыба также; дают их в вареном виде, в супе. Тюремный суп, или похлебка, представляет полужидкую кашицу от разварившейся крупы и картофеля, в которой плавают красные кусочки мяса или рыбы и которую хвалят некоторые чиновники, но сами не решаются есть. Суп, даже тот, который варят для больных, имеет очень соленый вкус. Ожидают ли в тюрьме посетителей, виден ли на горизонте пароходный дымок, поругались ли в кухне надзиратели или кашевары - всё это обстоятельства, которые имеют влияние на вкус супа, его цвет и запах; последний часто бывает противен, и даже перец и лавровый лист не помогают. Особенно дурною славой в этом отношении пользуется суп из соленой рыбы - и понятно почему: во-первых, этот продукт легко портится, и потому обыкновенно спешат пускать в дело ту рыбу, которая уже начала портиться; во-вторых, в котел поступает и та больная рыба, которую в верховьях ловят каторжные поселенцы. В Корсаковекой тюрьме одно время кормили арестантов супом из соленой селедки; по словам заведующего медицинскою частью, суп этот отличался безвкусием, селедка очень скоро разваривалась на мелкие кусочки, присутствие мелких костей затрудняло проглатывание и производило катары желудочно-кишечного канала. Как часто арестанты выплескивают из мисок суп за невозможностью есть его, неизвестно, но это бывает.

Как едят арестанты? Столовых нет. В полдень к бараку или пристройке, в которой помещается кухня, тянутся арестанты гусем, как к железнодорожной кассе. У каждого в руках какая-нибудь посуда. К этому времени суп обыкновенно бывает уже готов и, разваренный, "преет" в закрытых котлах. У кашевара к длинной палке приделан "бочок", которым он черпает из котла и каждому подходящему наливает порцию, причем он может зачерпнуть бочком сразу две порции мяса или ни одного кусочка, смотря по желанию.

Когда наконец подходят самые задние, то суп уже не суп, а густая тепловатая масса на дне котла, которую приходится разбавлять водой. Получив свои порции, арестанты идут прочь; одни едят на ходу, другие сидя на земле, третьи у себя на нарах. Надзора за тем, чтобы все непременно ели, не продавали и не меняли своих порций, нет. Никто не спрашивает о том, все ли обедали, не заснул ли кто; и если тем, которые распоряжаются в кухне, сказать, что на каторге, в среде угнетенных и нравственно исковерканных людей, немало таких, за которыми надо следить, чтобы они ели, и даже кормить их насильно, то это замечание вызовет только недоуменое выражение на лицах и ответ: "Не могу знать, ваше высокоблагородие!"

Из тех, которые получают казенный пай, довольствуются из тюремного котла только 25-40%, остальным же провизия выдается на руки. Это большинство делится на две категории: одни съедают пай у себя на квартирах со своими семьями или половинщиками, другие, командированные на работы далеко за пределы тюрьмы, съедают его там, где работают. Каждый рабочий из второй категории, по окончании рабочего урока, варит для себя обед отдельно в жестяном котелке, если не мешает дождь и если после тяжелой работы не клонит ко сну; он устал, голоден и часто, чтобы не хлопотать долго, съедает соленое мясо и рыбу в сыром виде. Если он уснул во время обеда, продал или проиграл в карты свой пай, или испортилась у него провизия, размок на дожде хлеб, то всё это не касается надзора. Случается, некоторые съедают трех- и четырехдневную дачу в один день, а затем едят только хлеб или голодают, причем, по словам заведующего медицинскою частью, работая на берегу моря и рек, не брезгают выброшенными ракушками и рыбой, а тайга дает различные корни, подчас ядовитые. Работавшие в рудниках, по свидетельству горного инженера Кеппена, ели сальные свечи.

Поселенцы в первые два и редко три года по увольнении от работ получают довольствие от казны и затем кормятся на свой счет и свой страх. Цифр или каких-нибудь документальных данных, относящихся к питанию поселенцев, нет ни в литературе, ни в канцеляриях; но если судить по личным впечатлениям и тем отрывочным сведениям, какие можно собрать на месте, то главную пищу в колонии составляет картофель. Он и еще корнеплоды, как репа и брюква, часто бывают единственною пищей семьи в течение очень долгого времени. Свежую рыбу едят только во время хода ее, соленая же доступна по цене только более зажиточным. О мясе и говорить нечего. Те, которые имеют коров, предпочитают продавать молоко, чем есть его; держат они его не в глиняной посуде, а в бутылках признак, что оно продается. Вообще, продукты своего хозяйства поселенец продает очень охотно, даже в ущерб своему здоровью, так как, по его соображениям, деньги ему нужнее здоровья: не скопивши денег, не уедешь на материк, а наесться досыта и поправить здоровье можно будет со временем, на воле. Из некультурных растений употребляются в пищу черемша и разные ягоды, как морошка, голубика, клюква, моховка и проч. Можно сказать, что ссыльные, живущие в колонии, едят исключительно растительную пищу, и это справедливо по крайней мере для громадного большинства. Во всяком случае, пища их отличается скудным содержанием жиров, и в этом отношении они едва ли счастливее тех, которые довольствуются из тюремного котла.

Одежды и обуви арестанты, по-видимому, получают достаточно. Каторжным, как мужчинам, так и женщинам, выдается по армяку и полушубку ежегодно, между тем солдат, который работает на Сахалине не меньше каторжного, получает мундир на три, а шинель на два года; из обуви арестант изнашивает в год четыре пары чирков и две пары бродней, солдат же - одну пару голенищ и 2 подошв. Но солдат поставлен в лучшие санитарные условия, у него есть постель и место, где можно в дурную погоду обсушиться, каторжный же поневоле должен гноить свое платье и обувь, так как, за неимением постели, спит на армяке и на всяких обносках, гниющих и своими испарениями портящих воздух, а обсушиться ему негде; зачастую он и спит в мокрой одежде, так что, пока каторжного не поставят в более человеческие условия, вопрос, насколько одежда и обувь удовлетворяют в количественном отношений, будет открытым. Что касается качества, то тут повторяется та же история, что с хлебом: кто живет перед глазами у начальства, тот получает лучшее платье, кто же в командировке, тот - худшее.

Теперь о духовной жизни, об удовлетворении потребностей высшего порядка. Колония называется исправительной, но таких учреждений или лиц, которые специально занимались бы исправлением преступников, на Сахалине нет; нет также на этот счет каких-либо инструкций и статей в "Уставе о ссыльных", кроме немногих указаний на случаи, когда конвойный офицер или унтер-офицер может употребить против ссыльного оружие или когда священник должен "назидать в обязанностях веры и нравственности", объяснять ссыльным "важность даруемого облегчения" и т.п.; нет на этот счет и каких-либо определенных воззрений; но принято думать, что первенство в деле исправления принадлежит церкви и школе, а затем свободной части населения, которая своим авторитетом, тактом и личным примером значительно может способствовать смягчению нравов.

В церковном отношении Сахалин составляет часть епархии епископа камчатского, курильского и благовещенского. Епископы неоднократно посещали Сахалин, путешествуя с такою же простотой и претерпевая на пути такие же неудобства и лишения, как обыкновенные священники. В свои приезды, при закладке церквей, освящении различных зданий и обходе тюрем, они обращались к ссыльным со словами утешения и надежды. О характере их направляющей деятельности можно судить по следующей выдержке из резолюции преосвященного Гурия на одном из актов, хранящихся в корсаковской церкви: "Если не во всех у них (то есть ссыльных) имеются вера и раскаяние, то во всяком случае у многих, что мною лично было усмотрено; не что иное, а именно чувство раскаяния и вера заставляли их горько плакать, когда я поучал их в 1887 и 1888 гг. Назначение тюрьмы, кроме кары за преступления, состоит и в возбуждении нравственно добрых чувств в заключенных, особенно, чтобы они, в такой своей участи, не дошли до совершенного отчаяния". Этот взгляд был присущ и младшим представителям церкви; сахалинские священники всегда держались в стороне от наказания и относились к ссыльным не как к преступникам, а как к людям, и в этом отношении проявляли больше такта и понимания своего долга, чем врачи или агрономы, которые часто вмешивались не в свое дело.

В истории сахалинской церкви до сих пор самое видное место занимает о. Симеон Казанский, или, как его называло население, поп Семен, бывший в семидесятых годах священником анивской или корсаковской церкви. Он работал в те еще "доисторические" времена, когда в Южном Сахалине не было дорог и русское население, особенно военное, было разбросано небольшими группами по всему югу. Почти всё время поп Семен проводил в пустыне, передвигаясь от одной группы к другой на собаках и оленях, 4 летом по морю на парусной лодке или пешком, через тайгу; он замерзал, заносило его снегом, захватывали по дороге болезни, донимали комары и медведи, опрокидывались на быстрых реках лодки и приходилось купаться в холодной воде; но всё это переносил он с необыкновенною легкостью, пустыню называл любезной и не жаловался, что ему тяжело живется. В личных сношениях с чиновниками и офицерами он держал себя как отличный товарищ, никогда не отказывался от компании и среди веселой беседы умел кстати вставить какой-нибудь церковный текст. О каторжных он судил так: "Для создателя мира мы все равны", и это - в официальной бумаге. В его время сахалинские церкви были бедно обставлены. Как-то, освящая иконостас в анивской церкви, он так выразился по поводу этой бедности: "У нас нет ни одного колокола, нет богослужебных книг, но для нас важно то, что есть господь на месте сем". Я уже упоминал о нем при описании Поповских Юрт. Слух о нем через солдат и ссыльных прошел по всей Сибири, и поп Семен теперь на Сахалине и далеко кругом - легендарная личность.

В настоящее время на Сахалине четыре приходских церкви: в Александровске, Дуэ,Рыковском и Корсаковске. Церкви вообще не бедны, священникам полагается жалованья по тысяче рублей в год, в каждом приходе есть хор певчих, поющих по нотам и одетых в парадные кафтаны. Служба бывает только по воскресеньям и большим праздникам; накануне служат всенощную и затем в 9 часов утра обедню; вечерни не бывает. Каких-либо особых обязанностей, обусловленных исключительным составом населения, местные батюшки не несут, и их деятельность так же обычна, как наших сельских священников, то есть заключается только в церковных службах по праздникам, требах и школьных занятиях. О каких-либо собеседованиях, увещеваниях и т.п. мне не приходилось слышать.

В великом посту каторжные говеют; на это дает; им три утра. Когда говеют кандальные или живущие в Воеводской и Дуйской тюрьмах, то вокруг церкви стоят часовые, и это, говорят, производит удручающее впечатление. Каторжные чернорабочие обыкновенно в церковь не ходят, так как каждым праздничным дням пользуются для того, чтобы отдохнуть, починиться, сходить по ягоды; к тому же церкви здешние тесны, и как-то само собою установилось, что ходить в церковь могут только одетые в вольное платье, то есть одна так называемая чистая публика. При мне, например, в Александровске всякий раз во время обедни переднюю половину церкви занимали чиновники и их семьи; затем следовал пестрый ряд солдаток, надзирательских жен и женщин свободного состояния с детьми, затем надзиратели и солдаты, и уже позади всех у стены поселенцы, одетые в городское платье, и каторжные писаря. Может ли, если пожелает, каторжный с бритою головой, с одним или двумя тузами на спине, закованный в кандалы или прикованный к тачке, пойти в церковь? Один из священников, которому я задал этот вопрос, ответил мне: "Не знаю".

Поселенцы говеют, венчаются и детей крестят в церквах, если живут близко. В дальние селения ездят сами священники и там "постят" ссыльных и кстати уж исполняют другие требы. У о. Ираклия были "викарии" в Верхнем Армудане и в Мало-Тымове, каторжные Воронин и Яковенко, которые по воскресеньям читали часы. Когда о. Ираклий приезжал в какое-нибудь селение служить, то мужик ходил по улицам и кричал во всё горло: "Вылазь на молитву!" Где нет церквей и часовен, там служат в казармах или избах.

Когда я жил в Александровске, как-то вечером зашел ко мне здешний священник, о. Егор, и, посидевши немного, отправился в церковь венчать. И я пошел с ним, В церкви уже зажигали паникадило, и певчие с равнодушными лицами стояли на клиросе в ожидании молодых. Было много женщин, каторжных и свободных, с нетерпением поглядывавших на двери. Слышалось шушуканье. Вот кто-то у дверей взмахнул рукой и шепнул встревоженно: "Едут!" Певчие стали откашливаться. От дверей хлынула волна, кто-то строго крикнул, и, наконец, вошли молодые: наборщик-каторжный, лет 25, в пиджаке, с накрахмаленными воротничками, загнутыми на углах, и в белом галстуке, и женщина-каторжная, года на 3-4 старше, в синем платье с белыми кружевами и с цветком на голове. Постлали на ковре платок; жених первый ступил на него. Шафера, наборщики, тоже в белых галстуках. О. Егор вышел из алтаря, долго перелистывал на аналое книжку. "Благословен бог наш..." - возгласил он, и венчание началось. Когда священник возлагал на головы жениха и невесты венцы и просил бога, чтобы он венчал их славою и честью, то лица присутствовавших женщин выражали умиление и радость, и, казалось, было забыто, что действие происходит в тюремной церкви, на каторге, далеко-далеко от родины. Священник говорил жениху: "Возвеличися, жениже, яко же Авраам..." Когда же после венчания церковь опустела и запахло гарью от свечей, которые спешил тушить сторож, то стало грустно. Вышли на паперть. Дождь. Около церкви, в потемках, толпа, два тарантаса: на одном молодые, другой - порожнем.

- Батюшка, пожалуйте! - раздаются голоса, и к о. Егору протягиваются из потемок десятки рук, как бы для того, чтобы схватить его. - Пожалуйте! Удостойте!

О. Егора посадили в тарантас и повезли к молодым.

8 сентября, в праздник, я после обедни выходил из церкви с одним молодым чиновником, и как раз в это время несли на носилках покойника; несли четверо каторжных, оборванные, с грубыми испитыми лицами, похожие на наших городских нищих; следом шли двое таких же, запасных, женщина с двумя детьми и черный грузин Келбокиани, одетый в вольное платье (он служит писарем и зовут его князем), и все, по-видимому, спешили, боясь не застать в церкви священника. От Келбокиани мы узнали, что умерла женщина свободного состояния Ляликова, муж которой, поселенец, уехал в Николаевск; после нее осталось двое детей, и теперь он, Келбокиани, живший у этой Ляликовой на квартире, не знает, что ему делать с детьми.

Мне и моему спутнику делать было нечего, и мы пошли на кладбище вперед, не дожидаясь, пока отпоют. Кладбище в версте от церкви, за слободкой, у самого моря, на высокой крутой горе. Когда мы поднимались на гору, похоронная процессия уже догоняла нас: очевидно, на отпевание потребовалось всего 2-3 минуты. Сверху нам было видно, как вздрагивал на носилках гроб, и мальчик, которого вела женщина, отставал, оттягивая ей руку.

С одной стороны широкий вид на пост и его окрестности, с другой - море, спокойное, сияющее от солнца. На горе очень много могил и крестов. Вот два высоких креста рядом, это могилы Мицуля и смотрителя Селиванова, убитого арестантом. Маленькие кресты, стоящие на могилах каторжников, - все под один образец, и все немы. Мицуля будут еще помнить некоторое время, всех же этих, лежащих под маленькими крестами, убивавших, бегавших, бряцавших кандалами, никому нет надобности помнить. Разве только где-нибудь в русской степи у костра или в лесу старый обозчик станет рассказывать от скуки, как в их деревне разбойничал такой-то; слушатель, взглянув на потемки, вздрогнет, крикнет при этом ночная птица, - вот и все поминки. На кресте, где похоронен ссыльный фельдшер, стихи

Прохожий! Пусть тебе напомнит этот стих,
Что все на час под небесами, и т.д.

А в конце:

Прости, товарищ мой, до радостного утра!

Е. Федоров.

В свежевырытой могиле на четверть вода. Каторжные, запыхавшись, с потными лицами, громко разговаривая о чем-то, что не имело никакого отношения к похоронам, наконец, принесли гроб и поставили его у края могилы. Гроб дощатый, наскоро сбитый, некрашеный.

- Ну? - сказал один.

Быстро опущенный гроб хлюпнул в воду. Комья глины стучат по крыше, гроб дрожит, вода брызжет, а каторжные, работая лопатами, продолжают говорить про что-то свое, и Келбокиани, с недоумением глядя на нас и разводя руками, жалуется:

- Куда я теперь ребят дену? Возись с ними! Ходил к смотрителю, просил, чтобы дал бабу, - не дает!

Мальчик Алешка 3-4 лет, которого баба привела за руку, стоит и глядит вниз в могилу. Он в кофте не по росту, с длинными рукавами, и в полинявших синих штанах; на коленях ярко-синие латки.

- Алешка, где мать? - спросил мой спутник.

- За-а-копали! - сказал Алешка, засмеялся и махнул рукой на могилу.

На Сахалине 5 школ, не считая Дербинской, в которой, за неимением учителя, занятий не было. В 1889-1890 гг. обучалось в них 222 человека: 144 мальчика и 78 девочек, в среднем по 44 на каждую. Я был на острове в каникулярное время, при мне занятий не было, и потому внутренняя жизнь здешних школ, вероятно, оригинальная и очень интересная, осталась для меня неизвестной. Общий голос таков, что сахалинские школы бедны, обставлены нищенски, существование их случайно, необязательно и положение крайне неопределенно, так как никому не известно, будут они существовать или нет. Заведует ими один из чиновников канцелярии начальника острова, образованный молодой человек, но это король, который царствует, но не управляет, так как, в сущности, школами заведуют начальники округов и смотрители тюрем, от которых зависит выбор и назначение учителей. Преподают в школах ссыльные, которые на родине не были учителями, люди мало знакомые с делом и без всякой подготовки. Получают они за свой труд по 10 руб. в месяц; платить дороже администрация находит невозможным и не приглашает лиц свободного состояния, потому что этим пришлось бы платить не меньше 25 руб. Очевидно, преподавание в школах считается занятием неважным, так как надзиратели из ссыльных, которые часто несут неопределенные обязанности и состоят только на побегушках у чиновников, получают по 40 и даже по 50 руб. в месяц.

Среди мужского населения грамотные, считая взрослых и детей, составляют 29%, среди женского - 9%. Да и эти 9% относятся исключительно к школьному возрасту, так что о взрослой сахалинской женщине можно сказать, что она грамоте не знает; просвещение не коснулось ее, она поражает своим грубым невежеством, и, мне кажется, нигде в другом месте я не видел таких бестолковых и мало понятливых женщин, как именно здесь, среди преступного и порабощенного населения. Среди детей, прибывших из России, грамотные составляют 25%, среди же родившихся на Сахалине только 9%.

XX

Свободное население. - Нижние чины местных воинских команд. - Надзиратели. - Интеллигенция.

Солдат называют "пионерами" Сахалина, потому что они жили здесь до учреждения каторги. Начиная с пятидесятых годов, когда Сахалин был занят, и почти до восьмидесятых солдаты, кроме того, что лежало по уставу на их прямой обязанности, исполняли еще все те работы, которые несут теперь каторжные. Остров был пустыней; на нем не было ни жилищ, ни дорог, ни скота, и солдаты должны были строить казармы и дома, рубить просеки, таскать на себе грузы. Если приезжал на Сахалин командированный инженер или ученый, то в его распоряжение давалось несколько солдат, которые заменяли ему лошадей. "Мне, пишет горный инженер Лопатин, - имевшему в виду ходить в глуби сахалинской тайги, нечего было и думать о езде верхом и перевозке тяжестей вьючными. Даже пешком я с трудом перелезал через крутые горы Сахалина, покрытые то густым валежным лесом, то местным бамбуком. Таким образом мне пришлось пройти более 1600 верст пешком". А за ним шли солдаты и тащили на себе его тяжелый груз.

Всё небольшое количество солдат было разбросано по западному, южному и юго-восточному побережьям; пункты, в которых они жили, назывались постами. Теперь уже брошенные и забытые, тогда эти посты играли такую же роль, как теперь поселения, и на них смотрели, как на задатки будущей колонии. В Муравьевском посту стояла стрелковая рота, в Корсаковском три роты 4-го сибирского батальона и взвод горной батареи, в прочих же постах, как, например, Мануйский или Сортунайский, было только по шести солдат. Шесть человек, отделенные от своей роты пространством в несколько сот верст, отданные под начало унтера или даже штатского человека, жили совершенными Робинзонами. Жизнь была дикая, крайне однообразная и скучная. Летом, если пост находился на берегу, приходило судно, оставляло солдатам провиант и уходило; зимою приезжал "попостить" их священник, одетый в меховую куртку и штаны и по виду похожий больше на гиляка, чем на священника. Разнообразилась жизнь только несчастиями: то солдата уносило на сеноплавке в море, то задирал его медведь, то заносило снегом, нападали беглые, подкрадывалась цинга... Или же солдат, соскучившись сидеть в сарае, занесенном снегом, или ходить по тайге, начинал проявлять "буйство, нетрезвость, дерзость", или попадался в краже, растрате амуниции, или попадал под суд за неуважение, оказанное им чьей-нибудь содержанке-каторжной.

При разнообразии своих занятий солдат не успевал научиться военному делу и забывал то, чему был научен, а вместе с ним отставали и офицеры, и строевая часть находилась в самом плачевном состоянии. Смотры всякий раз сопровождались недоразумениями и выражением неудовольствия со стороны начальства. Служба была тяжкая. Люди, сменившиеся с караула, тотчас же шли в конвой, с конвоя опять в караул, или на сенокос, или на выгрузку казенных грузов; не было отдыха ни днем, ни ночью. Жили они в тесных, холодных и грязных помещениях, которые мало отличались от тюрем. В Корсаковском посту до 1875 года караул помещался в ссыльнокаторжной тюрьме; тут же была и военная гауптвахта в виде темных конур. "Может быть, - пишет врач Синцовский, - для ссыльнокаторжных такая стеснительная обстановка допускается как мера наказания, но караул солдат тут ни при чем, и за что он должен испытывать подобное наказание неизвестно". Ели они так же скверно, как арестанты, одеты были в лохмотья, потому что при их работе не хватало никакой одёжи. Солдаты, гоняясь в тайге за беглыми, до такой степени истрепывали свою одежду и обувь, что однажды в Южном Сахалине сами были приняты за беглых, и по ним стреляли.

В настоящее время военная охрана острова состоит из четырех команд: александровской, дуйской, тымовской и корсаковской. К январю 1890 г. нижних чинов во всех командах было 1548. Солдаты по-прежнему несут тяжелый труд, несоразмерный с их силами, развитием и требованиями воинского устава. Правда, они уже не рубят просек и не строят казарм, но, как и в прежнее время, возвращающийся с караула или с ученья солдат не может рассчитывать на отдых: его сейчас же могут послать в конвой, или на сенокос, или в погоню за беглыми. Хозяйственные надобности отвлекают значительное число солдат, так что чувствуется постоянный недостаток в конвое, и караулы не могут быть рассчитаны на три очереди. В начале августа, когда я был в Дуэ, 60 человек дуйской команды косили сено, из них половина отправилась для этого пешком за 109 верст.

Сахалинский солдат кроток, молчалив, послушен и трезв; пьяных солдат, которые шумели бы на улице, я видел только в Корсаковском посту. Поет он редко и всегда одно и то же: "Десять девок, один я, куда девки, туда я... Девки в лес, я за ними", - веселая песня, которую, однако, он поет с такою скукой, что под звуки его голоса начинаешь тосковать по родине и чувствовать всю неприглядность сахалинской природы. Он покорно переносит все лишения и равнодушен к опасностям, которые так часто угрожают его жизни и здоровью. Но он груб, неразвит и бестолков, и за недосугом не успевает проникнуться сознанием воинского долга и чести и потому бывает не чужд ошибок, делающих его часто таким же врагом порядка, как те, кого он сторожит и ловит. Эти свои недостатки он обнаруживает особенно рельефно, когда на него возлагаются обязанности, не соответствующие его развитию, когда он, например, становится тюремным надзирателем.

По 27 ст. "Устава о ссыльных" на Сахалине, "тюремный надзор образуют старшие и младшие надзиратели, число коих, полагая одного старшего на сорок человек и одного младшего на двадцать человек каторжных, определяется ежегодно главным тюремным управлением". Три надзирателя, один старший и два младших, приходятся на 40 человек, то есть 1 на 13. Если представить себе, что 13 человек работают, едят, проводят время в тюрьме и проч. под постоянным наблюдением одного добросовестного и умелого человека и что над этим, в свою очередь, стоит начало в лице смотрителя тюрьмы, а над смотрителем - начальник округа и т.д., то можно успокоиться на мысли, что всё идет прекрасно. На самом же деле надзор до сих пор был самым больным местом сахалинской каторги.

В настоящее время на Сахалине старших надзирателей около 150, а младших вдвое больше. Места старших заняты грамотными унтер-офицерами и рядовыми, кончившими службу в местных командах, и разночинцами; последних, впрочем, очень мало. Нижние чины, состоящие на действительной службе, составляют 6% всего комплекса старших, зато должности младших надзирателей исправляют почти одни только рядовые, командируемые от местных команд. В случае неполноты определенного комплекта надзирателей "Устав" разрешает назначать для исполнения надзирательских обязанностей нижних чинов местных воинских команд, и, таким образом, молодые сибиряки, признанные неспособными даже к службе в конвое, призываются к исполнению служебных обязанностей надзирателя, правда, "временно" и "в пределах крайней необходимости", но это "временно" продолжается уже десятки лет, а "пределы крайней необходимости" всё расширяются, так что нижние чины местных команд составляют уже 73% всего состава младших надзирателей, и никто не поручится, что через 2-3 года эта цифра не вырастет до 100. Надо заметить при этом, что в надзиратели командируются не лучшие солдаты, так как начальники команд, в интересах строевой службы, отпускают в тюрьму менее способных, а лучших удерживают при частях.

В тюрьмах много надзирателей, но нет порядка, и надзиратели служат лишь постоянным тормозом для администрации, о чем свидетельствует сам начальник острова. Почти каждый день в своих приказах он штрафует их, смещает на низшие оклады или же совсем увольняет: одного за неблагонадежность и неисполнительность, другого - за безнравственность, недобросовестность и неразвитие, третьего - за кражу казенного провианта, вверенного его хранению, а четвертого - за укрывательство; пятый, будучи назначен на баржу, не только не смотрел за порядком, но даже сам подавал пример к расхищению на барже грецких орехов; шестой - состоит под следствием за продажу казенных топоров и гвоздей; седьмой - замечен неоднократно в недобросовестном заведовании фуражным довольствием казенного скота; восьмой - в предосудительных сделках с каторжными. Из приказов мы узнаем, что один старший надзиратель из рядовых, будучи дежурным в тюрьме, позволил себе войти в женский барак через окно, отогнув предварительно гвозди, с целями романтического свойства, а другой во время своего дежурства в час ночи допустил рядового, тоже надзирателя, в одиночное помещение, где содержатся арестованные женщины. Любовные похождения надзирателей не ограничиваются одною только тесною областью женских бараков и одиночных помещений. В квартирах надзирателей я заставал девушек-подростков, которые на мой вопрос, кто они, отвечали: "Я - сожительница". Войдешь в квартиру надзирателя; он, плотный, сытый, мясистый, в расстегнутой жилетке и в новых сапогах со скрипом, сидит за столом и "кушает" чай; у окна сидит девочка лет 14 с поношенным лицом, бледная. Он называет себя обыкновенно унтер-офицером, старшим надзирателем, а про нее говорит, что она дочь каторжного, и что ей 16 лет, и что она его сожительница.

Надзиратели во время своего дежурства в тюрьме допускают арестантов к картежной игре и сами участвуют в ней; они пьянствуют в обществе ссыльных, торгуют спиртом. В приказах мы встречаем также буйство, непослушание, крайне дерзкое обращение со старшими в присутствии каторжных и, наконец, побои, наносимые каторжному палкой по голове, последствием чего образовались раны.

Люди грубые, неразвитые, пьянствующие и играющие в карты вместе с каторжными, охотно пользующиеся любовью и спиртом каторжных женщин, недисциплинированные, недобросовестные могут иметь авторитет лишь отрицательного свойства. Ссыльное население не уважает их и относится к ним с презрительною небрежностью. Оно в глаза величает их "сухарниками" и говорит им ты. Администрация же нисколько не заботится о том, чтобы поднять их престиж, находя, вероятно, что заботы об этом не привели бы ни к чему. Чиновники говорят надзирателю ты и бранят его как угодно, не стесняясь присутствием каторжных. То и дело слышишь: "Что же ты, дурак, смотришь?" Или: "Ничего ты не понимаешь, болван!" Как мало уважают здесь надзирателей, видно из того, что многие из них назначаются на "несоответствующие служебному их положению наряды", то есть, попросту, состоят при чиновниках в качестве лакеев и рассыльных. Надзиратели из привилегированных, как бы стыдясь своей должности, стараются выделиться из массы своих сотоварищей хотя чем-нибудь: один носит на плечах жгуты потолще, другой - офицерскую кокарду, третий, коллежский регистратор, называет себя в бумагах не надзирателем, а "заведующим работами и рабочими".

Так как сахалинские надзиратели никогда не возвышались до понимания целей надзора, то с течением времени, по естественному порядку вещей, сами цели надзора должны были мало-помалу сузиться до теперешнего своего состояния. Весь надзор теперь сводится к тому, что рядовой сидит в камере, смотрит за тем, "чтобы не шумели", и жалуется начальству; на работах он, вооруженный револьвером, из которого, к счастью, не умеет стрелять, и шашкою, которую трудно вытянуть из заржавленных ножен, стоит, смотрит безучастно на работы, курит и скучает. В тюрьме он - прислуга, отворяющая и запирающая двери, а на работах лишний человек. Хотя на каждые сорок каторжных приходится три надзирателя - один старший и два младших, но постоянно приходится видеть, как 40-50 человек работают под надзором только одного или же совсем без надзора. Если из трех надзирателей один находится при работах, то другой в это время стоит около казенной лавки и отдает проходящим чиновникам честь, а третий томится в чьей-нибудь передней или без всякой надобности стоит навытяжку в приемной лазарета.

Об интеллигенции придется сказать немного. Наказывать по долгу службы и присяги своего ближнего, быть способным каждый час насиловать в себе отвращение и ужас, отдаленность места служения, ничтожное жалованье, скука, постоянная близость бритых голов, кандалов, палачей, грошовые расчеты, дрязги, а главное, сознание своего полного бессилия в борьбе с окружающим злом, - всё это, взятое вместе, всегда делало службу, по управлению каторгой и ссылкой исключительно тяжелой и непривлекательной. В прежнее время на каторге служили по преимуществу люди нечистоплотные, небрезгливые, тяжелые, которым было всё равно, где ни служить, лишь бы есть, пить, спать да играть в карты; порядочные же люди шли сюда по нужде и потом бросали службу при первой возможности, или спивались, сходили с ума, убивали себя, или же мало-помалу обстановка затягивала их в свою грязь, подобно спруту-осьминогу, и они тоже начинали красть, жестоко сечь...

Если судить по официальным отчетам и корреспонденциям, то в шестидесятых и семидесятых годах сахалинская интеллигенция отличалась полнейшим нравственным ничтожеством. При тогдашних чиновниках тюрьмы обращались в приюты разврата, в игорные дома, людей развращали, ожесточали, засекали домертва. Самым ярким администратором в этом смысле является некий майор Николаев, бывший в продолжение семи лет начальником Дуйского поста. Имя его часто упоминается в корреспонденциях. Он был из крепостных сдаточных. О том, какие способности проложили этому грубому, неотесанному человеку дорогу к майорскому чину, сведений нет. Когда один корреспондент спросил у него, бывал ли он когда-нибудь в средней части острова и что там видел, то майор ответил: "Гора да долина - долина да опять гора; известно, почва вулканическая, извергательная". Он же на вопрос, что за вещь черемша, ответил: "Во-первых, это не вещь, а растение, и, во-вторых, растение преполезное и вкусное; брюхо пучит от него, правда, да нам это наплевать, мы с дамами не бываем". Тачки для перевозки угля он заменил бочками, чтобы удобнее было катать по мосткам; сажал в эти бочки провинившихся каторжных и приказывал катать их по берегу. "С час покатают сердечного, глядишь, точно шёлковый станет". Желая выучить солдат числам, он прибегал к игре в лото. "За перекличку номеров, кто сам не может, должен платить по гривеннику; раз заплатит, другой раз заплатит, а там и поймет, что это невыгодно. Глядишь, туго возьмется за номера, да в неделю и выучит". Подобные благоглупости действовали на дуйских солдат развращающим образом: случалось, что они продавали каторжным свои ружья. Приступая к наказанию одного каторжника, майор заранее объявил ему, что он жив не останется, и действительно, преступник умер тотчас после наказания. Майор Николаев после этого случая был предан суду и приговорен к каторжным работам.

Когда спросишь какого-нибудь старика-поселенца, были ли в его время на острове хорошие люди, то он сначала помолчит немного, как бы припоминая, и потом уж ответит: "Всякое бывало". Нигде старое так скоро не забывается, как на Сахалине, именно благодаря чрезвычайной подвижности ссыльного населения, которое здесь меняется коренным образом каждые пять лет, и отчасти отсутствию в здешних канцеляриях порядочных архивов. То, что было 20-25 лет назад, считается глубокою стариной, уже забытою, погибшею для истории. Уцелели только кое-какие постройки, уцелел Микрюков, десятка два анекдотов, да остались еще цифры, не заслуживающие никакого доверия, так как ни одна канцелярия тогда не знала, сколько на острове арестантов, сколько бежало, умерло и проч.

"Доисторические" времена продолжались на Сахалине до 1878 года, когда заведующим ссыльнокаторжными Приморской области был назначен кн. Николай Шаховской, отличный администратор, умный и честный человек. После него осталось образцовое во многих отношениях "Дело об устройстве о. Сахалина", хранящееся теперь в канцелярии начальника острова. Это был по преимуществу кабинетный работник. Арестантам и при нем жилось так же дурно, как и до него, но, несомненно, его наблюдения, которыми он делился с начальством и со своими подчиненными, и его "Дело", независимое и откровенное, быть может, послужили началом для новых, хороших веяний.

В 1879 году начал функционировать Добровольный флот, и мало-помалу должности на Сахалине стали занимать уроженцы Европейской России. В 1884 г. на Сахалине было введено новое положение, вызвавшее усиленный прилив, или, как здесь говорят,сплав новых людей. В настоящее время на Сахалине мы имеем уже три уездных города, в которых живут чиновники и офицеры с семьями. Общество уже настолько разнообразно и интеллигентно, что в Александровске, например, в 1888 г. могли в любительском спектакле поставить "Женитьбу"; когда здесь же, в Александровске, в большие праздники, по взаимному соглашению, чиновники и офицеры заменяют визиты денежными взносами в пользу бедных семейных каторжных или детей, то на подписном листе обыкновенно число подписей доходит до 40. На приезжего человека сахалинское общество производит благоприятное впечатление. Оно радушно, гостеприимно и во всех отношениях выдерживает сравнение с нашими уездными обществами, а в районе восточного побережья оно считается самым живым и интересным; по крайней мере чиновники отсюда неохотно переводятся, например, в

Николаевск или в де-Кастри. Но как в Татарском проливе бывают сильные бури и моряки говорят, что это отголоски циклона, бушующего в Китайском и Японском морях, так и в жизни этого общества нет-нет да и отзовутся недавнее прошлое и близость Сибири. Какие молодцы попадали сюда на службу уже после реформы 1884 г., видно из приказов о смещении с должностей, о предании суду или из официальных заявлений о беспорядках по службе, доходивших "до наглого разврата" (приказ № 87-й 1890 г.), или из анекдотов и рассказов, вроде хотя бы рассказа о каторжном Золотареве, человеке зажиточном, который водил компанию с чиновниками, кутил с ними и играл в карты; когда жена этого каторжника заставала его в обществе чиновников, то начинала срамить его за то, что он водит компанию с людьми, которые могут дурно повлиять на его нравственность. И теперь встречаются чиновники, которым ничего не стоит размахнуться и ударить кулаком по лицу ссыльного, даже привилегированного, или приказать человеку, который не снял второпях шапки: "Пойди к смотрителю и скажи, чтобы он дал тебе тридцать розог". В тюрьме до сих пор еще возможны такие беспорядки, что два арестанта почти год считаются в безвестной отлучке, между тем всё это время они получают довольствие из котла и даже употребляются на работы (приказ № 87-й 1890 г.). Не всякий смотритель знает наверное, сколько в данное время у него в тюрьме живет арестантов, сколько действительно довольствуется из котла, сколько бежало и проч. Сам начальник острова находит, что "вообще положение дел в Александровском округе по всем отраслям управления оставляет тяжелое впечатление и требует многих серьезных улучшений"; что же касается собственно делопроизводства, то оно слишком уж было предоставлено на волю писарей, которые "распоряжались бесконтрольно, судя по некоторым, случайно обнаружившимся подлогам" (приказ № 314-й 1888 г.). О том, в каком печальном положении находится здесь следственная часть, я буду говорить в своем месте. В почтово-телеграфной конторе обращаются с народом грубо, простым смертным выдают корреспонденцию только на четвертый и пятый день по приходе почты; телеграфисты безграмотны, телеграфная тайна не соблюдается. Я не получил ни одной телеграммы, которая не была бы искажена самым варварским образом, и когда однажды по какому-то случаю в мою телеграмму вошел кусок чьей-то чужой и я, чтобы восстановить смысл обеих телеграмм, попросил исправить ошибку, то мне сказали, что это можно сделать не иначе, как только за мой счет.

В новой истории Сахалина играют заметную роль представители позднейшей формации, смесь Держиморды и Яго, - господа, которые в обращении с низшими не признают ничего, кроме кулаков, розог и извозчичьей брани, а высших умиляют своею интеллигентностью и даже либерализмом.

Но, как бы то ни было, "Мертвого дома" уже нет206. На Сахалине среди интеллигенции, управляющей и работающей в канцеляриях, мне приходилось встречать разумных, добрых и благородных людей, присутствие которых служит достаточной гарантией, что возвращение прошлого уже невозможно. Теперь уже не катают каторжных в бочках и нельзя засечь человека или довести его до самоубийства без того, чтобы это не возмутило здешнего общества и об этом не заговорили бы по Амуру и по всей Сибири. Всякое мерзкое дело рано или поздно всплывает наружу, становится гласным, доказательством чему служит мрачное онорское дело, которое, как ни старались скрыть его, возбудило много толков и попало в газеты благодаря самой же сахалинской интеллигенции. Хорошие люди и хорошие дела уже не составляют редкости. Недавно в Рыковском скончалась фельдшерица, служившая много лет на Сахалине ради идеи - посвятить свою жизнь людям, которые страдают. При мне в Корсаковске однажды унесло каторжного в море на сеноплавке; смотритель тюрьмы майор Ш. отправился в море на катере и, несмотря на бурю, подвергая свою жизнь опасности, плавал с вечера до двух часов ночи, пока ему не удалось отыскать в потемках сеноплавку и снять с нее каторжного.

Реформа 1884 г. показала, что чем многочисленнее в ссыльной колонии администрация, тем лучше. Сложность и разбросанность дела требуют сложного механизма, участия многих лиц. Необходимо, чтобы маловажные дела не отвлекали чиновников от их главных обязанностей. Между тем начальник острова за неимением секретаря или чиновника, который постоянно находился бы при нем, большую часть дня бывает занят составлением приказов и разных бумаг, и эта сложная, кропотливая канцелярщина отнимает у него почти всё время, необходимое для посещения тюрем и объезда селений. Окружные начальники, помимо председательства в полицейских управлениях, сами должны раздавать бабам кормовые, участвовать в разного рода комиссиях, осмотрах и т.п. На смотрителей тюрем и их помощников возложена следственная и полицейская часть. При таких условиях сахалинский чиновник должен или работать через силу, как говорится, до ошаления, или же, махнув рукой, взвалить громадную часть своей работы на писарей-каторжных, как оно и бывает чаще всего. В местных канцеляриях писаря-каторжные заняты не только перепиской, но и сами составляют важные бумаги. Так как нередко они бывают опытнее и энергичнее чиновников, особенно новичков, то случается, что каторжный или поселенец несет на своих плечах всю канцелярию, всю отчетность и даже следственную часть. В продолжение многих лет писарь, по невежеству или недобросовестности, запутывает все канцелярские концы, и так как он один может разобраться в этой путанице, то становится необходимым, незаменимым, и уже начальство, даже самое строгое, бывает не в состоянии обходиться без его услуг. Избавиться от такого всесильного писаря можно только одним способом: посадить на его место одного или двух настоящих чиновников.

Где многочисленная интеллигенция, там неизбежно существует общественное мнение, которое создает нравственный контроль и предъявляет всякому этические требования, уклониться от которых уже нельзя безнаказанно никому, даже майору Николаеву. Несомненно также, что, с развитием общественной жизни, здешняя служба мало-помалу теряет свои непривлекательные особенности и процент сумасшедших, пьяниц и самоубийц понижается.

XXI

Нравственность ссыльного населения. - Преступность.
Следствие и суд. - Наказание. - Розги и плети. - Смертная казнь.

Одни ссыльные несут наказание мужественно, охотно сознаются в своей вине, и когда их спрашиваешь, за что они присланы на Сахалин, то обыкновенно отвечают так: "За хорошие дела сюда не присылают". Другие же поражают своим малодушием и унылым видом, ропщут, плачут, приходят в отчаяние и клянутся, что они не виновны. Один считает наказание благом, так как, по его словам, он только на каторге узнал бога, другой же старается убежать при первой возможности и, когда его ловят, отмахивается дубиной. Вместе с закоренелыми, неисправимыми злодеями и извергами живут под одною крышей случайные преступники, "несчастные", невинно осужденные. И потому ссыльное население, когда затрагивается вопрос об его нравственности вообще, производит чрезвычайно смешанное и спутанное впечатление, так что при существующих способах исследования едва ли возможны по этому вопросу какие-либо серьезные обобщения. О нравственности населения судят обыкновенно по цифрам, определяющим преступность, но в отношении к ссыльной колонии даже этот обычный и простой способ оказывается непригодным. У ссыльного населения, живущего при ненормальной, исключительной обстановке, своя особая, условная преступность, свой устав, и преступления, которые мы считаем легкими, здесь относятся к тяжелым, и, наоборот, большое число уголовных преступлений совсем не регистрируется, так как они считаются в тюремной сфере явлениями обычными, почти необходимыми.

У ссыльных наблюдаются пороки и извращения, свойственные по преимуществу людям подневольным, порабощенным, голодным и находящимся в постоянном страхе. Лживость, лукавство, трусость, малодушие, наушничество, кражи, всякого рода тайные пороки - вот арсенал, который выставляет приниженное население или, по крайней мере, громадная часть его, против начальников и надзирателей, которых оно не уважает, боится и считает своими врагами. Чтобы избавиться от тяжелой работы или телесного наказания и добыть себе кусок хлеба, щепотку чаю, соли, табаку, ссыльный прибегает к обману, так как опыт показал ему, что в борьбе за существование обман - самое верное и надежное средство. Кражи здесь обычны и похожи на промысел. Арестанты набрасываются на всё, что плохо лежит, с упорством и жадностью голодной саранчи, и при этом отдают преимущество съестному и одежде. Воруют они в тюрьме, друг у друга, у поселенцев, на работах, во время нагрузки пароходов, и при этом по виртуозной ловкости, с какою совершаются кражи, можно судить, как часто приходится упражняться здешним ворам. Однажды в Дуэ украли с парохода живого барана и кадку с квашней; баржа еще не отходила от парохода, но покражи найти не могли. В другой раз обокрали командира, отвинтили иллюминаторы и компас; в третий раз забрались в каюты иностранного парохода и утащили столовое серебро. Во время выгрузки пропадают целые тюки и бочки.

Ссыльный развлекается тайно, воровским образом. Чтобы добыть стакан водки, который при обыкновенных условиях обходится только в пятак, он должен тайно обратиться к контрабандисту и отдать ему, если нет денег, свой хлеб или что-нибудь из одёжи. Единственное духовное наслаждение - игра в карты возможно только ночью, при свете огарков, или в тайге. Всякое же тайное наслаждение, часто повторяемое, обращается мало-помалу в страсть; при слишком большой подражательности ссыльных, один арестант заражает другого, и в конце концов такие, казалось бы, пустяки, как контрабандная водка и игра в карты, ведут к невероятным беспорядкам. Как я говорил уже, кулаки из ссыльных на тайной торговле спиртом и водкой наживают состояния; это значит, что рядом с ссыльным, имеющим 30-50 тысяч, надо искать людей, которые систематически растрачивают свою пищу и одежду. Картежная игра, как эпидемическая болезнь, овладела уже всеми тюрьмами; тюрьмы представляют собою большие игорные дома, а селения и посты - их филиальные отделения. Дело поставлено очень широко, и говорят даже, что здешние картежники-организаторы, у которых при случайных обысках находят сотни и тысячи рублей, ведут правильные деловые сношения с сибирскими тюрьмами, например, с иркутской, где, как выражаются каторжные, идет "настоящая" игра. В Александровске уже несколько игорных домов; в одном из них, на 2-й Кирпичной улице, произошел даже скандал, характерный для притонов подобного рода: застрелился проигравшийся надзиратель. Игра в штос туманит головы, как дурман, и каторжный, проигрывая пищу и одежду, не чувствует голода и холода и, когда его секут, не чувствует боли, и, как это ни странно, даже во время такой работы, как нагрузка, когда баржа с углем стучит бортом о пароход, плещут волны и люди зеленеют от морской болезни, в барже происходит игра в карты, и деловой разговор мешается с картежным: "Отваливай! Два с боку! Есть!"

А подневольное состояние женщины, ее бедность и унижение служат развитию проституции. Когда я спросил в Александровске, есть ли здесь проститутки, то мне ответили: "Сколько угодно!". Ввиду громадного спроса, занятию проституцией не препятствуют ни старость, ни безобразие, ни даже сифилис в третичной форме. Не препятствует и ранняя молодость. Мне приходилось встречать на улице в Александровске девушку 16-ти лет, которая, по рассказам, стала заниматься проституцией с 9 лет. У девушки этой есть мать, но семейная обстановка на Сахалине далеко не всегда спасает девушек от гибели. Рассказывают про цыгана, который продает своих дочерей и при этом сам торгуется. Одна женщина свободного состояния в Александровской слободке держит "заведение", в котором оперируют только одни ее родные дочери. В Александровске вообще разврат носит городской характер. Есть даже "семейные бани", содержимые жидом, и уже называют людей, которые промышляют сводничеством.

Рецидивисты, то есть вновь осужденные окружным судом, к 1 января 1890 г., по данным казенных ведомостей, среди каторжных составляли 8%. Были в числе рецидивистов осужденные в 3-й, 4, 5 и даже 6-й раз, и таких, которые благодаря рецидивам тянули каторжную лямку уже 20-50 лет, было 175 человек, то есть 3% всего числа. Но всё это, так сказать, дутые рецидивы, так как в числе рецидивистов показаны главным образом осужденные за побеги. Да и относительно беглых эти цифры неверны, так как возвращенных с бегов не всегда отдают под суд, а чаще всего управляются с ними домашним порядком. В какой мере ссыльное население преступно, или. иначе говоря, склонно к рецидиву, пока неизвестно. Правда, здесь судят за преступления, но многие дела прекращаются за ненахождением виновных, многие возвращаются для дополнения или разъяснения подсудности иди останавливаются в производстве за неполучением необходимых справок из разных сибирских присутственных мест и в конце концов после долгой волокиты поступают в архив за смертью обвиняемого или за невозвращением его из бегов, а главное, едва ли можно положиться на данные следствия, которое ведут молодые люди, нигде не получившие образования, и хабаровского окружного суда, который судит сахалинцев заочно, по одним только бумагам.

В течение 1889 г. под следствием и судом состояло 243 каторжных, то есть 1 подсудимый приходился на 25 каторжных. Поселенцев под судом и следствием было 69, то есть 1 на 55, крестьян же подсудимых только 4, один на 115. Из этих отношений видно, что с облегчением участи, с переходом ссыльного в более свободное состояние, шансы его попасть под суд всякий раз уменьшаются вдвое. Все эти цифры означают нахождение под судом и следствием, а не преступность за 1889 г., так как в числе дел за этот год показаны также дела, начатые много лет назад и еще не оконченные. Эти цифры могут дать читателю понятие о том, какое громадное число людей на Сахалине томится ежегодно под судом и следствием благодаря тому, что дела тянутся по многу лет, и читатель может себе представить, как губительно должен этот порядок отзываться на экономическом состоянии населения и его психике.

Следствие поручается обыкновенно помощнику смотрителя тюрьмы или секретарю полицейского управления. По словам начальника острова, "следственные дела начинаются без достаточных поводов, ведутся вяло и неумело, а прикосновенные арестанты содержатся без всяких оснований". Подозреваемого или обвиняемого берут под стражу и сажают в карцер. Когда в Голом Мысу был убит поселенец, то было заподозрено и взято под стражу четыре человека, их посадили в темные, холодные карцеры. Через несколько дней троих выпустили и оставили только одного; этого заковали в кандалы и приказали выдавать ему горячую пищу только через два дня в третий; затем, по жалобе надзирателя, велено было дать ему 100 розог, и так держали его в темноте, впроголодь и под страхом, пока он не сознался. В это время в тюрьме содержалась также женщина свободного состояния Гаранина, подозреваемая в убийстве мужа; она тоже сидела в темном карцере и получала горячую пищу через два дня в третий. Когда один чиновник допрашивал ее при мне, то она заявила, что она давно уже больна и что ее не хотят почему-то показать доктору. Когда чиновник спросил у надзирателя, приставленного к карцерам, почему до сих пор не позаботились насчет доктора, то он ответил буквально так:

- Я докладывал господину смотрителю, но они сказали: пусть издыхает!

Это неуменье отличать предварительное заключение от тюремного (да еще в темном карцере каторжной тюрьмы!), неуменье отличать свободных от каторжных удивило меня тем более, что здешний окружной начальник кончил курс по юридическому факультету, а смотритель тюрьмы служил когда-то в петербургской полиции.

В другой раз я был в карцерах уже с начальником округа, рано утром. Когда выпустили из карцеров четырех ссыльных, подозреваемых в убийстве, то они дрожали от холода. Гаранина была в чулках без башмаков, тоже дрожала и щурилась от света. Начальник округа приказал перевести ее в светлое помещение. Между прочим, на этот раз я тут заметил грузина, который бродил, как тень, около входов в карцеры; он уже пять месяцев сидит здесь, в темных сенях, как подозреваемый в отравлении, и ждет расследования, которое до сих пор еще не началось.

Товарищ прокурора на Сахалине не живет, и за ходом следствия наблюдать некому. Направление и быстрота следствия поставлены в полную зависимость от разных случайностей, не имеющих никакого отношения к самому делу. В одной ведомости я прочел, что убийство некоей Яковлевой совершено "с целью грабежа с предварительным покушением на изнасилование, на что указывает сдвинутая на кровати постель и свежие царапины и отпечатки гвоздей от каблуков на задней стенке кровати". Такое соображение предрешает судьбу всего дела, вскрытие же в подобных случаях не считается необходимым. В 1888 г. один беглокаторжный убил рядового Хромятых, и вскрытие было произведено только в 1889 г., по требованию прокурора, когда уже следствие было окончено и дело препровождено в суд.

Ст. 469 "Устава" дает право местному начальству без формального полицейского исследования определять и приводить в исполнение наказания за такие преступления и проступки ссыльных, за которые по общим уголовным законам полагаются наказания, не превосходящие лишения всех особенных прав и преимуществ с заключением в тюрьме. Вообще же маловажные дела на Сахалине ведает формальная полицейская расправа, которая принадлежит здесь полицейским управлениям. Несмотря на такую широкую компетенцию этого местного суда, которому подсудны все маловажные дела, а также множество дел, которые считаются маловажными только условно, население здешнее не знает правосудия и живет без суда. Где чиновник имеет право по закону без суда и расследования наказать розгами и посадить в тюрьму, и даже послать в рудник, там существование суда имеет лишь формальное значение.

Наказания за важные преступления определяются приморским окружным судом, который решает дела по одним лишь бумагам, не допрашивая подсудимых и свидетелей. Решение окружного суда всякий раз представляется на утверждение начальника острова, который в случае несогласия с приговором разрешает дело своею властью, причем о всяком изменении приговора доносит правительствующему сенату. В случае если какое-нибудь преступление кажется администрации из ряда вон выходящим, а наказание, следуемое за него по "Уставу о ссыльных", недостаточно высоким, то она ходатайствует о предании виновного военно-полевому суду.

Наказания, которые полагаются каторжным и поселенцам за преступления, отличаются чрезмерною суровостью, и если наш "Устав о ссыльных" находится в полном несоответствии с духом времени и законов, то это прежде всего заметно в той его части, которая трактует о наказаниях. Наказания, унижающие преступника, ожесточающие его и способствующие огрубению нравов и давно уже признанные вредными для свободного населения, оставлены для поселенцев и каторжных, как будто ссыльное население подвержено меньшей опасности огрубеть, ожесточиться и окончательно потерять человеческое достоинство. Розги, плети, прикование к тележке, - наказания, позорящие личность преступника; причиняющие его телу боль и мучения, - применяются здесь широко. Наказание плетями или розгами полагается за всякое преступление, будь то уголовное или маловажное; применяется ли оно, как дополнительное, в соединении с другими наказаниями или самостоятельно, оно всё равно составляет необходимое содержание всякого приговора.

Самое употребительное наказание — розги. Как показано в "Ведомости", в Александровском округе в течение 1889 г. было наказано административным порядком 282 каторжных и поселенцев: телесно, то есть розгами, 265 и иными мерами 17. Значит, из 100 случаев в 94 администрация прибегает к розгам. На самом деле далеко не всё число наказанных телесно попадает в ведомость: в ведомости Тымовского округа показано за 1889 г. только 57 каторжных, наказанных розгами, а в Корсаковском только 3, между тем как в обоих округах секут каждый день по нескольку человек, а в Корсаковском иногда по десятку. Поводом к тому, чтобы дать человеку 30 или 100 розог, служит обыкновенно всякая провинность: неисполнение дневного урока (например, если сапожник не сшил положенных трех пар котов, то его секут), пьянство, грубость, непослушание... Если не исполнили урока 20-30 рабочих, то секут всех 20-30. Один чиновник говорил мне:
- Арестанты, особенно кандальные, любят подавать всякие вздорные прошения. Когда я был назначен сюда и в первый раз обходил тюрьму, то мне было подано до 50 прошений; я принял, но объявил просителям, что те из них, прошения которых окажутся не заслуживающими внимания, будут наказаны. Только два прошения оказались уважительными, остальные же - чепухой. Я велел высечь 48 человек. Затем в другой раз 25, потом всё меньше и меньше, и теперь уже просьб мне не подают. Я отучил их.

На юге у одного каторжного по доносу другого сделали обыск и нашли дневник, который был принят за черновые корреспонденции; ему дали 50 розог и 15 дней продержали в темном карцере на хлебе и на воде. Смотритель поселений, с ведома окружного начальника, подверг телесному наказанию почти всю Лютогу. Вот как описывает это начальник острова: "Начальник Корсаковского округа доложил мне, между прочим, о крайне серьезном случае превышения власти, которое позволил себе (имярек) и которое состояло в жестоком телесном наказании некоторых поселенцев и в мере, далеко превышающей законом установленную норму. Случай этот, возмутительный сам по себе, представляется мне еще более резким при разборе обстоятельств, вызвавших это наказание правого и виноватого, не исключая даже беременной женщины, без всякого рассмотрения дела, состоявшего в простой и безрезультатной драке между ссыльнопоселенцами" (приказ № 258-й 1888г.).

Чаще всего провинившемуся дают 30 или 100 розог. Это зависит не от вины, а от того, кто распорядился наказать его, начальник округа или смотритель тюрьмы: первый имеет право дать до 100, а второй до 30. Один смотритель тюрьмы всегда аккуратно давал по 30, когда же ему пришлось однажды исполнять должность начальника округа, то свою обычную порцию он сразу повысил до 100, точно эти сто розог были необходимым признаком его новой власти; и он не изменял этому признаку до самого приезда начальника округа, а потом опять, так же добросовестно и сразу, съехал на 30. Наказание розгами от слишком частого употребления в высшей степени опошлилось на Сахалине, так что уже не вызывает во многих ни отвращения, ни страха, и говорят, что между арестантами уже немало таких, которые во время экзекуции не чувствуют даже боли.

Плети применяются гораздо реже, только вследствие приговоров окружных судов. Из отчета заведующего медицинскою частью видно, что в 1889 г. "для определения способности перенести телесное наказание по приговорам судов" было освидетельствовано врачами 67 человек. Это наказание из всех употребляемых на Сахалине самое отвратительное по своей жестокости и обстановке, и юристы Европейской России, приговаривающие бродяг и рецидивистов к плетям, давно бы отказались от этого наказания, если б оно исполнялось в их присутствии. От позорного, оскорбляющего чувство зрелища они, однако, ограждены 478 ст. "Устава", по которой приговоры русских и сибирских судов приводятся в исполнение на месте ссылки.

Как наказывают плетями, я видел в Дуэ. Бродяга Прохоров, он же Мыльников, человек лет 35-40, бежал из Воеводской тюрьмы и, устроивши небольшой плот, поплыл на нем к материку. На берегу, однако, заметили вовремя и послали за ним вдогонку катер.

Началось дело о побеге, заглянули в статейный список и вдруг сделали открытие: этот Прохоров, он же Мыльников, в прошлом году за убийство казака и двух внучек был приговорен хабаровским окружным судом к 90 плетям и прикованию к тачке, наказание же это, по недосмотру, еще не было приведено в исполнение. Если бы Прохоров не вздумал бежать, то, быть может, так бы и не заметили ошибки и дело обошлось бы без плетей и тачки, теперь же экзекуция была неизбежна. В назначенный день, 13 августа, утром, смотритель тюрьмы, врач и я подходили не спеша к канцелярии; Прохоров, о приводе которого было сделано распоряжение еще накануне, сидел на крыльце с надзирателями, не зная еще, что ожидает его. Увидав нас, он встал и, вероятно, понял, в чем дело, так как сильно побледнел.

- В канцелярию! - приказал смотритель.

Вошли в канцелярию. Ввели Прохорова. Доктор, молодой немец, приказал ему раздеться и выслушал сердце для того, чтоб определить, сколько ударов может вынести этот арестант. Он решает этот вопрос в одну минуту и затем с деловым видом садится писать акт осмотра.

- Ах, бедный! - говорит он жалобным тоном с сильным немецким акцентом, макая перо в чернильницу. - Тебе, небось, тяжело в кандалах! А ты попроси вот господина смотрителя, он велит снять.

Прохоров молчит: губы у него бледны и дрожат.

- Тебя ведь понапрасну, - не унимается доктор. - Все вы понапрасну. В России такие подозрительные люди! Ах, бедный, бедный!

Акт готов; его приобщают к следственному делу о побеге. Затем наступает молчание. Писарь пишет, доктор и смотритель пишут... Прохоров еще не знает наверное, для чего его позвали сюда: только по одному побегу или же по старому делу и побегу вместе? Неизвестность томит его.

- Что тебе снилось в эту ночь? - спрашивает наконец смотритель.

- Забыл, ваше высокоблагородие.

- Так вот слушай, - говорит смотритель, глядя в статейный список. Такого-то числа и года хабаровским окружным судом за убийство казака ты приговорен к девяноста плетям... Так вот сегодня ты должен их принять.

И, похлопав арестанта ладонью по лбу, смотритель говорит наставительно:

- А всё отчего? Оттого, что хочешь быть умнее себя, голова. Всё бегаете, думаете лучше будет, а выходит хуже.

Идем все в "помещение для надзирателей" - старое серое здание барачного типа. Военный фельдшер, стоящий у входа, просит умоляющим голосом, точно милостыни:

- Ваше высокоблагородие, позвольте посмотреть, как наказывают!

Посреди надзирательской стоит покатая скамья с отверстиями для привязывания рук и ног. Палач Толстых, высокий, плотный человек, имеющий сложение силача-акробата, без сюртука, в расстегнутой жилетке, кивает головой Прохорову; тот молча ложится. Толстых не спеша, тоже молча, спускает ему штаны до колен и начинает медленно привязывать к скамье руки и ноги. Смотритель равнодушно поглядывает в окно, доктор прохаживается. В руках у него какие-то капли.

- Может, дать тебе стакан воды? - спрашивает он.
- Ради бога, ваше высокоблагородие.

Наконец Прохоров привязан. Палач берет плеть с тремя ременными хвостами и не спеша расправляет ее.

- Поддержись! - говорит он негромко и, не размахиваясь, а как бы только примериваясь, наносит первый удар.
- Ра-аз! - говорит надзиратель дьячковским голосом.

В первое мгновение Прохоров молчит и даже выражение лица у него не меняется, но вот по телу пробегает судорога от боли и раздается не крик, а визг.

- Два! - кричит надзиратель.

Палач стоит сбоку и бьет так, что плеть ложится поперек тела. После каждых пяти ударов он медленно переходит на другую сторону и дает отдохнуть полминуты. У Прохорова волосы прилипли ко лбу, шея надулась; уже после 5-10 ударов тело, покрытое рубцами еще от прежних плетей, побагровело, посинело; кожица лопается на нем от каждого удара.

- Ваше высокоблагородие! - слышится сквозь визг и плач. - Ваше высокоблагородие! Пощадите, ваше высокоблагородие!

И потом после 20-30 удара Прохоров причитывает, как пьяный или точно в бреду:

- Я человек несчастный, я человек убитый... За что же это меня наказывают?

Вот уже какое-то странное вытягивание шеи, звуки рвоты... Прохоров не произносит ни одного слова, а только мычит и хрипит; кажется, что с начала наказания прошла целая вечность, но надзиратель кричит только: "Сорок два! Сорок три!" До девяноста далеко. Я выхожу наружу. Кругом на улице тихо, и раздирающие звуки из надзирательской, мне кажется, проносятся по всему Дуэ. Вот прошел мимо каторжный в вольном платье, мельком взглянул на надзирательскую, и на лице его и даже в походке выразился ужас. Вхожу опять в надзирательскую, потом опять выхожу, а надзиратель всё еще считает.

Наконец девяносто. Прохорову быстро распутывают руки и ноги и помогают ему подняться. Место, по которому били, сине-багрово от кровоподтеков и кровоточит. Зубы стучат, лицо желтое, мокрое, глаза блуждают. Когда ему дают капель, он судорожно кусает стакан... Помочили ему голову и повели в околоток.

- Это за убийство, а за побег еще будет особо, - поясняют мне, когда мы возвращаемся домой.

- Люблю смотреть, как их наказывают! - говорит радостно военный фельдшер, очень довольный, что насытился отвратительным зрелищем. - Люблю! Это такие негодяи, мерзавцы... вешать их!

От телесных наказаний грубеют и ожесточаются не одни только арестанты, но и те, которые наказывают и присутствуют при наказании. Исключения не составляют даже образованные люди. По крайней мере я не замечал, чтобы чиновники с университетским образованием относились к экзекуциям иначе, чем военные фельдшера или кончившие курс в юнкерских училищах и духовных семинариях. Иные до такой степени привыкают к плетям и розгам и так грубеют, что в конце концов даже начинают находить удовольствие в дранье. Про одного смотрителя тюрьмы рассказывают, что, когда при нем секли, он насвистывал; другой, старик, говорил арестанту с злорадством: "Что ты кричишь, господь с тобой? Ничего, ничего, поддержись! Всыпь ему, всыпь! Жигани его!" Третий велел привязывать арестанта к скамье за шею, чтобы тот хрипел, давал 5-10 ударов и уходил куда-нибудь на час-другой, потом возвращался и давал остальные.

В состав военно-полевого суда входят местные офицеры по назначению начальника острова; военно-судное дело вместе с приговором суда посылается на конфирмацию генерал-губернатору. В прежнее время приговоренные по два, по три года томились в карцерах, ожидая конфирмации, теперь же судьба их решается по телеграфу. Обычный приговор военно-полевого суда - смертная казнь через повешение. Генерал-губернатор иногда смягчает приговор, заменяя казнь ста плетями, прикованием к тачке и содержанием в разряде испытуемых без срока. Если приговорен к казни убийца, то приговор смягчается очень редко. "Убийц я вешаю", - сказал мне генерал-губернатор.

Накануне казни, вечером и ночью, приговоренного напутствует священник. Напутствие заключается в исповеди и беседе. Один священник рассказывал мне:

"В начале моей деятельности, когда мне еще было 25 лет, пришлось мне однажды напутствовать в Воеводской тюрьме двух приговоренных к повешению за убийство поселенца из-за рубля сорока копеек. Вошел я к ним в карцер и струсил с непривычки; велел не затворять за собой дверей и не уходить часовому. А они мне:

- Не бойтесь, батюшка, мы вас не убьем. Садитесь.

Спрашиваю: где же сесть? Указывают на нары. Я сел на бочонок с водой, потом, набравшись духу, сел на нары между обоими

200

преступниками. Спросил, какой губернии, то да сё, потом стал напутствовать. Только во время исповеди гляжу проносят мимо окна столбы для виселицы и всякие эти принадлежности.

- Что это? - спрашивают арестанты.

- Это, говорю им, должно быть, у смотрителя строят что-нибудь.

- Нет, батюшка, это нас вешать. Вот что, батюшка, нельзя ли нам водочки выпить?

- Не знаю, говорю, пойду спрошу.

Я пошел к полковнику Л. и сказал ему, что приговоренные хотят выпить. Полковник дал мне бутылку и, чтобы разговоров не было, приказал разводящему увести часового. Я достал рюмку у караульного и пошел в карцер к арестантам. Налил рюмку.

- Нет, говорят, батюшка, выкушайте вы сначала, а то мы пить не станем.

Пришлось выпить рюмку. А закусить нечем.

- Ну, говорят, от водки мысли прояснились.

После этого продолжаю их напутствовать. Говорю с ними час-другой. Вдруг команда:

- Выводить!

Потом, когда их повесили, я с непривычки долго боялся в темную комнату входить".

Страх смерти и обстановка казни действуют на приговоренных угнетающим образом. На Сахалине еще не было случая, чтобы преступник шел на казнь бодро. У каторжного Черношея, убийцы лавочника Никитина, когда перед казнью вели его из Александровска в Дуэ, сделались спазмы мочевого пузыря, и он то и дело останавливался; его товарищ по преступлению Кинжалов стал заговариваться. Перед казнью надевают саван, читают отходную. Когда казнили убийц Никитина, то один из них не вынес отходной и упал в обморок. Самому молодому из убийц, Пазухину, уже после того, как на него был надет саван и прочли ему отходную, было объявлено, что он помилован; казнь ему была заменена другим наказанием. Но сколько должен был пережить в короткое время этот человек! Всю ночь разговор со священниками, торжественность исповеди, под утро полстакана водки, команда "выводи", саван, отходная, потом радость по случаю помилования и тотчас же после казни товарищей сто плетей, после пятого удара обморок и в конце концов прикование к тачке.

В Корсаковском округе за убийство айно было приговорено к смертной казни 11 человек. Всю ночь накануне казни чиновники и офицеры не спали, ходили друг к другу, пили чай. Было общее томление, и никто не находил себе места. Двое из приговоренных отравились борцом - большая неприятность для военной команды, на ответственности которой находились приговоренные. Начальник округа слышал ночью суматоху, и ему было доложено, что двое отравились, но всё же перед самою казнью, когда все собрались около виселиц, должен был задать начальнику команды вопрос:

- Приговорено было к смертной казни одиннадцать, а тут я вижу только девять. Где же остальные два?

Начальник команды, вместо того чтобы ответить ему так же официально, забормотал нервно:

- Ну, повесьте меня самого. Повесьте меня...

Было раннее октябрьское утро, серое, холодное, темное. У приговоренных от ужаса лица желтые и шевелятся волосы на голове. Чиновник читает приговор, дрожит от волнения и заикается оттого, что плохо видит. Священник в черной ризе дает всем девяти поцеловать крест и шепчет, обращаясь к начальнику округа:

- Ради бога, отпустите, не могу...

Длинная процедура: нужно надеть на каждого саван, подвести к эшафоту. Когда наконец повесили девять человек, то получилась в воздухе "целая гирлянда", как выразился начальник округа, рассказывавший мне об этой казни. Когда сняли казненных, то доктора нашли, что один из них еще жив. Эта случайность имела особое значение: тюрьма, которой известны тайны всех преступлений, совершаемых ее членами, в том числе палач и его помощники, знали, что этот живой не виноват в том преступлении, за которое его вешали.

- Повесили в другой раз, - заключил свой рассказ начальник округа. - Потом я не мог спать целый месяц.

XXII

Беглые на Сахалине. - Причины побегов. - Состав беглых по происхождению, разрядам и проч.

Как на одно из главных и особенно важных преимуществ Сахалина, известный комитет 1868 г. указывал на его островное положение. На острове, отделяемом от материка бурным морем, казалось, не трудно было создать большую морскую тюрьму по плану: "кругом вода, а в середке беда", и осуществить римскую ссылку на остров, где о побеге можно было бы только мечтать. На деле же, с самого начала сахалинской практики, остров оказался как бы островом, quasi insula. Пролив, отделяющий остров от материка, в зимние месяцы замерзает совершенно, и та вода, которая летом играет роль тюремной стены, зимою бывает ровна и гладка, как поле, и всякий желающий может пройти его пешком или переехать на собаках. Да и летом пролив ненадежен: в самом узком месте, между мысами Погоби и Лазарева, он не шире шести-семи верст, а в тихую, ясную погоду нетрудно переплыть на плохой гиляцкой лодке и сто верст. Даже там, где пролив широк, сахалинцы видят материковый берег довольно ясно; туманная полоса земли с красивыми горными пиками изо дня в день манит к себе и искушает ссыльного, обещая ему свободу и родину. Комитет, кроме этих физических условий, не предвидел еще или упустил из виду побеги не на материк, а внутрь острова, причиняющие хлопот не меньше, чем побеги на материк, и, таким образом, островное положение Сахалина далеко не оправдало надежд комитета.

Но оно все-таки остается преимуществом. Из Сахалина бежать нелегко. Бродяги, на которых в этом отношении можно положиться, как на специалистов, заявляют откровенно, что бежать из Сахалина гораздо труднее, чем, например, из Карийской или Нерчинской каторги. При совершенной распущенности и всяких послаблениях, какие имели место при старой администраций, сахалинские тюрьмы все-таки оставались полными, и арестанты бегали не так часто, как, быть может, хотели того смотрители тюрем, для которых побеги составляли одну из самых доходных статей. Нынешние чиновники сознаются, что если бы не страх перед физическими препятствиями, то, при разбросанности каторжных работ и слабости надзора, на острове оставались бы только те, кому нравится здесь жить, то есть никто.

Но среди препятствий, удерживающих людей от побегов, страшно главным образом не море. Непроходимая сахалинская тайга, горы, постоянная сырость, туманы, безлюдье, медведи, голод, мошка, а зимою страшные морозы и метели вот истинные друзья надзора. В сахалинской тайге, где на каждом шагу приходится преодолевать горы валежного леса, жесткий, путающийся в ногах багульник или бамбук, тонуть по пояс в болотах и ручьях, отмахиваться от ужасной мошки, - даже вольные сытые ходоки делают не больше 8 верст в сутки, человек же, истощенный тюрьмой, питающийся в тайге гнилушками с солью и не знающий, где север, а где юг, не делает в общем и 3-5 верст. К тому же он вынужден идти не прямою дорогой, а далеко в обход, чтобы не попасть на кордон. Проходит в бегах неделя-другая, редко месяц, и он, изнуренный голодом, поносами и лихорадкой, искусанный мошкой, с избитыми, опухшими ногами, мокрый, грязный, оборванный, погибает где-нибудь в тайге или же через силу плетется назад и просит у бога, как величайшего счастья, встречи с солдатом или гиляком, который доставил бы его в тюрьму.

Причиной, побуждающею преступника искать спасения в бегах, а не в труде и не в покаянии, служит главным образом не засыпающее в нем сознание жизни, Если он не философ, которому везде и при всех обстоятельствах живется одинаково хорошо, то не хотеть бежать он не может и не должен.

Прежде всего ссыльного гонит из Сахалина его страстная любовь к родине. Послушать каторжных, то какое счастье, какая радость жить у себя на родине! О Сахалине, о здешней земле, людях, деревьях, о климате говорят с презрительным смехом, отвращением и досадой, а в России всё прекрасно и упоительно; самая смелая мысль не может допустить, чтобы в России могли быть несчастные люди, так как жить где-нибудь в Тульской или Курской губернии, видеть каждый день избы, дышать русским воздухом само по себе есть уже высшее счастье. Пошли, боже, нужду, болезни, слепоту, немоту и срам от людей, но только приведи помереть дома. Одна старушка, каторжная, бывшая некоторое время моею прислугой, восторгалась моими чемоданами, книгами, одеялом, и потому только, что всё это не сахалинское, а из нашей стороны; когда ко мне приходили в гости священники, она не шла под благословение и смотрела на них с усмешкой, потому что на Сахалине не могут быть настоящие священники. Тоска по родине выражается в форме постоянных воспоминаний, печальных и трогательных, сопровождаемых жалобами и горькими слезами, или в форме несбыточных надежд, поражающих часто своею нелепостью и похожих на сумасшествие, или же в форме ясно выраженного, несомненного умопомешательства.

Гонит ссыльных из Сахалина также стремление к свободе, присущее человеку и составляющее, при нормальных условиях, одно из его благороднейших свойств. Пока ссыльный молод и крепок, то старается убежать возможно подальше, в Сибирь или Россию. Обыкновенно его ловят, судят, отправляют назад на каторгу, но это не так страшно; в медленном, пешеэтапном хождении по Сибири, в частой перемене тюрем, товарищей и конвойных и в дорожных приключениях есть своя особенная поэзия и все-таки больше похожего на свободу, чем в Воеводской тюрьме или на дорожных работах. Ослабевши с годами, потеряв веру в свои ноги, он бежит уже куда-нибудь поближе, на Амур или даже в тайгу, или на гору, только бы подальше от тюрьмы, чтобы не видеть постылых стен и людей, не слышать бряцанья оков и каторжных разговоров. В Корсаковском посту живет ссыльнокаторжный Алтухов, старик лет 60 или больше, который убегает таким образом: берет кусок хлеба, запирает свою избу и, отойдя от поста не больше как на полверсты, садится на гору и смотрит на тайгу, на море и на небо; посидев так дня три, он возвращается домой, берет провизию и опять идет на гору... Прежде его секли, теперь же над этими его побегами только смеются. Одни бегут в расчете погулять на свободе месяц, неделю, другим бывает достаточно и одного дня. Хоть день, да мой. Тоска по свободе овладевает некоторыми субъектами периодически и в этом отношении напоминает запой или падучую; рассказывают, будто она является в известное время года или месяца, так что благонадежные каторжные, чувствуя приближение припадка, всякий раз предупреждают о своем побеге начальство. Обыкновенно наказывают плетями или розгами всех бегунов без разбора, но уж одно то, что часто побеги от начала до конца поражают своею несообразностью, бессмыслицей, что часто благоразумные, скромные и семейные люди убегают без одёжи, без хлеба, без цели, без плана, с уверенностью, что их непременно поймают, с риском потерять здоровье, доверие начальства, свою относительную свободу и иногда даже жалованье, с риском замерзнуть или быть застреленным, уже одна эта несообразность должна бы подсказывать сахалинский врачам, от которых зависит наказать или не наказать, что во многих случаях они имеют дело не с преступлением, а с болезнью.

К общим причинам побегов следует отнести также пожизненность наказания. У нас, как известно, каторжные работы сопряжены с поселением в Сибири навсегда; приговоренный к каторге удаляется из нормальной человеческой среды без надежды когда-либо вернуться в нее и таким образом как бы умирает для того общества, в котором он родился и вырос. Каторжные так и говорят про себя: "Мертвые с погоста не возвращаются". Вот эта-то полная безнадежность ссыльного и его отчаяние приводят его к решению: уйти, переменить судьбу, - хуже не будет! Если он бежит, то так про него и говорят: "Он пошел менять судьбу". Если его ловят и возвращают, то это называется так: не пофортунило, не пофортовало. При пожизненности ссылки побеги и бродяжество составляют неизбежное, необходимое зло и даже служат как бы предохранительным клапаном. Если бы была какая-нибудь возможность отнять у ссыльного надежду на побег как на единственный способ изменить свою судьбу, вернуться с погоста, то его отчаяние, не находя выхода, быть может, проявляло бы себя как-нибудь иначе и, конечно, в более жестокой и ужасной форме, чем побег.

Есть еще одна общая причина побегов: это - вера в легкость, безнаказанность и почти законность побегов, хотя в действительности они нелегки, караются жестоко и считаются важным уголовным преступлением. Эта странная вера воспитывалась в людях поколениями, и начало ее теряется в тумане того доброго старого времени, когда бежать было в самом деле очень легко и побеги даже поощрялись начальством. Начальник завода или смотритель тюрьмы почитал для себя за наказание свыше, если его арестанты почему-либо не бегали, и радовался, когда они уходили от него целыми толпами. Если перед первым октября - временем, когда выдается зимняя одежда, - убегало 30-40 человек, то это значило обыкновенно, что 30-40 полушубков поступало в пользу смотрителя. По словам Ядринцева, начальник завода при приеме каждой новой партии обыкновенно выкрикивал: "Кто хочет оставаться, получай одежду, а кто в бега, тому незачем!" Начальство своим авторитетом как бы узаконивало побеги, в его духе воспитывалось всё сибирское население, которое и до сих пор побег не считает грехом. Сами ссыльные рассказывают о своих побегах не иначе, как со смехом или с сожалением, что побег не удался, и ждать от них раскаяния или угрызений совести было бы напрасно. Из всех бегавших, с которыми мне приходилось говорить, только один больной старик, прикованный к тачке за многократные побеги, с горечью упрекнул себя за то, что бегал, но при этом называл свои побеги не преступлением, а глупостью: "Когда помоложе был, делал глупости, а теперь страдать должен".

Частные причины побегов многочисленны. Укажу на недовольство тюремными порядками, на дурную пищу в тюрьме, жестокость кого-либо из начальников, леность, неспособность к труду, болезни, слабость воли, склонность к подражанию, любовь к приключениям... Случалось, что каторжные целыми партиями убегали для того только, чтобы "погулять" по острову, и гулянья сопровождались убийствами и всякими мерзостями, наводившими панику и озлоблявшими население до крайности. Расскажу про побег ради мести. Рядовой Белов ранил при поимке бегло-каторжного Клименко и конвоировал его в Александровскую тюрьму. Клименко, выздоровевши, опять бежал, и на этот раз с единственною целью отомстить Белову. Он пошел прямо на кордон, и там его задержали. "Веди опять своего крестника, - сказали Белову товарищи, - твое счастье". Тот повел. Дорогою конвоир и арестант разговорились. Осень, ветер, холодно... Остановились покурить. Когда солдат поднял воротник, чтобы закурить трубку, Клименко выхватил у него ружье и убил его наповал, потом как ни в чем не бывало вернулся в Александровский пост, где был задержан и вскоре повешен.

А вот и любовь. Ссыльнокаторжный Артем, - фамилии его не помню, - молодой человек лет 20, служил в Найбучи сторожем при казенном доме. Он был влюблен в аинку, жившую в одной из юрт на реке Найбе, и, говорят, пользовался взаимностью. Его заподозрили как-то в краже и в наказание перевели в Корсаковскую тюрьму, то есть за 90 верст от аинки. Тогда он стал бегать из поста в Найбучи для свидания с возлюбленной и бегал до тех пор, пока его не подстрелили в ногу.

Побеги бывают также и предметом аферы. Вот один из видов аферы, соединяющий в себе жадность к деньгам с самым гнусным предательством. Старый, поседевший в бегах и приключениях бродяга высматривает в толпе новичков, кого побогаче (у новичков почти всегда бывают деньги), и сманивает его бежать вместе.

Уговорить не трудно; новичок бежит, а бродяга где-нибудь в тайге убивает его и возвращается назад в тюрьму. Другой вид аферы, более распространенный, рассчитан на те три рубля, которые выдает казна за поимку беглого. Предварительно уговорившись с рядовым или гиляком, несколько человек каторжных бегут из тюрьмы и в условленном месте, где-нибудь в тайге или на морском берегу, встречаются со своим конвоиром; тот ведет их назад в тюрьму, как пойманных, и получает по три рубля за каждого; потом, конечно, происходит дележ. Бывает смешно смотреть, когда маленький тщедушный гиляк, вооруженный одною только палкой, приводит сразу 6-7 плечистых, внушительного вида бродяг. При мне однажды рядовой Л., тоже не отличающийся крепким сложением, привел 11 человек.

Тюремная статистика до последнего времени почти не касалась беглых. Пока можно сказать только, что чаще всего бегут ссыльные, для которых наиболее чувствительна разница климатов Сахалина и их родины. Сюда относятся прежде всего уроженцы Кавказа, Крыма, Бессарабии и Малороссии. Случается видеть списки бежавших или возвращенных, иногда человек в 50-60, где нет ни одной русской фамилии, а всё Оглы, Сулейманы и Гасаны. Не подлежит также сомнению, что бессрочные и долгосрочные бегают чаще, чем каторжные третьего разряда, и живущие в тюрьме чаще, чем живущие вне ее, молодые и новички чаще, чем старожилы. Женщины бегают несравненно реже, чем мужчины, и это объясняется трудностями, какими обставлен для женщины побег, и отчасти тем, что на каторге она скоро обзаведется прочными привязанностями. Обязанности по отношению к жене и детям удерживают от побега, но случается, что убегают и семейные. Законные супруги бегают реже, чем незаконные. Бабы-каторжные, когда я обходил избы, на мой вопрос, где сожитель, часто мне отвечали: "А кто же его знает? Поди, сыщи".

Наряду со ссыльными из простого звания, бегают и привилегированные. Перелистывая в корсаковском полицейском управлении алфавит, я нашел бывшего дворянина, который и бегал, и был судим за убийство, совершенное во время побега, и принял 80 или 90 плетей. Известный Лагиев, присланный за убийство ректора Тифлисской семинарии и бывший в Корсаковске учителем, бежал в пасхальную ночь 1890 г. вместе с каторжным Никольским, сыном священника, и еще с какими-то тремя бродягами. Вскоре после Пасхи разнесся слух, что будто видели трех бродяг в "цивильном" платье, пробиравшихся берегом к Муравьевскому посту, но уже Лагиева и Никольского с ними не было; по всей вероятности, бродяги подговорили молодого Лагиева и его товарища бежать вместе и дорогой убили их, чтобы воспользоваться их деньгами и платьем.

Сын протоиерея К., присланный за убийство, бежал в Россию, убил там вновь и был возвращен на Сахалин. Как-то рано утром я его видел в толпе каторжников около рудника: необыкновенно тощий, сутулый, с тусклыми глазами, в старом летнем пальто и в порванных брюках навыпуск, заспанный, дрожа от утреннего холода, он подошел к смотрителю, который стоял рядом со мной, и, снявши картузик, обнажив свою плешивую голову, стал просить о чем-то.

Для того чтобы судить, в какое время года чаще всего совершаются побеги, я воспользуюсь немногими цифрами, какие успел найти и записать. В 1877, 1878, 1885, 1887, 1888 и 1889 гг. убежало 1501 ссыльнокаторжных. Это число распределяется по месяцам так: январь - 117, февраль - 64, март - 20, апрель 20, май - 147, июнь - 290, июль - 283, август - 231, сентябрь - 150, октябрь 44, ноябрь - 35 и декабрь - 100. Если начертить кривую побегов, то высшие ее точки будут относиться к летним месяцам и к тем зимним, когда бывают наиболее сильные морозы. Очевидно, благоприятствующими моментами для совершения побегов служат теплая погода, работа вне тюрьмы, ход периодической рыбы, созревание в тайге ягод, а у поселенцев картофеля, затем море, покрытое льдом, когда Сахалин перестает быть островом. Летним и зимним повышениям благоприятствуют также прибытия новых партий в весенний и осенний рейсы. В марте и в апреле бегут менее всего, потому что в эти месяцы вскрываются реки и невозможно бывает добыть пищу ни в тайге, ни у поселенцев, которые обыкновенно к весне уже сидят без хлеба.

Из Александровской тюрьмы в 1889 г. бежало 15,33% ее среднего годового состава; из Дуйской и Воеводской тюрем, где, кроме надзирателей, стерегут арестантов часовые с ружьями, бежало в 1889 г. 6,4%, а из тюрем Тымовского округа - 9%. Эти цифры относятся к одному отчетному году, но если взять наличную массу каторжных за всё время ее пребывания на острове, то отношение бегавших в разное время к общему составу выразится не менее, как в 60%, то есть из каждых пяти человек, которых вы видите в тюрьме или на улице, наверное, трое уже бегали. Из разговоров с ссыльными я вынес такое впечатление: все бегали. Редко кто в продолжение своего каторжного срока не устраивал себе каникул.

Обыкновенно побег задумывается еще в пароходном, трюме или в амурской барже, когда каторжных везут на Сахалин; по пути старики бродяги, уже бегавшие с каторги, знакомят молодых с географией острова, с сахалинскими порядками, с надзором и с теми благами и лишениями, какие сулит побег из Сахалина. Если бы в пересыльных тюрьмах и затем в пароходных трюмах бродяг держали отдельно от новичков, то последние, быть может, не торопились бы так с побегом. Новички убегают обыкновенно вскоре и даже немедленно по сдаче их с парохода. В 1879 г. в первые же дни по прибытии бежало сразу 60 человек, перебив караульных солдат.

Для того чтобы бежать, совсем нет надобности в тех приготовлениях и предосторожностях, какие описаны в прекрасном рассказе В.Г. Короленко "Соколинец". Побеги строго запрещены и уже не поощряются начальством, но условия местной тюремной жизни, надзора и каторжных работ, да и самый характер местности таковы, что в громадном большинстве случаев помешать побегу бывает невозможно. Если сегодня не удалось уйти из тюрьмы через открытые ворота, то завтра можно будет бежать из тайги, когда выйдут на работу 20-30 человек под надзором одного солдата; кто не бежал из тайги, тот подождет месяц-другой, когда отдадут к какому-нибудь чиновнику в прислуги или к поселенцу в работники. Всякие предосторожности, обман начальства, взломы, подкопы и т.п. нужны бывают только тому меньшинству, которое сидит в кандальных, в карцерах и в Воеводской тюрьме, и, пожалуй, тем еще, кто работает в руднике, где почти по всей линии от Воеводской тюрьмы до Дуэ стоят и ходят часовые. Здесь начало побега сопряжено с опасностью, но всё же благоприятные случаи представляются почти ежедневно. К переодеваньям и всяким фокусам, часто совершенно излишним, прибегают искатели и любители приключений, вроде Золотой Ручки, которая, для того чтобы бежать, переодевалась в солдатское платье.

Беглые большею частью пробираются к северу, к узкому месту пролива, что между мысами Погоби и Лазарева, или несколько севернее: здесь безлюдье, легко укрыться от кордона и можно достать у гиляков лодку или самим сделать плот и переправиться на ту сторону, а если уже зима, то при хорошей погоде для перехода достаточно двух часов. Чем севернее переправа, тем ближе к устью Амура и, значит, меньше опасности погибнуть от голода и мороза; у устья Амура много гиляцких деревушек, недалеко город Николаевск, потом Мариинск, Софийск и казацкие станицы, где на зиму можно наняться в работники и где, как говорят, даже среди чиновников есть люди, которые дают несчастным приют и кусок хлеба. Случается, что беглые, не зная, где север, начинают кружить и попадают обратно в то место, из которого вышли.

Бывает нередко, что беглые пытаются переплыть пролив где-нибудь поблизости тюрьмы. Для этого нужны исключительная смелость, особенно счастливый случай, а главное, многократный предварительный опыт, научивший, как труден и рискован путь к северу через тайгу. Убегающие из Воеводской и Дуйской тюрем бродяги-рецидивисты пускаются в море немедля, в первый же или второй день после побега. Тут уж никаких соображений насчет бурь и опасностей, а один лишь животный страх погони и жажда свободы: хоть утонуть, да на воле. Обыкновенно они спускаются верст на 5-10 южнее Дуэ, к Агнево, устраивают тут плот и спешат уплыть к туманному берегу, отделенному от них 60-70 милями бурного, холодного моря. При мне из Воеводской тюрьмы бежал таким образом бродяга Прохоров, он же Мыльников, о котором я говорил в предыдущей главе. Уплывают также на баржах-шаландах и на сеноплавках, но море всякий раз безжалостно разбивает эти баржи или выкидывает их на берег. Был один случай, когда каторжные бежали на катере, принадлежащем горному ведомству. Случается,что каторжные убегают на тех же самых судах, которые они грузят. В 1883 г. на пароходе "Триумф" бежал каторжный Франц Киц, зарывшись в угольную яму. Когда его нашли и вытащили из ямы, то он на все вопросы отвечал только одно: "Дайте воды, я не пил пять дней".

Попав так или иначе на материк, беглые держат путь к западу, питаясь Христовым именем, нанимаясь; где можно, в работники и воруя всё, что плохо лежит. Крадут они скот, овощи, платье, - одним словом, всё, что можно съесть, надеть на себя или продать. Их ловят, долго держат в тюрьмах, судят и отсылают назад со страшными статейными списками, но многие, как известно читателям по судебным процессам, доходят и до московского Хитрова рынка и даже до родной деревни. В Палеве хлебопек Горячий, простоватый, откровенный и, по-видимому, добрый человек, рассказывал мне, как он дошел до своей деревни, повидался с женою и детками и как опять был сослан на Сахалин, где кончает уже второй срок. Говорят, и в печати, между прочим, высказывалось предположение, будто беглых каторжных принимают на свои суда американские китобои и увозят их в Америку. Это, конечно, возможно, но я не слыхал ни об одном таком случае. Американские китобои, промышляющие в Охотском море, редко подходят к Сахалину, и еще реже случается, чтобы они подходили именно в то время, когда на пустынном восточном берегу находятся беглые. По словам г. Курбского ("Голос", 1875 г., № 312) в Indian-Territory, на правой стороне Миссисипи, живут целые партии вачеро из сахалинских каторжников. Эти вачеро, если они существуют на самом деле, пробрались в Америку не на китобойных судах, а, вероятно, через Японию. Во всяком случае побеги не в Россию, а за границу, хотя и редко, но бывают, и это не подлежит никакому сомнению. Еще в двадцатых годах наши каторжные бегали из охотского солеваренного завода на "теплые", то есть Сандвичевы острова.

Страх перед беглыми каторжниками велик, и этим объясняется, почему наказание, налагаемое за побеги, так серьезно и так поражает своею суровостью. Когда из Воеводской тюрьмы или из кандальной бежит какой-нибудь известный бродяга, то молва об этом наводит страх не только на сахалинское население, но даже на жителей материка; рассказывают, что когда однажды бежал Блоха, то слух об этом навел на жителей г. Николаевска такой страх, что местный исправник нашел нужным запросить по телеграфу: правда ли, что бежал Блоха? Главная опасность, какую представляют для общества побеги, заключается в том, во-первых, что они развивают и поддерживают бродяжество и, во-вторых, ставят почти каждого беглого в нелегальное положение, когда он, в громадном большинстве случаев, не может не совершать новых преступлений. Наибольший контингент рецидивистов составляют беглые; самые страшные и дерзкие преступления на Сахалине до сих пор были совершаемы беглыми.

В настоящее время для предупреждения побегов употребляются главным образом репрессивные меры. Эти меры уменьшают число побегов, но только до известного предела, и репрессия, доведенная до своего идеального совершенства, все-таки не исключала бы возможности побегов. Есть предел, дальше которого репрессивные меры уже перестают быть действительными. Как известно, каторжный продолжает бежать даже в то время, когда в него прицеливается часовой; его не удерживает от побега также ни шторм, ни уверенность, что он утонет. И есть предел, перейдя который репрессивные меры уже сами становятся причиною побегов. Так, например, устрашающее наказание за побеги, состоящее из прибавки нескольких лет каторги к старому сроку, увеличивает число бессрочных и долгосрочных, и тем самым увеличивает и число побегов. Вообще говоря, репрессивные меры в борьбе с побегами не имеют будущности, они сильно расходятся с идеалами нашего законодательства, которое в наказании видит прежде всего средство к исправлению. Когда вся энергия и изобретательность тюремщика изо дня в день уходит только на то, чтобы поставить арестанта в такие сложные физические условия, которые сделали бы невозможным побег, то тут уже не до исправления, и может быть разговор только о превращении арестанта в зверя, а тюрьмы - в зверинец. Да и непрактичны эти меры: во-первых, они всегда ложатся гнетом на население, неповинное в бегах, и, во-вторых, заключение в крепко устроенной тюрьме, кандалы, всякого рода карцеры, темные и тачки делают человека неспособным к работе.

Так называемые гуманные меры, всякое улучшение в жизни арестанта, будет ли то лишний кусок хлеба или надежда на лучшее будущее, тоже значительно понижают число побегов. Приведу пример: в 1885 г. бежало 25 поселенцев, а в 1887 г., после урожая 1886 г., только 7. Поселенцы бегают гораздо реже, чем каторжные, а крестьяне из ссыльных почти совсем не бегают. Меньше всего бегают из Корсаковского округа, потому что здесь урожаи лучше, преобладают среди арестантов: краткосрочные, климат мягче и легче получить крестьянские права, чем на Северном Сахалине, а по отбытии каторги, чтобы добыть себе кусок хлеба, нет надобности возвращаться в рудник. Чем легче живется арестанту, тем меньше опасности, что он убежит, и в этом отношении можно признать очень надежными такие меры, как улучшение тюремных порядков, постройка церквей, учреждение школ и больниц, обеспечение семейств ссыльных, заработки и т.п.

За каждого пойманного и доставленного в тюрьму беглого, как я уже говорил, рядовые, гиляки и вообще занимающиеся ловлей беглых получают от казны денежное вознаграждение в размере трех рублей за голову. Нет сомнения, что денежное вознаграждение, соблазнительное для голодного человека, помогает делу и увеличивает число "пойманных, найденных мертвыми и убитых", но помощь эта, конечно, совсем не окупает того вреда, какой неминуемо должны причинять населению острова дурные инстинкты, пробуждаемые в нем этими трехрублевками. Кто вынужден, как солдат или ограбленный поселенец, ловить беглых, тот поймает и без трех рублей, а кто ловит не по долгу службы и не по нужде, а из соображений корыстного свойства, для того ловля составляет гнусный промысел, а эти три рубля являются поблажкой самого низменного свойства.

По имеющимся у меня данным, из 1501 бежавших поймано и добровольно вернулось 1010 каторжных; найдено мертвыми и убито при преследовании 40; без вести пропало 451 человек. Стало быть, из всей массы бегающих Сахалин теряет одну треть, несмотря на свое островное положение. В "Ведомостях", откуда я брал эти цифры, добровольно вернувшиеся и пойманные показаны в одном числе, найденные мертвыми и убитые при преследовании тоже показаны нераздельно, и потому неизвестно, какое число относится на долю поимщиков и какой процент беглых погибает от солдатских пуль.

XXIII

Болезненность и смертность ссыльного населения. - Медицинская организация. - Лазарет в Александровске.

В 1889 г. по всем трем округам было показано слабосильных и неспособных к работе каторжных обоего пола 632, что составляло 10,6% всего числа. Таким образом, один слабосильный и неспособный к работе приходится на 10 человек. Что касается способного к работе населения, то и оно не производит впечатления вполне здорового. Среди ссыльных мужчин вы не встретите хорошо упитанных, полных и краснощеких; даже ничего не делающие поселенцы тощи и бледны. Летом. 1889 г. из 131 каторжных, работавших в Тарайке на дороге, было 37 больных, а остальные явились к приехавшему начальнику острова "в самом ужасном виде: ободранные, многие без рубах, искусанные москитами, исцарапанные сучьями деревьев, но никто не жаловался" (приказ 1889 г., № 318).

Обращавшихся за медицинскою помощью в 1889 г. было 11 309; в медицинском отчете, откуда я беру эту цифру, ссыльные и свободные показаны нераздельно, но составитель отчета замечает, что главный контингент больных составляли ссыльнокаторжные. Ввиду того, что солдаты лечатся у своих военных врачей, а чиновники и их семьи у себя на дому, надо думать, что в число 11 309 вошли только ссыльные и их семьи, причем каторжные составляли большинство, и что таким образом каждый ссыльный и прикосновенный к ссылке обращался за медицинскою помощью не менее одного раза в год.

О болезненности ссыльного населения я могу судить только по отчету за 1889 г., но, к сожалению, он составлен по данным больничных "Правдивых книг", которые ведутся здесь крайне неряшливо, так что мне пришлось еще взять на помощь церковные метрические книги и выписать из них причины смерти за последние десять лет. Причины смерти почти всякий раз регистрируются священниками по запискам врачей и фельдшеров, много тут фантазии, но в общем этот материал по существу тот же, что и в "Правдивых книгах", не лучше и не хуже. Понятно, что обоих этих источников было далеко не достаточно, и всё, что найдет ниже читатель о болезненности и смертности, не картина, а одни лишь слабые контуры.

Те болезни, которые в отчете отнесены к двум отдельным группам заразно-повальным и эпидемическим, до сих пор на Сахалине имели слабое распространение. Так, корь в 1889 г. была зарегистрирована только 3 раза, а скарлатина, дифтерит и круп ни разу. Смерть от этих болезней, которым подвержен по преимуществу детский возраст, упоминается в метрических книгах за десять лет только 45 раз. В' это число вошли "жабы" и "воспаления горла", имевшие заразный и эпидемический характер, на что всякий раз указывал мне ряд детских смертей в короткий промежуток времени. Эпидемии обыкновенно начинались в сентябре или октябре, когда на пароходах Добровольного флота привозили в колонию больных детей; течение эпидемий бывало продолжительное, но вялое. Так, в 1880 г. в Корсаковском приходе "жаба" началась в октябре и кончилась в апреле следующего года, похитив всего 10 детей; эпидемия дифтерита в 1888 г. началась в Рыковском приходе осенью и продолжалась всю зиму, затем перешла в Александровский и Дуйский приходы и погасла здесь в ноябре 1889 г., то есть держалась целый год; умерло 20 детей. Оспа зарегистрирована в отчете один раз, а за десять лет умерло от нее 18 душ; были две эпидемии в Александровском округе: одна в 1886 г. с декабря по июнь и другая в 1889 г. осенью. Тех грозных эпидемий оспы, которые когда-то эпидемически проходили через все острова Японского и Охотского морей до Камчатки включительно и уничтожали порой целые племена, вроде айно, теперь уже не бывает здесь, или по крайней мере про них не слышно. Рябые лица среди гиляков встречаются часто, но виновата в этом ветряная оспа (varicella), которая, по всей вероятности, не переводится у инородцев.

Что касается тифов, то в отчете брюшной был зарегистрирован 23 раза со смертностью в 30%, возвратный же и сыпной по 3 раза, без смертных случаев. В метрических книгах смерть от тифов и горячек показана 50 раз, но всё это единичные случаи, разбросанные по книгам всех четырех приходов на протяжении десяти лет. Ни в одной корреспонденции я не встречал указания на тифозные эпидемии и, по всей вероятности, их не было. По отчету, брюшной тиф наблюдался только в двух северных округах; причиною его указаны недостаток чистой питьевой воды, загрязнение почвы близ тюрем и рек, а также теснота и скученность. Мне лично ни разу не пришлось видеть на Сев"ерном" Сахалине брюшного тифа, хотя я обошел там все избы и бывал в лазаретах: некоторые врачи уверяли меня, что этой формы на острове нет вовсе, и она осталась у меня под большим сомнением. Что же касается возвратного и сыпного тифа, то все случаи, до сих пор бывшие на Сахалине, я отношу к привозным, как скарлатину и дифтерит; надо думать, что острые инфекционные болезни до сих пор находили на острове почву, неблагоприятную для своего развития.

"Неточно определенные лихорадочные" болезни зарегистрированы 17 раз. В отчете эта форма описана так: "появлялась она преимущественно в зимние месяцы, выражалась лихорадкою ремиттирующего типа, иногда с появлением roseola и общим угнетением мозговых центров, через короткий промежуток времени 5-7 дней лихорадка проходила, и наступало быстрое выздоровление". Этот тифоид очень распространен здесь, особенно в северных округах, но в отчет не попадает и сотая часть всех случаев, так как больные обыкновенно не лечатся от этой болезни и переносят ее на ногах, а если лежат, то дома на печи. Как мне пришлось убедиться в мое короткое пребывание на острове, в этиологии этой болезни играет главную роль простуда, заболевают работающие в холодную и сырую погоду в тайге и ночующие под открытым небом. Чаще всего встречаются такие больные на дорожных работах и на местах новых поселений. Это настоящая febris sachaliniensis.

Крупозною пневмонией в 1889 г. заболело 27, умерла треть. Эта болезнь, по-видимому, опасна в одинаковой мере как для ссыльных, так и свободных. За десятилетний период в метрических книгах смерть от нее упоминается 125 раз; 28% приходится на май и июнь, когда на Сахалине бывает отвратительная, переменчивая погода и начинаются работы далеко вне тюрьмы, 46% на декабрь, январь, февраль и март, то есть на зиму. К заболеванию крупозной пневмонией располагают здесь главным образом сильные холода зимой, резкие перемены погоды и тяжелые работы в дурную погоду. В рапорте врача окружного лазарета г. Перлина от 24 марта 1888 г., копию которого я привез с собой, между прочим сказано: "Меня постоянно ужасала большая заболеваемость ссыльнокаторжных рабочих острым воспалением легких"; и вот, по мнению д-ра Перлина, причины: "доставка за восемь верст бревен от 6 до 8 вершков в диаметре четырехсаженной длины производится тремя рабочими; предполагая тяжесть бревна в 25-35 пуд., в снежную дорогу, при теплом одеянии, ускоренной деятельности дыхательной и кровеносной систем" и т.д..

Дизентерия, или кровавый понос, зарегистрирована была только пять раз. В 1880 г. в Дуэ и в 1887 г. в Александровске, по-видимому, были эпидемии кровавого поноса, и всех смертей за десятилетний период в метрических книгах показано 8. В старых корреспонденциях и рапортах часто упоминается кровавый понос, который в былые времена, по всей вероятности, был на острове так же обыкновенен, как цинга. Страдали им ссыльные, солдаты и инородцы, и при этом, как на причину его, указывалось на дурную пищу и тяжелые жизненные условия.

Азиатская холера на Сахалине не была ни разу. Рожу и госпитальную гангрену наблюдал я сам, и, по-видимому, обе эти болезни не переводятся в здешних лазаретах. Коклюша в 1889 г. не было. Перемежающаяся лихорадка показана 428 раз, причем на долю Александровского округа приходится больше половины; причинами в отчете названы теснота жилищ без достаточного притока свежего воздуха, загрязнение почвы около жилищ, работы в местностях, подверженных периодическим заливаниям, и устройство поселений в таких местностях. Все эти нездоровые условия налицо, но тем не менее все-таки остров не производит впечатления малярийной местности. Обходя избы, я не встречал больных малярией и не помню ни одного такого селения, где бы жаловались на эту болезнь. Очень возможно, что многие из зарегистрированных были больны лихорадкой еще на родине и прибыли на остров уже с увеличенной селезенкой.

Смерть от сибирской язвы в метрических книгах упоминается только один раз. Ни сап, ни водобоязнь на острове еще не наблюдались.

На долю болезней дыхательных органов приходится одна треть

умерших, в частности же бугорчатка берет 15%. В метрических книгах записаны только христиане, но если прибавить еще магометан, умирающих обыкновенно от чахотки, то процент выйдет внушительный. Во всяком случае, взрослые на Сахалине подвержены чахотке в сильной степени; здесь она самая частая и самая опасная болезнь. Больше всего умирают в декабре, когда на Сахалине бывает очень холодно, и в марте и апреле; меньше всего - в сентябре и октябре. Вот состав умерших от туберкулеза по возрастам:

От	0	до	20	лет	.... 3%
"	20	"	25	"	.... 6%
"	25	"	35	"	.... 43%
"	35	"	45	"	.... 27%
"	45	"	55	"	.... 12%
"	55	"	65	"	.... 6%
"	65	"	75	"	.... 2%

Стало быть, опасности умереть от чахотки на Сахалине подвержены наиболее всего возрасты 25-35 и 35-45 л., - рабочие, цветущие возрасты. Большинство умерших от чахотки - каторжные (66%). Вот это-то преобладание рабочих возрастов и каторжных дает право заключить, что значительная смертность от чахотки в ссыльной колонии зависит главным образом от неблагоприятных условий жизни в общих тюремных камерах и непосильной тяжести каторжных работ, отнимающих у рабочего больше, чем может дать ему тюремная пища. Суровый климат, всякие лишения, претерпеваемые во время работ, побегов и заключения в карцерах, беспокойная жизнь в общих камерах, недостаток жиров в пище, тоска по родине - вот главные причины Сахалинской чахотки.
Сифилис в 1889 г. был зарегистрирован 246 раз, с 5 смертями. Всё это, как сказано в отчете, были старые сифилитики, со вторичными и третичными формами. Сифилитики, которых мне приходилось видеть, производили жалкое впечатление; эти запущенные, застарелые случаи указывали на полное отсутствие санитарного надзора, который, в сущности, при малочисленности ссыльного населения, мог бы быть идеальным. Так, в Рыковском я видел еврея с сифилитической чахоткой; он давно не лечился, разрушался мало-помалу, и семья нетерпеливо ожидала его смерти, - и это в какой-нибудь полуверсте от больницы! В метрических книгах смерть от сифилиса упоминается 13 раз.
Больных цингою было зарегистрировано в 1889 г. 271, умерло 6. В метрических книгах смерть от цинги показана 19 раз. Лет 20-25 назад эта болезнь встречалась на острове несравненно чаще, чем в последнее десятилетие, и от нее погибало много солдат и арестантов. Некоторые старые корреспонденты, стоявшие за учреждение

ссыльной колонии на острове, совершенно отрицали цингу и в то же время восхваляли черемшу как превосходное средство от цинги и писали, что население заготовляло на зиму сотни пудов этого средства. Цинга, свирепствовавшая на Татарском берегу, едва ли стала бы щадить Сахалин, где условия жизни в постах были нисколько не лучше. В настоящее время чаще всего эту болезнь привозят с собой арестанты на пароходах Добровольного флота. Это удостоверяет и медицинский отчет. Окружной начальник и тюремный врач в Александровске говорили мне, что 2-го мая 1890 г. на "Петербурге" прибыло 500 арестантов, и из них не менее ста болели цингою; 51 были положены врачом в лазарет и околоток. Один из этих цинготных, полтавский хохол, которого я еще застал в лазарете, говорил мне, что заболел он цингою в харьковском централе. Из общих расстройств питания, кроме цинги, я упомяну еще о маразме, от которого на Сахалине умирают далеко не старые люди, принадлежащие к рабочим возрастам. Один показан умершим 27, другой 30, остальные 35, 43, 46, 47, 48... лет. И едва ли это описка фельдшера или священника, так как "старческий маразм", как причина смерти у людей не старых и не достигших 60 лет, упоминается в метрических книгах 45 раз. Средняя продолжительность жизни русского ссыльного еще неизвестна, но если судить на глаз, то сахалинцы рано стареются и дряхлеют, и каторжный или поселенец 40 лет большею частью выглядит уже стариком.

С нервными болезнями ссыльные обращаются в лазарет не часто. Так, в 1889 г. невралгии и судороги были зарегистрированы только 16 раз. Очевидно, лечатся только те нервные больные, которых привозят или приводят. Воспаление мозга, апоплексия и паралич дали 24 случая с 10 смертями, эпилепсия зарегистрирована 31 раз, а расстройство умственных способностей 25 раз. Психические больные, как я говорил уже, на Сахалине не имеют отдельного помещения; при мне одни из них помещались в селении Корсаковском вместе с сифилитиками, причем один даже, как мне рассказывали, заразился сифилисом, другие, живя на воле, работали наравне со здоровыми, сожительствовали, убегали, были судимы. Я лично встречал в постах и селениях немало сумасшедших. Помнится, в Дуэ один бывший солдат всё толковал про воздушный и небесный океаны, про свою дочь Надежду и шаха персидского и про то, что он убил крестовоздвиженского дьячка. При мне однажды во Владимировке некий Ветряков, отбывший пять лет каторги, с тупым, идиотским выражением подошел к смотрителю поселений, г. Я., и по-приятельски протянул ему руку. "Как ты со мной здороваешься?" - удивился г. Я. Оказалось, что Ветряков пришел попросить, нельзя ли ему получить из казны плотничий топор. "Построю себе шалаш, потом буду избу рубить", - сказал он. Это давно уже признанный сумасшедший, был на испытании у врача, параноик. Я спросил, как зовут его отца. Он ответил: "Не знаю". И все-таки ему выдали топор. Не говорю уж о случаях нравственного помешательства, о начальном периоде прогрессивного паралича и проч., где нужна более или менее тонкая диагностика. Эти все работают и сходят за здоровых. Некоторые приезжают уже больными или привозят с собой зародыш болезни; так, в метрической книге записан умершим от прогрессивного паралича каторжный Городов, осужденный за заранее обдуманное убийство, которое, быть может, совершил он, уже будучи больным. Другие же заболевают на острове, где каждый день и каждый час представляется достаточно причин, чтобы человеку некрепкому, с расшатанными нервами, сойти с ума.

Желудочно-кишечные заболевания в 1889 г. были зарегистрированы 1760 раз. За десять лет умерло 338; из этого числа 66% относятся к детскому возрасту. Самые опасные месяцы для детей - это июль и особенно август, на долю которых приходится треть всего числа умерших детей. Взрослые от желудочно-кишечных расстройств умирают чаще всего тоже в августе, быть может, оттого, что в этом месяце идет периодическая рыба, которою объедаются. Катар желудка здесь обыкновенная болезнь. Уроженцы Кавказа всегда жалуются, что у них "сердце болит", и после ржаного хлеба и тюремных щей у них бывает рвота.

С женскими болезнями обращались в 1889 г. в лазарет не часто, всего 105 раз. Между тем в колонии почти нет здоровых женщин. В акте одной из комиссий по продовольствию каторжных, в которой участвовал заведующий медицинскою частью, сказано, между прочим: "Около 70% ссыльнокаторжных женщин страдают хроническими женскими болезнями". Случалось, что во всей вновь прибывшей партии арестанток не оказывалось ни одной здоровой.

Из глазных болезней чаще всего наблюдается конъюнктивит; эпидемическая форма его не переводится у инородцев. О более серьезных страданиях глаз я не могу сказать ничего, так как в отчете все глазные болезни сплошь показаны одною цифрой 211. В избах я встречал одноглазых, с бельмами и слепых, видел и слепых детей.

С травматическими повреждениями, с вывихами, переломами, ушибами и ранами всякого рода обращались в 1889 г; за помощью 1217 человек. Всё это повреждения, полученные на работах, при всякого рода несчастных случаях, в бегах (огнестрельные раны), в драке. К этой же группе отнесены 4 случая, когда были доставлены в лазарет ссыльнокаторжные женщины, избитые своими сожителями. Ознобление было зарегистрировано 290 раз.

Случаев неестественной смерти среди православного населения за 10 лет было 170. Из этого числа 20 казнены через повешение, 2 повешены неизвестно кем; самоубийств произошло 27, причем в Сев"ерном" Сахалине стрелялись (один застрелился стоя на часах), а в Южном отравлялись борцом; много утонувших, замерзших, задавленных деревьями; один разорван медведем. Помимо таких причин, как паралич сердца, разрыв сердца, апоплексия, общий паралич тела и т.п., в метрических книгах показаны еще "скоропостижно" умершими 17 человек; из них больше половины было в возрасте от 22 до 40 лет, и только одному было больше 50.

Вот и всё, что я могу сказать о заболеваемости в ссыльной колонии. Несмотря на чрезвычайно слабое развитие инфекционных болезней, я все-таки не могу не признать ее значительной, хотя бы на основании только что приведенных цифр. Больных, обращавшихся за медицинскою помощью в 1889 г., было 11 309; но так как большинство каторжных в летнее время живет и работает далеко вне тюрьмы, где лишь при больших партиях находятся фельдшера, и так как большинство поселенцев, за дальностью расстояния и по причине дурной погоды, лишено возможности ходить и ездить в лазареты, то эта цифра касается главным образом той части населения, которое живет в постах, вблизи врачебных пунктов. По данным отчета, в 1889 г. умерло 194, или 12,5% на 1000. На этом показателе смертности можно было бы построить великолепную иллюзию и признать наш Сахалин самым здоровым местом в свете; но приходится считаться с следующим соображением: при обыкновенных условиях на детские возрасты падает, больше половины всех умерших и на старческий возраст несколько менее четверти, на Сахалине же детей очень немного, а стариков почти нет, так что коэффициент в 12,5%, в сущности, касается только рабочих возрастов; к тому же он показан ниже действительного, так как при вычислении его в отчете бралось население в 15 000, то есть по крайней мере в полтора раза больше, чем оно было на самом деле.

В настоящее время на Сахалине имеется три врачебных пункта, по числу округов: в Александровске, Рыковском и Корсаковске. Лечебницы называются, по-старому, окружными лазаретами, а те избы или камеры, куда помещают больных с легкими формами, - околотками. На каждый округ полагается по одному врачу, а во главе всего дела стоит заведующий медицинскою частью, доктор медицины. У военных команд свои лазареты и врачи, и случается нередко, что военные врачи временно исправляют должность тюремных: так, при мне, за отсутствием заведующего медицинскою частью, уехавшего на тюремную выставку, и тюремного врача, подавшего в отставку, лазаретом в Александровске заведовал военный врач; также в Дуэ при мне во время экзекуции военный врач заменял тюремного. Здешние лазареты руководствуются уставом гражданских лечебных заведений и содержатся на счет тюремных сумм.

Я скажу несколько слов об Александровском лазарете. Состоит он из нескольких корпусов барачной системы, рассчитан на 180 кроватей. Когда я подходил к лазарету, новые бараки блестели на солнце своими тяжелыми, круглыми бревнами и издавали хвойный запах. В аптеке всё ново, всё лоснится, есть даже бюст Боткина, слепленный одним каторжным по фотографии. "Немножко непохож", говорил фельдшер, глядя на этот бюст. Как водится, громадные ящики с cortex'ами и radix'ами, из которых добрая половина давно уже вышла из употребления. Иду дальше в бараки, где больные. Тут в проходе между двумя рядами кроватей пол устлан ельником. Кровати деревянные. На одной лежит каторжный из Дуэ, с перерезанным горлом; рана в полвершка длины, сухая, зияющая; слышно, как сипит воздух. Больной жалуется, что на работе его придавило обвалом и ушибло ему бок; он просился в околоток, но фельдшер не принял его, и он, не перенеся этой обиды, покусился на самоубийство - хотел зарезаться. Повязки на шее нет; рана предоставлена себе самой. Направо от этого больного, на расстоянии 3-4 аршин от него, - китаец с гангреной, налево - каторжный с рожей... В углу другой с рожей... У хирургических больных повязки грязные, морской канат какой-то, подозрительный на вид, точно по нем ходили. Фельдшера и прислуга недисциплинированны, вопросов не понимают и производят впечатление досадное. Один только каторжный Созин, бывший на воле фельдшером, видимо, знаком с русскими порядками, и, кажется, во всей этой больничной толпе это единственный человек, который своим отношением к делу не позорит бога Эскулапа.

Немного погодя я принимаю амбулаторных больных. Приемная рядом с аптекой, новая; пахнет свежим деревом и лаком. Стол, за которым сидит врач, огорожен деревянною решеткой, как в банкирской конторе, так что во время приемки больной не подходит близко и врач большею частью исследует его на расстоянии. За столом рядом с врачом сидит классный фельдшер и, безмолвствуя, играет карандашиком, и кажется, будто это ассистент на экзамене. Тут же, в приемной, у входной двери стоит надзиратель с револьвером, снуют какие-то мужики, бабы. Эта странная обстановка смущает больных, и, я думаю, ни один сифилитик и ни одна женщина не решится говорить о своей болезни в присутствии этого надзирателя с револьвером и мужиков. Больных немного. Всё это или febris sachaliniensis, или экземы, или "сердце болит", или симулянты; больные-каторжане убедительно просят, чтобы их освободили от работ. Приводят мальчика с нарывом на шее. Надо разрезать. Я прошу скальпель. Фельдшер и два мужика срываются с места и убегают куда-то, немного погодя возвращаются и подают мне скальпель. Инструмент оказывается тупым, но мне говорят, что это не может быть, так как слесарь недавно точил его. Опять фельдшер и мужики срываются с места и после двух-трехминутного ожидания приносят еще один скальпель. Начинаю резать - и этот тоже оказывается тупым. Прошу карболовой кислоты в растворе - мне дают, но не скоро; видно, что эта жидкость употребляется здесь не часто. Ни таза, ни шариков ваты, ни зондов, ни порядочных ножниц, ни даже воды в достаточном количестве.

В этом лазарете среднее ежедневное число амбулаторных больных 11 человек, среднее годовое число (за пять лет) 2581; среднее ежедневное коечных больных 138. При лазарете старший и младший врачи, два фельдшера, повивальная бабка (одна на два округа) и прислуги, страшно вымолвить, 68 душ: 48 мужчин и 20 женщин. В 1889 г. израсходовано было на эту больницу 27832 р. 96 к. По отчету за 1889 г., судебно-медицинских осмотров и вскрытий трупов во всех трех округах было 21. Освидетельствовано повреждений 7, беременных 58 и для определения способности перенести телесные наказания по приговорам судов 67.

Делаю выписки из того же отчета, касающиеся больничного инвентаря. Во всех трех лазаретах было: гинекологический набор 1, лярингоскопический набор 1, максимальных термометров 2, оба разбиты; термометров "для измерения тела" 9, 2 разбиты; термометров "для измерения высокой температуры" 1, троакар 1, шприцов Праваца 3, - в одном сломана игла; оловянных спринцовок 29, ножниц 9, - 2 изломаны; клистирных трубок 34, дренажная трубка 1, большая ступка с пестиком 1, - с трещиной; бритвенный ремень 1, банок кровососных 14.

Из "Ведомости о приходе и расходе медикаментов в лечебных заведениях гражданского ведомства на о. Сахалине" видно, что во всех трех округах было израсходовано в течение отчетного года: 36 пудов соляной кислоты и 26 пудов хлорной извести, карболовой кислоты 18 ф. Aluminum crudum 56 ф. Камфары больше пуда. Ромашки 1 п. 9 ф. Хинной корки 1 п. 8 ф. и красного стручкового перцу 5 ф. (сколько же израсходовано спирту, в "Ведомости" не сказано). Дубовой коры 1 п. Мяты 1 п., арники пуда, алтейного корня 3 п., скипидару 3 п., прованского масла 3 п., деревянного 1 п. 10 ф. Иодоформа пуда... Всего, не считая извести, соляной кислоты, спирта, дезинфекционных и перевязочных средств, по данным "Ведомости", потрачено шестьдесят три с половиной пуда лекарств; сахалинское население, стало быть, может похвалиться, что в 1889 г. оно приняло громадную дозу.

Из статей закона, имеющих отношение к здоровью ссыльных, приведу две: 1) работы, вредно действующие на здоровье, не допускаются даже и по выбору самих арестантов (выс. утв. мнение Гос. сов. 6 янв. 1886 г., ст. 11) и 2) женщины беременные до разрешения их от бремени, а разрешившиеся до истечения сорока дней после родов освобождаются от работ. После сего срока женщинам, питающим младенцев грудью, работы облегчаются в той мере, в какой это необходимо для предупреждения вреда самой матери или питаемому ею младенцу. На кормление грудью младенцев осужденным женщинам полагается полуторагодичный срок. Ст. 297 "Устава о ссыльных", изд. 1890 г.

Also available from JiaHu Books:

Записки охотника - И. С. Тургенев — 9781784350390

Нахлебник - И. С. Тургенев — 9781784350246

Отцы и дети — И. С. Тургенев - 978178435123

Ася — И. С. Тургенев — 9781784350079

Первая любовь — И. С. Тургенев — 9781784350086

Вешние воды — И. С. Тургенев — 9781784350253

Накануне — И. С. Тургенев — 9781784350512

Мать — Максим Горький — 9781909669628

Конармия — Исаак Бабель — 9781784350062

Человек-амфибия — А. Беляев - 9781784350369

Рассказ о семи повешенных и другие повести — Л. Н. Андреев — 9781909669659

Леди Макбет Мценского уезда и Запечатленный ангел - Н. С. Лесков - 9781909669666

Очарованный странник — Н. С. Лесков — 9781909669727

Некуда — Н. С. Лесков -9781909669673

Мы - Евгений Замятин- 9781909669758

Санин — М. П. Арцыбашев — 9781909669949

Двенадцать стульев — Ильф и Петров - 9781784350239

Золотой теленок — Ильф и Петров - 9781784350468

Мастер и Маргарита — М.А. Булгаков - 9781909669895

Собачье сердце — М.А. Булгаков — 9781909669536

Записки юного врача — М.А. Булгаков — 9781909669680

Роковые яйца — М.А. Булгаков — 9781909669840

Горе от ума — А. С. Грибоедов - 9781784350376

Рассказы для детей - Д. Хармс - 9781784350529

Евгений Онегин (Либретто) — 9781909669741

Пиковая Дама (Либретто) — 9781909669918

Борис Годунов (Либретто) — 9781909669376

Руслан и Людмила (Либретто) - 9781784350666

Борислав сміється - Іван Франко - 9781784350789

Украдене щастя — Иван Франко - 9781784351069

Чорна рада — Пантелеймон Куліш – 9781909669529

Раскіданае гняздо/Тутэйшыя - Янка Купала – 9781909669901

Made in the USA
Middletown, DE
13 December 2016